汽车先进技术译丛
汽车创新与开发系列

汽车功能安全

[德] 汉斯-莱奥·罗斯（Hans-Leo Ross） 著

傅翀 李晓华 支音 译

机械工业出版社

本书是作者在汽车功能安全领域 20 余年专业经验的总结。本书第 1 章是概述，包含 ISO 26262 中的定义和翻译以及 ISO 26262 中表示错误的术语，第 2 章讲述为何在道路车辆上应用功能安全，第 3 章从系统工程角度讲述汽车功能安全，第 4 章讲述应对需求与架构开发的系统工程，第 5 章讲述产品开发中的系统工程，第 6 章讲述系统集成，第 7 章讲述功能安全认可。本书适合汽车行业开发工程师尤其是汽车电子开发工程师阅读使用，也适合高等院校车辆工程专业师生参考阅读。

Translation from the English language edition:

Functional Safety for Road Vehicles

New Challenges and Solutions for E-mobility and Automated Driving

by Hans-Leo Ross

Copyright © Springer International Publishing Switzerland 2016

This work is published by Springer Nature

The registered company is Springer International Publishing AG

All Rights Reserved

This edition is authorized for sale in the Chinese mainland(excluding Hong Kong SAR,Macao SAR and Taiwan).

此版本仅限在中国大陆地区（不包括香港、澳门特别行政区及台湾地区）销售。

北京市版权局著作权合同登记 图字：01 - 2017 - 4275 号。

图书在版编目（CIP）数据

汽车功能安全/（德）汉斯 - 莱奥·罗斯（Hans - Leo Ross）著；傅翀，李晓华，支音译. —北京：机械工业出版社，2022.6
（汽车先进技术译丛. 汽车创新与开发系列）
书名原文：Functional Safety for Road Vehicles
ISBN 978-7-111-70404-1

Ⅰ.①汽⋯　Ⅱ.①汉⋯ ②傅⋯ ③李⋯ ④支⋯　Ⅲ.①汽车 - 安全技术　Ⅳ.①U461.91

中国版本图书馆 CIP 数据核字（2022）第 047763 号

机械工业出版社（北京市百万庄大街22 号　邮政编码100037）
策划编辑：孙　鹏　　　　　责任编辑：孙　鹏
责任校对：肖　琳　王明欣　封面设计：鞠　杨
责任印制：张　博
北京汇林印务有限公司印刷
2022 年 7 月第 1 版第 1 次印刷
169mm × 239mm · 15 印张 · 2 插页 · 308 千字
标准书号：ISBN 978-7-111-70404-1
定价：149.00 元

电话服务　　　　　　　　　网络服务

客服电话：010 - 88361066　机 工 官 网：www.cmpbook.com

　　　　　010 - 88379833　机 工 官 博：weibo.com/cmp1952

　　　　　010 - 68326294　金 书 网：www.golden - book.com

封底无防伪标均为盗版　机工教育服务网：www.cmpedu.com

作者序言

  2001 年，随着 IEC 61508 标准的发布，并成为 DIN EN 61508 （VDE 0803）——"功能安全相关的电气/电子/可编程电子系统"标准，功能安全相关话题得到了德国汽车工业界的关注。VDA 和 VDTÜVs 之间的官方联络，促成了 FAKRA（Facharbeitskreis Automobil，来自汽车制造商和设备供应商的德国专家组）中 AK16 工作组的建立，而当我于 2004 年加入德国大陆特维斯公司后，我也就成为这个工作组的一员。同年，第一个被用于此后 ISO 26262 标准的框架被设计出来，而德国也与其他国家和地区建立起了联系，以促进汽车标准化委员会的发展。尤其重要的事情在于，德国和法国携手规定了对应标准中的详细参数。ISO/TC22/SC03/WG16 标准化小组的第一次会议于 2015 年 10 月 31 日至 11 月 2 日在柏林举行，参会代表大多来自法国和德国，而日本、美国、瑞典和英国等其他国家的代表也参加了此次会议。截至那时为止，ISO 26262 仍被称为"FAKRA - Norm"（FAKRA - 标准）。最早在 SafeTronic 2005 （由 Hanser - Verlag 所组织的安全活动）中，就有人第一次表达了对于未来汽车标准的观点，并在活动的演示环节展示了一些"最佳实践"和方法。而直到今天，SafeTronic 仍在支持 ISO 26262 标准的发展，而这项标准本身早已在 2011 年 11 月作为"国际标准"得到发布。本书将汽车功能安全相关的信息进行了汇编，有助于读者更好地理解开发安全相关产品的基础——安全架构。

前　言

　　这本书中的内容，源于我在功能安全领域超过20年的专业经验。1992年，当我毕业并开始自己作为一名工程师的职业生涯时，工厂的工程和建设正因为博帕尔（Bhopal）[一]事件和塞韦索[二]（Seveso）事件而受到了深远的影响。第一套用于阐明功能安全相关问题的规则与规章，源自于1966年面世的VDI/VDE 2180法规"通过流程控制工程保护工业制炼厂"，由此才衍生出了后来的IEC 61508和ISO 26262标准。不过，当时的VDI/VDE法规仅仅涉及如何在所述设施的流程中建立起一个安全环境的问题。1984年，出现了更多的细化划分，安全操作、安全设备与检视、保护设备的相关内容都被添加到了指导准则之中。在此之后，DIN VDE 31000，即"设计满足安全要求的技术设备的通用指导"得到了发布，这份指导书中，详尽地阐明了风险、安全和危险的关系，并且引入了"可容许风险"的概念。直到此时，在机械标准中，为了实现安全应用而禁止使用微控制器依然是常规的做法。尽管如此，在现实中，早就已经存在一个使用安全相关的控制系统的市场。对于这样的系统而言，存在各式各样的规则和标准，它们定义了检查、认证和设计的对应要求。根据DIN V 19250的规定，上述要求被划分为不同的要求等级（AK 1~8等级），并独立于应用场景和技术手段而存在；与此同时，标准中还解释了如何通过一个风险表来量化风险评估的流程。

　　到了1990年，DIN V VDE 0801"安全相关系统中计算机的原则"得到了发布；而在该标准的1994版中，诸如"得到良好证明的设计原则"这样的表述，以及对于"得到考虑的相关项"之类的用法，都被添加到了标准之中。在那个时候，"冗余"是应对格式风险和需求分类时，人们所知的唯一答案。不过，此时在测量控制系统工程中，为了尽早探测到危害场景，已经有大量的测量原则得到了应用。

　　考虑到安全问题，对于蒸汽的技术规则、在针对压力容器的法规中，人们早就要求对蒸汽压力和温度应用冗余化的检测手段。甚至在德国的水生态法案中，也提到了容器需要根据法规要求具备储量上限，而独立的泄出式安全装置也被定义为一种安全手段。大量类似上述的安全准则出现在指导工厂运营者的安全标准中，甚至成为工厂获得官方许可或豁免的一个基础条件。早在20世纪60年代初之前，在法国的DGAC（民用航空指导总则）、英国的CAA（民航局）、美国的FAA（联邦航空管理局），以及在军用和航天工业中，"功能安全"（Functional Safety）相关的规则都得到了定义；不过，这类规则所关注的内容，和IEC 61508或是ISO 26262这

样注重开发的标准也不尽相同。只有在未来的 ISO 26262 版本中，像在用安全（safety in use）、失效安全（fail operational）、安保（security）、运行安全（operational safety）等话题才变得重要起来。

　　1998 年，我开始作为一名销售经理，负责安全相关的控制系统，此时，人们正对 IEC 61508 初期草稿进行讨论，尤其是英国、荷兰和挪威等国家参与较多。此时，可扩展的冗余性概念已经为人所知，所以讨论主要集中于安全冗余和可用性冗余的差异。微控制器可以根据锁步原则进行耦合，并能够在工厂运行环境下改变程序的顺序或是控制逻辑。编程软件的应用使我们得以在定义的运行环境下配置安全相关的逻辑。

　　IEC 61508 的发布，为安全相关系统引入了生命周期的理念。除此之外，该标准还论证了产品开发的流程化手段，并阐述了其与质量管理体系之间的关系。

　　当我在巴塞尔大学商业与经济学系进行硕士课程学习时，我参加了一次由沃尔特·梅辛教授（博士）主讲的讲座；梅辛博士在德国的质量管理体系方面拥有巨大的影响力。此时出现了为功能安全性而应用的诊断，以及对应于上述功能的电气载波系统，以上内容的引入，拓宽了人们在实现安全架构时的视野。1998 年，我在伯明翰引入了第一个基于 IEC 61508，且被认证为 SIL 4 等级的被动式电气系统。而在 1999 年，我也见证了 SafeTronic 实现的第一个单通道控制系统获得由 TÜV 南德（TÜV - Süd）所颁发的证书。上述系统是完全遵循 IEC61508 进行开发的。

　　在 VDMA（德国机械和工厂工程协会）的活动中，我汇报了自己关于 IEC 61508 应用于工厂工程，以及其对安全相关控制系统开发的经验。在当时，机械工程行业依旧非常依赖于继电器行业。没人会相信，基于软件的安全技术会如此彻底地改变整个行业，并在如此短的时间内带来新的解决方案，进而彻底改变既有的系统。在 2001 年，我成为产品管理总经理，我的主要任务，则是为新的安全系统找到新的应用场景。除此之外，当时的另一个主要话题则是关于"网络安全技术"，直到那时为止，这一技术仍然是基于串行链路数据总线构建的。挑战在于，如何基于动态的、场景化、条件化的安全算法，来实现分布式、去中心式的安全系统。看起来，唯一可能的解决方案来自以太网（Ethernet）。非常重要的一点是，我们要改造既有的、针对安全技术的信息和数据技术，使之变得易于管理。在挪威，在一些学位论文中，研究了安全控制系统的分布式管理；在挪威石油矿业组织 Statoil（挪威国家石油公司）的数据网络中，传输安全相关的信息。在石油钻井平台和岸上的工厂之间，在挪威和德国之间，经由卫星的数据传输证明，安全相关的技术数据系统确实可以建立在以太网的基础之上；同样，各式各样通过无线网络建立的管线监测系统也证明了这一点。

汉斯-莱奥·罗斯

致 谢

感谢国际标准化组织、现在和曾经的同事们、各个标准委员会的相关工作组、进行相关研究的大学、演讲中与我进行讨论的同行，也感谢我所参考的学位论文提供的洞察思考，以及公共基金项目所提供的支持，这一切都为本书提供了帮助。我希望能够借此机会，感谢所有将一片热忱投入功能安全事业的人们。在以上所述的专家们之外，我也要特别感谢我妻子的通情达理，她赋予了我足够的自由和空间来完成这本书的内容。

目　录

第1章 概　　述

ISO 26262[1]在一定程度上改变了汽车的发展；10 年前，当功能安全成为与汽车工业相关的一个话题时，没有任何人能够预计到这一点。早在 21 世纪初，已经有德国 VDA（德国汽车工业协会）的工作组开始着手进行功能安全方面的工作。当第一个国际工作组在 2005 年成立时，每个人都希望找到一个精简的标准来实现产品安全。在 ISO 26262 最终发布前的 10 年间，这些工作组一共编制了 10 个分标准，其中包括大约 1000 项要求。尽管在几年的时间里，人们曾对许多相关的知识、方法和途径进行过讨论，但 ISO 26262 只收录了其中的一小部分。一些信息只是作为脚注被添加到标准中，还有一些则在标准最终发布时彻底消失了。

为了翻译 ISO 26262，目前，在世界各地的不同国家进行着各种标准化项目。其目的在于为翻译 ISO 26262 提供进一步的指导，并在 ISO 26262 的基础上，开发出更多的功能安全方法。

在预期中，ISO 26262 并不是一个指导性的文件，它仅仅简单地给出了关于活动和方法的要求。在进行功能安全相关的活动时，这些要求是应当予以考虑的。至于怎样才能算是满足这些要求，在标准中并没有进行相应的说明。这其中的潜在假设在于，只有在一定时期内，这样一个最先进的安全标准才被认为包含了当前最新的技术诀窍。至于那些被认为是足够安全的设计，以及对应特定活动显得合适的方法，这些东西在得到推荐时也仅仅会在一段时间内显得有效而令人满意，直到新的或者是更好的方法被发现为止。此外，安全设计和方法应当得到持续的改进，永远不应该受到安全标准的限制。尽管对指导性说明的需求十分巨大，但本书只提供了对相关主题的深入见解和背景信息，而没有提供关于如何正确应用 ISO 26262 的指导性说明。本书的侧重点还是在于介绍方法和方法论。不过需要注意的是，这些方法和方法论没有一个能直接满足 ISO 26262 的要求，这是因为，只有在给定的环境中开发真实产品这样的背景下，才去讨论如何满足一个标准。

ISO 26262 中的要求、提示和注释往往会以非常复杂的方式进行表述。在措辞的选择方面，制定这些安全标准的专家们必须一致同意达成某种妥协。这就是为什么在本书中所有的翻译可以视为一种解释，尽管在不同的上下文里，可以存在不同的解释或翻译。我强烈建议所有读者在尝试解释和应用书中这些关于标准的部分时参考 ISO 26262 的原始文本。

1.1　ISO 26262 中的定义和翻译

ISO 26262 最初只有英文版本。由于某些术语在用法和解释上的差异，甚至连常见的法文翻译也没有实现。这就是为什么 ISO 26262 是唯一一个在法国也使用英文版本的标准。只有一些亚洲国家以本国语言出版了译文，这是因为考虑到日本的普通开发者在阅读、理解和翻译英语时会面临困难。在日文翻译之后，在过去的几年里，韩文和中文翻译相继问世。例如，日语中只有一个单词用于表示验证（verification）、分析（analysis）、调查（investigation）和确认（validation），因此英语文本可能会导致解释太多的问题。日本的译者必须保证内容不会被错译。

事实证明，即使是将标准翻译成德语，也很难找到正确而精准的单词。ISO 26262 标准使用了诸如验证（verification）、分析（analysis）及确认（validation）等术语。不过，术语表中的一些术语，在本书中部分内容尽管引用自 ISO 26262，但这一部分前后的所有解释则都基于作者的理解。作者的自由解释、观点和建议都是用本书选用的标准字体印刷。

在本书中，术语"功能安全的评估"（assessment of functional safety）用来表示在 ISO 26262 中所说的"功能安全评估"（Functional Safety Assessment）中涉及的活动。在考虑"评估"（assessment）这个概念时，需要注意的是，"检查"（examination）是评估的根据，并得到关于车辆系统或要素"评价"（judgment）的结果。

ISO 26262，第 1 部分，第 1.4 条：

> 1.4　（评估）
> 对一个车辆系统（1.69）或要素（1.32）的特性的检查。注：在每次评估中均应确保执行评估的一方或多方具有一定程度的独立性（1.61）。

英语单词"assessment"（评估）翻译成德语的"judgment"（判定），它和检查被视为评估的基础。术语"功能安全的评估（Assessment of Functional Safety）"用于表述 ISO 26262 中的活动"功能安全评估（Functional Safety Assessment）"。

ISO 26262，第 1 部分，第 1.6 条：

> 1.6　ASIL（汽车安全完整性等级）
> 四个等级中的每一个等级定义了 ISO 26262 中相关项（1.69）或要素（1.32）必要的要求和安全措施（1.110），以避免不合理的残余风险（1.97），D 代表最高严格等级，A 代表最低严格等级。

对于"汽车安全完整性等级（Automotive Safety Integrity Level）"，本书仅使用缩写 ASIL。

ISO 26262 已经在第 10 部分中提供了车辆系统要素的说明。一个"要素（Element）"可以是一个系统、一个子系统（逻辑或技术要素，因此也是功能组）、一个组件、一个硬件设备或一个软件单元。

ISO 26262 第 1 部分中对 1.69 车辆系统（相关项）的描述如下：

ISO 26262，第 1 部分，第 1.69 条：

> 1.69 （车辆系统，相关项）
> 适用于 ISO 26262，系统（1.129）或系统组用于车辆层面实现某种功能。

在本书的语境中，英文单词"item"通常被认为是"车辆系统（vehicle system）"，如果它指的是 ISO 26262 中使用的具体单词"item"，则用大写的"ITEM"来表示。

历史上，德语中的"Betrachtungseinheit"可以翻译为"关注的单元或项目"。英语单词"item"及其作为系统的定义更适用于车辆系统的概念。在本书中与此相关的地方，术语"相关项（item）"一词会加上括号。"系统组（array of systems）"一词在本书第 4 章中将会受到质疑。在 ISO 26262 的技术部分中，要求一个系统及关联的子系统具有系统性的层级结构。

根据这一定义，第 10 部分中的图 3（图 1.1）可以描述如下：

ISO 26262，第 10 部分，图 3：

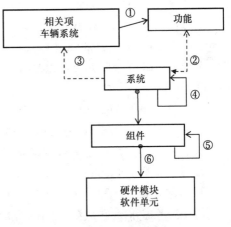

图 1.1 车辆系统的要素
（源于 ISO 26262，第 10 部分，图 3）

> ① 适用于 ISO 26262，一个或多个系统（1.129）可在车辆层面实现的一个（或多个）功能。
>
> ② 一个系统可以有一个或多个功能，一个功能也可以由几个系统共同实现。
>
> ③ 一个车辆系统由一个或多个系统组成，而一个系统则由至少一个传感器、一个处理单元和一个执行器组成。ISO 26262 得出的结论是一个系统应该至少有三个要素。但也有可能，例如，一个执行器是集成在处理单元里的。
>
> ④ 一个系统可以被任意分成子系统，不过 ISO 26262 要求系统必须具有层级的结构。当两个系统需要共同实现一个更高的 ASIL 等级的功能时，为了管理不同类别的故障，必须定义一个清晰的层级结构。
>
> ⑤ 一个系统（或子系统）是由一个或多个组件组成的。
>
> ⑥ 组件由（电子的）硬件元件（硬件零件）或软件单元组成。

诸如模块、软件文件等术语在 ISO 26262 中没有定义。对于嵌入式半导体，用术语"子部件"表示。子部件是逻辑功能要素，在集成半导体中实现特定的功能和安全机制。

1.2 ISO 26262 中表示错误的术语

ISO 26262 在第一卷中规定了如下术语：ISO2626，第 1 部分，第 1.36、1.39、1.42 条：

1.36（错误）（error）

计算的、观测的、测量的值或条件与真实的、规定的、理论上正确的值或条件之间的差异。

注 1：错误可由未预见的工作条件引起或由所考虑的系统（1.129）、子系统或组件（1.15）的内部故障（1.42）引起。

注 2：故障可表现为所考虑要素（1.32）内的错误，该错误可最终导致失效（1.39）。

1.39（失效）（failure）

要素（1.32）按要求执行功能的能力终止。

注：不正确的规范是失效的来源。

1.42（故障）（fault）

可引起要素（1.32）或相关项（1.69）失效的异常情况。

注 1：考虑永久性故障、间歇性故障和瞬态故障（1.134）（尤其是软错误）。

注 2：间歇性故障一再发生，然后消失。当一个组件（1.15）处于损坏的边缘时，或者例如由于开关的问题，间歇性故障可能会发生。某些系统性故障（1.131）（例如时序裕度不足）也可能导致间歇性故障。

根据上下文的不同，术语"故障""失效"和"错误"会有不同的含义，如：

故障（fault）：偏差（deviation）、异常（anomaly）、缺陷（defect）、不符合（non – conformity）。

错误（error）：失误（mistake）、故障（fault）或错误（error）。

失效（failure）：失效（failure）或失灵（malfunction）。

这三个术语之间的关系及其错误传播模型在 4.4.2 节有详细的描述。这里只需要指出，术语"错误（error）"在德语中更为普遍，因此本书将其作为所有三个术语的代表性词汇。如果错误被单纯地认为是"错误"，其解释可以在上下文中得到。

在安全分析中，需要辨别如下的特征：

- 单点故障。
- 多点故障。

对于可观测的行为或特性而言，如果其单一的故障或偏差会独立导致系统失效，那么这个故障或偏差就被称为单点故障。几个故障的组合、几个非预期变化导致的偏差、几个可观测的行为或特性的变化，则被认为是多点故障。至少需要两个故障的组合才能传播多点故障。在 ISO 26262 中，上述命名方式并非基于系统的行为，而是基于一个安全目标。例如，只有当单个故障会导致在指定的相关项（Item）、指定的边界、指定的环境或指定空间内违反安全目标时，才被认为是单点故障。如果故障仅仅会导致"相关项（Item）"以外的失效，那么这个故障就不应该被视为单点故障，除非对"相关项"的定义因系统性故障而发生改变。

参 考 文 献

1. [ISO 26262]. ISO 26262 (2011): Road vehicles – Functional safety. International Organization for Standardization, Geneva, Switzerland.

ISO2626, Part 1, Clause 1.4: 2

ISO2626, Part 1, Clause 1.6: 3

ISO2626, Part 1, Clause 1.69: 3

ISO2626, Part 10, Figure 3: 4

ISO2626, Part 1, Clause 1.36, 39, 42 5

第 2 章　在道路车辆上应用功能安全的意义

与其他行业相比，在汽车行业中，功能安全这个概念发挥重要作用的时间要比其他行业开始得晚。在这个行业里，客户、制造商和经销商网络对产品在市场上的功能性和复杂性都提出了更高的要求。功能安全之所以引入缓慢，其中一个主要原因在于，机械工程师主导了整个汽车工程行业。在这个行业中，人们开发出了相关领域的安全机制，这些机制并不依赖电子乃至软件进行运作。因此，这些安全机制首先是基于稳健的设计，以及液压或气动安全机制来实现。随着汽车基本功能自动化和电气化程度的逐渐提高，同时也因为人们希望让这些系统适用于更高速度和更强动力的情况，电气化成为唯一的出路。早期的电气化概念在于线控转向盘和线控制动，而随着行业发展到今天，则出现了自主驾驶或高度自动化的驾驶系统，这一切都使得基于软件控制的安全机制成为不可避免的选择。如果看看现在常见的中档汽车，如大众高尔夫，你会发现，车上存在大约 40 个控制单元，而这些控制单元仍然主要由 CAN 网络控制，这就是所谓"科学和技术的现状"。假如缺乏一个系统性的方法，那么任何复杂的车辆系统都无法实现。ISO 26262 所面临的主要挑战之一，在于尽管人们已经建立了各种各样的方法、方法论，并设定种种原则和最佳实践，但仍然缺乏具备一致性的系统开发方法。

ISO 26262 发展过程中的主要任务在于对待系统工程时，让人们对于一些基本理解达成一致。因此，"系统工程"这个词经常出现在介绍部分也就不足为奇了。

2.1　汽车的风险、安全和功能安全

一般来说，风险被描述为具有负面影响的可能事件。"risk"这个词起源于希腊，也曾经被用来表示危害或危险。在产品安全方面，风险是指所有危害/危险发生概率的向量积。在经济学文献中，关于风险的术语和定义存在着不同的观点。各类定义的描述，从"误差变化的危险"一直到数学定义"风险 = 概率 × 严重程度"，各不相同。

通常对风险的定义如下：由于不同的行为或事件而造成损害或损失的可能性。这是指可能但不一定必然发生不利后果的危害/危险情况。

一方面，risk 这个词从词源上可以追溯到"riza"（在希腊语的含义是根部，基本的；另外可以参考"risc"这个词，在阿拉伯语中，这个词是命运的意思）。另一方面，风险在意大利语是 ris（i）co；它指需要绕过去的悬崖。safety 源自拉丁语，可以翻译为"无忧无虑"（se cura = without worry）。如今，关于安全的话题，我们有很多不同的观点可以进行举例。这其中包括了经济安全、环境安全、进出安全，同时也包括工作安全、工厂和机械安全以及车辆安全。在含义上，"安全"一词与"功能安全"有很大不同。

就技术系统或产品而言，安全被描述为不会发生不可接受的风险。"损害"通常被视为对人和环境的伤害或损害。

对危害有各种不同的分类：

物质、材料等的化学反应会导致火灾、爆炸、伤害、健康损害、中毒、环境破坏等。

有毒物质会导致中毒（也包括一氧化碳）、伤害（如电池漏气、驾驶人的错误行为或汽车修理厂员工的错误反应等后果）、其他损害等。

大电流和特别高的电压会造成伤害（特别是人身保护）。

辐射（核辐射，也指粒子半导体辐射）。

热量（因过热、烧焦、火灾、烟雾等造成的损害）。

动力原因（形变、运动、加速导致的伤害）。

化学反应会导致中毒、过热，甚至着火，因此也会导致烟雾中毒，所以造成危害的潜在原因无法被轻易界定。对于大电流或过高电压下的危险，也存在类似的现象。接触高电压会导致烧伤，同时也可能会引起火灾。至于电路过电压，则通常被视为一种非功能性的风险或危害。这就是为什么我们在设计大多数标准时，会用设计上的限制来应对这样的危害。接触安全装置或安全插头连接器上的接触保护，就是典型的例子。由此，就引出了以下的观点，而我们也得以将功能安全的概念区分出来。

对于特定环境中的一个技术体系，当出现一个给定的激励作为输入之后，在技术上做出的正确响应，就是通常定义中的功能安全。ISO 26262 对功能安全的定义为（图 2.1）：对于因为电子电气系统故障所造成的危害，不应产生不合理的风险。此外，上述定义也适用于机电系统，那些由电气安全机构所控制的，在机械或液压安全组件中产生的错误或故障（机械或液压安全组件对误差或失效的响应，也是由机电系统中的电子安全机构所控制的）。这种区别，将在后文 ISO 26262 的内容中进行讨论。

在汽车上，对液压系统的功能保护机制，长期以来一直都在使用。一个典型的例子，就是双回路的制动系统或者液压转向系统。又比如，早在 30 年前，以电子和软件为基础的功能安全机制就被引入到了 ABS（防抱死制动系统）中。而在此之前，工程师们只是通过设计足够健壮的系统，并制定各组件的安全特性来建立起

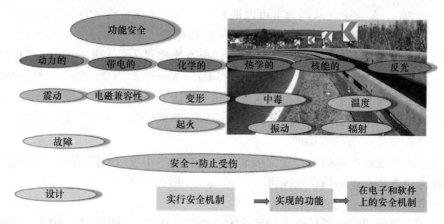

图 2.1　功能安全——安全设计、动力和能量的控制

必要的安全性。

以下是添加在 DIN EN 61508 - 1：2002 - 11 中对风险、危害/危险和安全完整性的定义，引用来自 IEC 61508[2]，第 5 部分，A5：

A.5　风险和安全完整性

充分认识风险和安全完整性之间的区别是非常重要的。风险，是对特定危害事件发生的概率和后果的评估。通常是根据不同的情况进行评估［几个参考值分别为 EUC 风险值、需要控制到允许范围内的风险值，以及实际达到的风险值（参考图 A.1）］。可接受的风险是在社会评判的基础上决定的，涉及社会和政治因素的考虑。安全完整性仅适用于 E/E/PE 安全相关系统，以及其他与技术安全相关的系统和降低外部风险的设施，它作为一种可能性的衡量方式，用于衡量上述系统/设施在通过特定安全功能，实现必要的降低风险活动中令人满意的程度。一旦确定了可接受的风险，和必要的风险降低评估，就可以分配与安全相关系统的安全完整性需求了（参考 IEC 61508 - 1 的 7.4，7.5 和 7.6 条款）（图 2.2）。

另外，IEC 61508 中，展示了以下图示，用于解释相关性（图 2.3）。

相比之下，ISO 26262 对风险、危害和安全完整性的关系有不同的定义。在 ISO 26262 中，并没有直接使用安全完整性这个词。特别是 EUC（受控设备）这个术语，在该标准中完全没有使用过。EUC 这个词可以解释为一个通过功能安全措施加以控制的装置或系统。在一定的限制条件下，ISO 26262 允许开发一种理想的、与安全相关的汽车功能。在这种情况下，系统不能通过 EUC 本身获得安全保护。因为根据 IEC 61508，在技术上，必须是控制设备和安全功能同时出现错误，才能发生危险。以液压制动系统为例，通过电子系统对其进行功能监测，可以避免液压系统的错误。在这个例子中，汽车行业依赖于电子以外的技术来实现功能，而电子安全系统的工程实现则被视为一个失效安全的系统。

如上文所述，ISO 26262 将功能安全定义为，在电子电气系统功能因发生异常

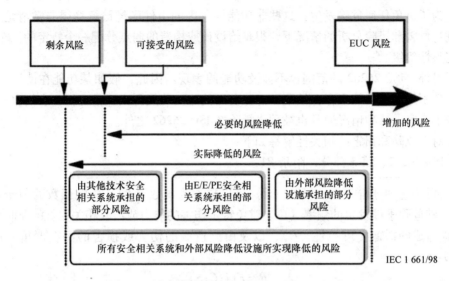

图 2.2　风险降低（来自 IEC 61508 – 1：2001）

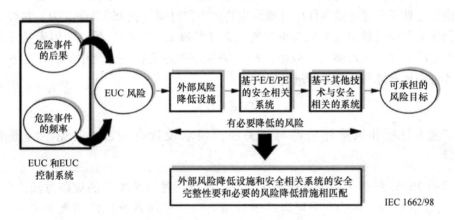

图 2.3　风险和安全完整性（来自 IEC 61508 – 1：2011）

行为而引起的危险状态下，排除不可接受的风险。然而，具备电子电气功能的系统之间，其相互作用也会被包括在引起危险的范围内；基于同样的原因，机电系统也需要被计入上述范围。另外，对于纯机械系统而言，它是否真的与电子电气系统没有任何相互作用，同样是需要怀疑的。此外，ISO 26262 在前言章节里描述了该标准涉及的范围，其中不针对与触电、火灾、烟雾、热、辐射、毒性、易燃性、反应性、腐蚀性、能量释放等相关的危害和类似的危害，除非危害是直接由电子电气安全相关系统的故障行为引起的。上述的危险，更多的是由电池和电容器中的有毒电解液所造成的。此外，电动机绕组线圈到底是电气设备还是机械组件，也是一个存在争议的问题。

一般来说，我们很难将汽车安全完整性等级（ASIL）与非功能性危害区分开来。为了避免任何危险发生，这些非功能性危害的组件已经被解释得非常清楚了。在进行危害和风险分析的情况下，很难给设计或构造的弱点分配一个特定的汽车安全完整性等级。

另外，ISO 26262 的范围也不涉及功能的表现。因此，假如某功能在使用中的安全性不足，或功能上存在缺陷，意味着即使这些功能可以正常运行，它们也早就带来了危害，这种情况通常也被预先排除在 ISO 26262 之外。

对于风险和损害的相关性解释如下：

ISO 26262，第 3 部分，附录 B1：

> 对于这种分析方法，风险（R）可以描述为函数（F），影响函数的因子包括：随危险事件发生的频率（f）、避免特定伤害的能力或涉及相关人员的及时反应而造成的损害（可控性：C），以及由此造成的伤害或损害的潜在严重程度（S）：
>
> $$R = F(f;C;S)$$
>
> 出现频率 f，又依次受到几个因素的影响。一个需要考虑的因素，在于人们发现自己处于上述危险事件中可能发生的频率和时间。在 ISO 26262 中，它被简化为衡量驾驶场景中发生危险事件的概率（暴露概率：E）。另一个因素是可能导致危险事件的失效率（失效率：F），失效率通过留存在系统中的、发生危险的硬件随机故障和系统故障进行定义：
>
> $$f = E \cdot C$$
>
> 危害分析和风险评估都与相关项的需求设置有关，以避免不合理的风险。

ISO 26262 提到了用于描述潜在风险，进行一种系统推导的规范方法。采用危害分析和风险评估的方法可以基于对相关项（车辆系统）的调查来进行。在其他安全标准中，危害或风险分析则并没有得到规范的定义。而在 ISO 26262 中，要么列出了对这些方法的需求，要么就是以范例的方式描述了这些方法本身（图 2.4）。

对于某些与安全有关的功能而言，如果其中某一个功能显得不合适、不恰当，或得到了错误或不恰当的显示，那就不能应用 ISO 26262 中提到的活动和方法来实现降低风险的目的。这代表了一种特殊的挑战，毕竟我们要考虑到，ISO 26262 并不是直接针对一个 EUC（受控制设备，例如系统、机器或车辆，它们理应受安全相关系统的控制）而制订的，对于请求时才需要（低需求）和连续模式（高需求）的特定安全要求所对应的安全功能，也并没有进行区分。那么，如何才能发现车辆系统是否具备足够的应急机制、可接受的测量公差或者合理的安全措施呢？

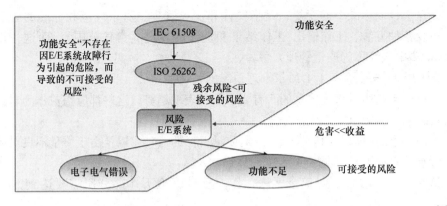

图 2.4　在功能正确实现的系统下对危害的区分（参考资料来源于尚未出版的研究项目[7]）

2.2　质量管理体系

沃尔特·梅辛教授（理学博士、经济学名誉博士、工学名誉博士）也被称为质量管理系统之父，至少他的地位在德国得到了公认。他的《梅辛质量管理手册》是质量管理体系界的标准参考，对质量管理体系的解释和标准化的定义都产生了巨大的影响。

ISO 9000 中已经对管理系统的许多方法和原理进行了说明。但是在 2005 年，当过程相关的方法变得越来越重要时，统计和试验方法就变得不那么重要了。

在汽车行业，除了 ISO 9001 这个标准之外，还有一个被称为 ISO TS 16949 的标准。它对产品开发和生产部分增加了描述，而这个标准也发展成为行业标准。如今，假如一个供应商想要为整车制造厂供应产品，ISO TS 16949 的认证是必不可少的。由于历史原因，亚洲的制造商们仍然采用不同的标准。特别是在日本，质量要求更注重六西格玛的理论（比如 DFSS，Design for Six Sigma）。

DFSS 以及功能安全通常都是基于类似的理论，特别是在梅辛的书中提到的静态分析和试验方法也都基于六西格玛理论。ISO TS 16949 在以下章节中提出了要求，人们需要遵循 ISO 26262 中对功能安全的基本要求以实现合规。

ISO TS 16949，4.2.3.1：工程规范

进行管理的组织应该拥有一个流程，该流程要确保及时评审、分发和实施所有客户工程标准/规范以及根据客户要求的时间表进行的变更。应尽快进行及时的审核，审核阶段不得超过两周。

在生产中实施每项变更的日期和同步更新的文件应由管理组织保存记录。

注：当这些标准/规范被引用到设计记录中之后，如果它们影响到生产零件批准过程的文件（如控制计划、FMEA 等）时，那么这些标准/规范的变更需要提供客户生产零件批准的更新记录。

在这里，该标准中的变更，是指文件和变更管理、对于规范和标准的必要应用，以及各种方法、工作输出／工作结果和责任的界定（责任范围），而这一切在 ISO 26262 中被统称为质量管理方法。

ISO TS 16949，5.6.1.1 质量管理系统的表现

评审应包括质量管理体系的所有要求及其表现趋势，这些都应当被作为对过程进行持续改进时的重要组成部分。

管理评审的一部分内容应来自于对质量目标的监督，以及由于质量不良对成本造成影响的定期汇报（见8.4.1和8.5.1）。

这些评审的结果需要记录下来，作为质量管理下述部分所需要达到的最低要求：

- 业务计划中制定的质量目标。
- 客户对所提供产品的满意度。

这就解释了为何产品开发以及产品交付的满意度都必须得到记录和证明的原因。如果涉及与安全相关的特性，这些文件可能会对客户产生实质性的影响。

ISO TS 16949，5.6.2：审查的输入

ISO 9001：2000，质量管理系统—需求

5.6.2　审查的输入

管理评审的输入应包括以下信息：

a）审计的结果。

b）客户的反馈。

c）过程性能和结果的一致性。

d）预防的状态和纠正措施。

e）管理评审后的后续措施。

f）可能影响质量管理体系的变化。

g）改进的建议。

这个列表也可以被看作是基础框架需求中的"安全文化"，也是对功能安全要求的基本要素。

ISO TS 16949，5.6.2.1：审查的输入

管理评审的输入应包括对下述内容的分析：实际的和潜在的现场失效，以及这些失效对质量、安全或环境的影响。

本章直接参考了基本的实地观察作为输入，这也是政府在产品责任法中所要求的。同时，它也直接将产品的安全缺陷作为输入。

ISO TS 16949，5.6.3：审查的输入

ISO 9001：2000，质量管理系统—需求

5.6.3　审查的输入

管理评审的输出，包括与以下方面有关的决定和行动：

质量管理体系及其过程有效性的改进。

对客户需求相关的产品进行改进。

资源需求。

在 ISO 26262 里特别提到了相关话题，并对本话题内容有进一步的补充。

ISO TS 16949，6 资源管理

6.1　提供资源

ISO 9001：2000，质量管理系统—需求

6　资源管理

6.1　提供资源

组织工作应确定并提供资源所需要的（a），来实施和维持质量管理体系并持续改进其所需资源的有效性，同时提供资源所需的（b），通过满足顾客要求，提高顾客满意度。

6.2　人力资源

6.2.1　概况

ISO 9001：2000，质量管理系统—需求 6.2 人力资源 6.2.1 概况

从事与产品质量工作有关的人员应具有适当的教育、培训、技能和经验来胜任这份工作。

第 6.1 章节和第 6.2 章节表明，根据质量管理体系，在开发阶段，对相关人员的基本要求和他们的资质，以及创造新产品所需的组织工作也都要进行完善的定义。

ISO TS 16949，7.3.1.1：多学科方法

组织工作应采用多学科方法为产品实现做准备，其中包括：

特殊特性的开发/完成和检查。

制定和审查 FMEA，包括采取减少潜在风险的措施。

制定和审查控制计划安排。

注：多学科方法通常包括组织工作的设计、制造、工程、质量、生产，以及对其他适当的人员的管理。

ISO TS 16949 的这种跨职能的方式，作为功能安全的基础和直接通过 FMEA（工具）作为一种解决质量分析方法，它定义了必要的安全文化基础。

ISO TS 16949，7.3.2.3：特殊特性

组织应识别特殊特性（参考 7.3.3d）和包括在控制计划中所有的特殊特性。

符合客户指定的定义和符号（表达/含义）和使用客户的特殊特征符号（表达/含义）或组织工作中的等效符号（含义），以包括影响特殊特性的过程步骤的注释，来识别过程控制文件，包括图纸、FMEA、控制计划和操作说明。

注：特殊特性包括产品特性和工艺参数。

本章定义了以往在汽车工业中处理安全要求的方式。特别地，"特殊特征"仍

然被用作与安全有关的机械零件参数设计中。该部分还定义了生产安全相关组件的基础知识。

ISO TS 16949，7.3.3.1：产品设计输出—补充

产品设计输出的表述内容必须能够根据产品设计输入的要求进行验证和确认。产品设计的输出内容应包括：

- DFMEA，可靠性结果。
- 产品特殊特性和产品规格。
- 视情况而定的错误检验。
- 产品定义包括图纸和以数学为基础的基本参数。
- 产品设计审查结果。
- 适用的诊断指南。

这是一个产品开发中所需要的输出结果列表；在 ISO 26262 中，这个列表还必须针对对应的、安全相关的工作成果和组件进行扩展。比如说，在安全相关产品的开发过程中，这样一个输出将会成为安全档案（safety case）的一部分。

ISO TS 16949，7.3.3.2：制造过程设计输出

制造过程设计输出的表述内容，应能够根据制造过程中设计输入的要求进行验证并得到获得确认。

制造过程设计输出内容应包括：

- 规格书和图纸。
- 制造流程图/布局图。
- 制造中用的 PFMEA。
- 控制计划（参考 7.5.1.1）。
- 工作指导。
- 过程审批的接收标准。
- 质量数据、可靠性、可维持性和可测量性。
- 视情况而定的错误检验工作的结果。
- 快速检测和反馈产品/制造过程中发现不合格的方法。

这个列表需要添加到生产过程中必要的输出/工作成果中。ISO 26262 很少对这些内容提出任何更多的要求，因为质量管理体系很好地管理着这部分工作。

ISO TS 16949，7.5.1.1：控制计划

组织工作应该包括：

对所供应的产品，在系统、子系统、组件和/或材料层面制定控制计划（见附件 A），包括批量生产物料和零部件过程中的控制计划。

考虑到 DFMEA 和 PFMEA 的输出结果，投产前和生产过程中要有一个控制计划。控制计划应包含：

列出用于管理制造过程控制的控制方法。

包括由顾客和组织管理人员共同定义的对特殊特性进行监测和控制的方法（见 7.3.2.3）。

包括客户需要的信息。

当过程变得不稳定或统计能力不强时，应采取规定的反应计划（见 8.2.3.1）。当影响产品、制造过程、测量、物流、供应来源或 FMEA 的任何变更发生时，应评审和更新控制计划（见 7.1.4）。

注：在评审或更新控制计划后，可能需要客户批准。

根据前期开发和必要的分析，ISO TS 16949 详细描述了生产控制的要求，例如（各种）FMEA 文件。对产品开发（过程）进行分析是必要的——即使这些产品可以根据质量管理体系开发，若质量管理体系里没有包含任何安全要求，仍然需要执行相应的工作。

从 ISO 26262 的角度分析质量管理体系

关于质量管理，在 ISO 26262 中，并没有非常一致的描述。在标准中，这些成组的要求是基础，正是这些要求使得功能安全方法能够被应用到汽车工业领域。在内容方面，ISO 26262 第 2 部分的附录提出了许多有关安全文化的有趣话题。在此，简要概括 ISO 26262 的基本要求如下：

ISO 26262 第 2 部分，5.3.2 条款：

> 5.3.2　支持信息
>
> 5.3.2.1　可考虑将如下信息作为支持信息：质量管理体系符合现有质量管理标准（如：ISO/TS 16949、ISO 9001 或等同要求）的证据。
>
> 安全生命周期中的质量管理
>
> 执行安全生命周期活动的组织，应具有满足质量标准如 ISO/TS 16949、ISO 9001 或等同标准的质量管理体系。

这意味着，一个组织良好、完善和应用良好的质量管理体系是功能安全的基础。ISO TS 16949 是全世界所有汽车制造商的要求。假如质量管理体系做不到这一点，我们就可以认为这不是有效的质量管理。ISO 26262 还提到了一些工作成果，其中对安全方面的增强或改进问题需要添加到质量管理体系定义的工作成果中。

在进一步的补充中，ISO TS 16949 对质量提供了以下定义。

ISO TS 16949，补充内容：

质量被定义为"一个实体在定义的和预设的要求方面，满足所需适用性的特性总和"。"实体"这个词在这里表达的含义非常模糊。它的定义是："可以单独被拿来描述和观察的事物。"因此，质量可以说是指一个成品的特性和特征。一般认为，这些特性在生产出来之后会保持一段时间。通常这个时间段等于产品质保期。只要在规格书中有规定，产品在生产出来之后的现有特性和功能特征应在规定的使用期内保持不变,而可靠性同时也是质量的一部分。

这个定义明确要求将生命周期的概念作为一种需求,因此安全和质量特性应该是不言而喻的要求。

2.3 先进质量计划

ISO TS 16949 可以根据不同的应用情况进行不同的解释。这就是为什么汽车制造商已经定义了标准,以保证产品开发的质量。后来,福特、通用汽车和克莱斯勒等美国制造商在美国汽车工业联合会(AIAG)举行了会议,确定了质量管理的联合要求。在德国,VDA 也制定了类似的标准和要求,目的是为了定义好(产品)开发过程以及先进的产品质量改进措施,命名为 APQP(根据 AIAG 制定的高级产品质量计划)。

VDA 和 AIAG 发表了一系列文件。这些文件被认为是 VDA 或 AIAG 成员的基础。这里的多数文件经常被强制引用在供应商签署的合同文件中,作为生产质量要求。

不幸的是,这些文档并非是高度一致的。例如,两个组织都描述了不同的 FMEA 方法(或几种 FMEA 方法),而这些方法被认为是 ISO 26262 的基础。此外,这些组织还开发了里程碑或成熟度级别的概念,这些概念主要用于同步汽车制造商和供应商的规范(图 2.5)。

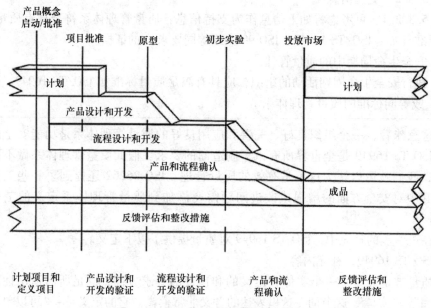

图 2.5 先进的产品质量规划(参考 APQP AIAG[9] 第 4 版)

AIAG 将 APQP 定义为 5 个节点:

第一阶段"概念、启动、批准"只是一个规划阶段。

在第二阶段，在方案批准之前，规划以及产品和过程开发都应该具备一定的成熟度。随后，作为项目批准的一部分，产品的可行性也要进行验证。

第三阶段关注第一次样品的开发，验证是基于（通常是原型测试）产品和生产过程的验证。到了这一阶段，产品设计应该差不多要完成了。

第四阶段是第一次批量生产产品（接近量产，初步实验）。这些产品应该用批量生产时候的工具生产出来。

产品上市开启了批量生产。这就需要供应链的开发，生产阶段需要能够保证足够的数量和产品质量。

产品上市后，需要对产品开发进行评估，并采取适当的纠正措施。也要持续地监测所有活动，当产品在应用现场中发现问题时，必须采取必要的纠正行动。

VDA 在这个主题中发布了以下几卷：

VDA QMS 卷 1

文档和归档——质量要求和质量记录文件的归档操作规程/2008 年第 3 版质量要求和记录的文档化和归档指南（特别是关键特征）。

VDA QMS 卷 2

物料生产过程质量保证及产品审批，第 5 版修订版，2012 年 11 月。供应商选择，质量保证与协议，生产工艺与产品批准，原料选择（新版即将出版）。

VDA QMS 卷 3，第 1 部

确保汽车制造商的可靠性——可靠性管理/2000 第 3 版。

VDA QMS 卷 3，第 2 部

确保汽车制造商和供应商的可靠性——可靠性管理方法和公用事业/2000 第 3 版，目前是 2004 版。

VDA QMS 卷 4，产品和过程 FMEA 章节

2006 年 12 月第 2 版，2012 年 6 月更新（本章已包含在第 4 卷中）。

这几卷中的内容得到不断更新，还纳入了新的话题内容，比如产品和过程的成熟度级别、标准化的需求规范等。

2.4　过程模型

过程或过程模型有很长的历史。以下是此类产品的原产地，特别是软件密集型产品。

第一次尝试开发清晰易懂的程序（1968 年）：

迪科斯彻（Dijkstra）建议"结构化编程"（避免 GOTO 指令）。

软件工程原理的开发（1968—1974）：

理论基础（原则）的开发，代表了程序结构化开发的基础：结构化编程、逐

步细化、保密概念、程序模块化、软件生命周期、实体关系模型和软件工程学。

特定阶段软件工程方法的开发（1972—1975）：

软件工程概念在初版方法中的实施，方法包括：HIPO 图（层次图加上输入—处理—输出图）、Jackson 系统开发方法、Constantine 结构化方法、第一个版本的 SMALL TALK（面向对象语言）。

特定阶段工具的开发（1975—1985）：

非自动支持的 SE 方法的应用（如反演程序、批量处理工具）。

综合（集成）阶段开发软件的工程方法（自 1980 年起）：

软件生命周期中一个阶段的结果应该自动传递到下一个阶段：集成化方法。

综合（集成）阶段工具的开发（自 1980 年起）：

将数据库应用程序作为软件生命周期各个阶段之间的自动接口。通过 CAS 工具进行交互式程序提示（利用计算机辅助软件进行设计）。

不同的、竞争的和面向对象的方法的定义（自 1990 年起）：

同时开发了各种面向对象的分析和设计方法（涉及的方法包括 Booch、Jacobson、Rumbaugh、Shlaer/Mellor、Coad/Yourdon 等）。这些方法是用 CASE 工具（计算机辅助软件工程）实现的。

统一建模语言（UML）的面向对象的开发（OO – method）方法集成（自 1995 年）：

Jacobson、Booch 和 Rumbaugh 联合开发 UML。UML 的目的是消除面向对象开发方法以前的弱点，并创建一个有效且统一的国际标准。UML 1.0 于 1997 年通过。

UML2.0：

UML 2.0 是在 2004 年 UML 1.0 升级到 1.5 版本之后发布的。此版本包含了可以适应新技术的最新语言元素，并删除了语言定义上的冗余和不一致性。

资料来源：在线资料，无引用来源。

历史表明，上述这些方法仅仅是基于经验的方案。随着时间的推移，编程过程中的限制条件导致了正式的描述格式。随后，将这些"最佳实践"正式化的做法，使得将流程模型作为参考模型的办法得到了发展；或者就像 UML 的例子所示的那样，方法成为正式化的描述语言。与此同时，存在某些特定的原则，例如，需求只有在能够实现且测试结果表明能够被正确实现的情况下才会被接受，这类原则也会对上述策略性的方法施加影响。

2.4.1 V 模型

图 2.6 展示了过程模型和过程改进模型（如 CMM 或 SPICE）的开发。ISO 9001 和 ISO 12207 可以被认为是这些模型的基础。ISO 26262 在参考书目中提过 ISO 12207。但是，ISO 12207 和 ISO 26262 之间的关系并没有得到解释。

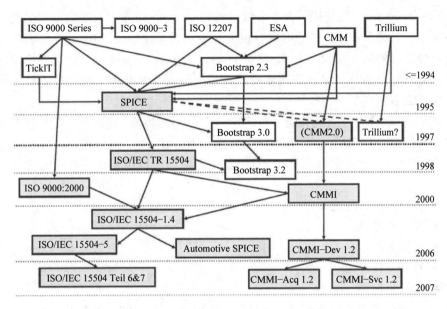

图2.6　基于 V 模型的过程模型的历史（来源：Flecsim）

令人惊讶的是，在很长一段时间里，对产品开发的过程方法而言，其原则在亚洲并没有得到强有力的发展。ISO 12207 是评估模型（PAM）的基础，这个评估模型来自于 CMM 或 SPICE。将这些过程评估模型与软件特性保护联系起来的做法，是在更晚一些的时代开发出来的。

一个关键问题在于："在现实中，这样一个通用的过程，能够比 SPICE 定义描述更多的东西吗？"这里提到 V 模型，被作为一个参考模型来对待。因此，如果已经描述了开发活动的需求，那么是否还需要根据这样一个参考模型来构造它们？

在其 1.2 版本中，V – model XT 工具仅用于开发单个产品（图2.7）。

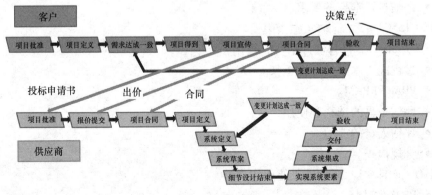

图2.7　根据 V – model XT 的 V 模型客户和供应商接口（来自：V – model XT 1.2[8]）

V - model XT 首先描述了客户 - 供应商关系。这个阶段中，确定了产品范围和基本需求，与第 5 章第 8 部分的内容相仿（分布式开发的接口）。此处作者参考了开发伙伴之间的接口协议（DIA，Development interface agreement）。这些协议应该确定谁对各种产品开发包（或产品要素）负责，以及由谁来执行哪个活动（也就是谁做什么事情）。

SPICE（软件过程改进和能力确定）通常与 ISO 26262 联系在一起，它主要基于两个标准：ISO 12207 和 ISO 15504。

ISO 12207 "软件生命周期中的过程" 提供了一个包含以下类别的过程参考模型：

- 客户 - 供应商流程。
- 开发流程。
- 支持流程。
- 管理流程。
- 组织流程。

ISO 26262 的第 6 部分在参考文献附录中提到 ISO 12207，但并没有参考资料或解释来说明这些标准之间的关系。

不过，在标准中描述了 40 个过程，而这些过程就被视为基于软件的产品开发和 ISO 15504 派生的过程评估模型的基础（PAM）。

ISO 15504 包括以下部分：

ISO 15504 - 1：概念和词汇

术语和一般概念

ISO 15504 - 2：评估的实施：

- 流程参考模型的要求。
- PAM 的要求。
- 衡量过程能力水平的框架定义。
- 评估过程框架的要求。

ISO 15504 - 3：评估实施指南

ISO 15504 - 2 符合性评估实施指南：

- 过程能力水平的评估框架。
- PRM 和 PAM。
- 评估工具的选择和使用。
- 评估人员的能力。
- 合规检查。

ISO 15504 - 4：评估结果使用指南

- PRM 的选择。
- 设定目标能力。

- 评估输入的定义。
- 过程改进的步骤。
- 确定能力水平的步骤。
- 评估输出的可比性。

ISO 15504 - 5：代表性过程评估模型（PAM）：

代表性的 PAM，它满足 ISO 15504 - 2 的所有要求，以及关于评估指标的信息。

ISO 15504 - 6：代表性的 PAM ISO 15228：

- PAM 的结构。
- 过程性能指标。
- 过程能力指标。

ISO 15504 - 7：确定组织成熟度级别指南

CMMI 和 SPICE 的评估总是不同的。SPICE 通常用来评估单个过程，但不能像 CMMI 那样衡量组织的成熟度水平。CMMI 结合了某些过程，因此得出组织成熟度级别。

通过 ISO 15504 - 7，SPICE 还支持组织的成熟度级别。

ISO 15504 - 8：适用于 ISO 20000 的示范过程评估模型（PAM）

代表性的 PAM 可用于 IT 服务管理。

ISO 15504 - 9：过程配置文件目标

第 9 部分描述了过程配置文件的技术规范（TS）。

ISO 15504 - 10：安全扩展

安全方面。

AutoSIG 使用 ISO 15504 作为 ASPICE® 的基础。第 2 部分和第 5 部分分别用于 PAM 和 PRM。ASPICE® 改编了部分 ISO 15504 的内容，以用于汽车领域。

进一步用于 SW 开发生命周期方法：

- ISO/IEC/IEEE 16326 系统和软件工程 - 生命周期过程 - 项目管理（2009）

SAE J2640，通用汽车嵌入式软件设计要求（2006 年 4 月）

IEEE STD829，软件和系统测试文档标准（2008）

ISO/IEC 9126 软件工程 - 产品质量（2001）

ISO/IEC 15288 系统工程 - 系统生命周期过程（2002）

ISO/IEC 26514 系统和软件工程 - 对用户文档设计者和开发者的要求（2008）

所有这些标准都影响了 ISO 26262 的制定。然而，上面列出的这些标准都与 ISO 26262 没有标准层面的关系。

但是，ISO/IEC 25000[5] 的标准具有很高的影响力。它们是同时按照 ISO 26262 标准开发的，并且自 2005 年以来已经被 ISO/IEC 9126 取代。

这个基本标准被称为：

ISO/IEC 25000 软件工程 – 软件产品质量要求与评价（SQuaRE）

本系列中，包括了质量规范，事实上，ISO 组织同样也要求其他标准的开发工作组使用这些质量规范作为指导方针。

下列举例对比了 ISO/IEC 25000 和 ISO 26262 的定义：

功能性：

在特定条件下使用软件时，软件产品要具有提供满足规定和隐含需求功能的能力。

一般而言，这与 ISO 26262 并不矛盾。

功能恰当性：

即这些功能促进特定任务和目标完成的程度。举例来说，用户只会提供完成任务所需的步骤，而不包括任何不必要的步骤。

注：功能适当性对应于 ISO9241 – 110 中任务的适宜性。

该术语在 ISO 26262 中没有使用，但并不意味着存在任何矛盾。

功能的正确性：

一个产品或系统可以提供满足精确度要求的正确结果的程度。

这被认为是验证措施的一部分，但在 ISO 26262 中没有这样处理。

互操作性：

两个或多个系统、产品或组件可以交换信息的程度，并使用已经交换的信息。

注：根据 ISO/IEC/IEEE 24765。

ISO 26262 的重点，更多在于消除要素和系统之间存在缺陷的协同。

该术语在 ISO 26262 中没有使用，但并不意味着存在任何矛盾之处。

安保性：

产品或系统保护信息和数据的程度，以使个人或其他产品或系统具有与其授权类型和级别相适应的数据访问程度。

注 1：与存储在产品或系统内的数据，或者和通过产品或系统存储的数据一样，安全性也适用于传输中的数据。

注 2：可恢复性（4.2.5.4）涵盖了可生存性（产品或系统在受到攻击的情况下，仍然能及时提供基本服务，并继续履行其使命的程度）。

注 3：完整性（4.2.6.2）包括免疫（产品或系统抵抗攻击的程度）。

注 4：安全有助于信赖（4.1.3.2）。

（安保性）这个术语还没有提到，但它是 ISO 26262 未来修订版的一个大主题。

真实性：

对于一个主体或资源而言，证明其身份与声明相一致的程度。

注：改编自 ISO/IEC 13335 – 1：2004。

该术语在 ISO 26262 中没有使用，但并不意味着存在任何矛盾。

可靠性：

系统、产品或组件在规定的条件下、规定的时间内可以执行规定功能的程度。

注1：改编自 ISO/IEC/IEEE 24765。

注2：磨损不会发生在软件中。可靠性的局限性是由于需求、设计和实现中的错误造成的，或者由于结构的更改造成的。

注3：可靠性的特性，包括可用性及其内在或外部影响因素，比如可用性、可靠性（包括容错性和可恢复性）、安保性（包括机密性和完整性）、可维护性，持久性和维护支持。

该术语在 ISO 26262 中没有使用，但并不意味着存在任何矛盾。但本书将更多地阐述安全和可靠性之间的关系。

成熟度：系统、产品或组件在正常运行情况下满足可靠性要求的程度。

注：成熟度的概念也可以应用到其他质量特性上，以表明它们在正常运行下满足所需需求的程度。

该术语在 ISO 26262 中没有使用，但并不意味着其中存在任何矛盾。

容错性：硬件或软件存在故障的情况下，系统、产品或组件按预期运行的程度。

注：改编自 ISO/IEC/IEEE 24765。

可靠性在类似的环境中使用，但也用于软件和硬件。

该术语在 ISO 26262 中没有使用，但并不意味着存在任何矛盾。

可恢复性：

在发生中断或故障时，产品或系统能够恢复直接受影响的数据，并重新建立系统所需状态的程度。

注：在出现故障后，计算机系统有时会停机一段时间，这段时间的长短由其可恢复性决定。

该术语在 ISO 26262 中没有使用，但并不意味着存在任何矛盾。

合规性：

扩展到软件满足可靠性标准和协议。

ISO 26262 比较并参考了合规性，特别是安全性。

可用性：

在特定的使用环境中，产品或系统被特定的用户使用，以达到特定目标的有效性、效率和满意度的程度。

注1：适用于 ISO 9241 – 210。

注2：可用性可以通过被指定，或经过测量而成为产品质量特征的子特征，也可以作为使用质量的一个子集，得到指定或被直接测量。

举例来说，组件的可用性描述了安全应用中对组件的鉴定。

效率：

用户为了实现目标的准确性和完整度所消耗的资源（ISO 9241 – 11）。

注：相关资源可以包括完成任务的时间（人力资源）、原料或使用财务成本。

在 ISO 26262 中，效率特别指代安全机制的效率。

时间行为：当产品或系统执行其功能时，其响应、处理时间和吞吐率满足需求的程度。

实时方面没有直接处理，但安全容错时间间隔或任何其他与时间相关的需求，定义了与安全相关功能的约束条件。

资源利用：一个产品或系统在执行其功能时所使用的资源数量和类型满足要求的程度。

注：人力资源是作为效率的一部分（4.1.2）。

微控制器的资源使用是安全工程中的一个重要课题，但在 ISO 26262 中并没有对其进行详细讨论。

可维护性：

由预期的维修者对产品或系统进行改进时，这种改进的有效性与改进效率的程度。

注1：修改可以包括根据环境、需求和功能规范的变化对软件进行修正、改进或调整。修改包括由专业支持人员执行的修改，以及由业务或操作人员或最终用户执行的修改。

注2：可维护性包括安装的更新和升级。

注3：可维护性可以解释为产品或系统促使维护可以进行的内在能力。

ISO 26262 并没有像铁路安全标准那样，把关注点放在可维护性上，不过，它强调了安全和可维护性之间的关系。

可分析性：对产品或系统而言，需要分析一个或多个部件的预期变更后的影响，或者对于产品缺陷、故障原因进行分析，或者对于需要变更的部件进行辨识，上述活动的有效性和效率即可分析性。

注：所谓的实现，可以包括为产品或系统提供某种机制，以分析其自身的故障；同时，也可以是在故障或其他事件之前提供相关的报告。

这个术语并没有被直接提到，但是安全分析是开发中产品进行要素检查的关键活动。

可修改性：在不引入缺陷或降低现有产品质量的情况下，对产品或系统进行有效和高效率修改的程度。

注1：实现包括编码、设计、记录和验证变更。

注2：模块化（4.2.7.1）和可分析性（4.2.7.3）会影响可修改性。

注3：可修改性是可更改性和稳定性的结合。

该术语在 ISO 26262 中没有得到使用，但并不意味着存在任何矛盾。

特别地，在一个支持性过程（变更管理）的环境中可以看到更具体的可修改性。

确认测量，会提出要求，并询问或检查产品是否符合 ISO 26262 标准。

合规性：扩展到软件满足可更改性的标准和协议。

可移植性：

把一个系统、产品或组件，从一个硬件、软件或其他操作环境或使用环境中，转移到另一种环境下的有效性和效率的体现。

注1：改编自 ISO/IEC/IEEE 24765。

注2：可移植性可以解释为产品或系统促进移植活动的内在能力，也可以解释为在用质量对移植产品或系统的目标的验证。

该术语在 ISO 26262 中没有使用，但并不意味着存在任何矛盾。

适应性：产品或系统能够有效地和高效地适应不同的或不断发展的硬件、软件或其他操作或使用环境的程度。

注1：适应性包括内部容量的可扩展性（例如屏幕字段、表格、交易量、报告格式等）。

注2：适应性工作包括由专业支持人员进行的活动，以及由业务或操作人员或终端用户进行的活动。

注3：如果终端用户对系统进行适应性调整，则适应性相当于 ISO 9241 – 110 中定义的个性化匹配。

该术语在 ISO 26262 中没有使用，但并不意味着存在任何矛盾。

易安装性：产品或系统在特定环境中成功安装和/或卸载的有效性和效率的程度。

注：如果产品或系统由最终用户安装，安装能力会影响其功能的适当性和可操作性。

该术语在 ISO 26262 中没有使用，但并不意味着存在任何矛盾。

共存性：对一种产品在与其他产品共享共同的环境和资源，而不会对其他产品造成有害影响的情况下，还能有效地执行其所需功能的评估。

讨论功能的共存性时，特别是对于公共要素中具有不同 ASIL 的软件而言，公共资源中不同要素及不同 ASIL 的共存能力体现了共存性。

易替换性：在相同的环境中，一种产品为相同的目的可以替代另一种指定的软件产品的程度。

注1：软件产品新版本的易替换性对用户在升级时很重要。

注2：易替换性可以包括关于可安装性和适应性的属性。由于其重要性，上述概念被引入，作为其子特征。

注3：易替换性将减少锁定风险（lock – in risk），这可以便于人们用其他软件产品来替代当前的产品。

该术语在 ISO 26262 中没有使用，但并不意味着存在任何矛盾。

上述这些概念和术语，在 ISO 26262 中都存在一些不同或者相似的说明。例如，如果不同关键等级（或者说，不同 ASIL 等级）的软件同时存在，假如功能相似，那么并不会带来风险；但如果这些功能互相之间存在影响，那就会带来负面效应。此外，值得一提的地方在于，ISO 26262 对验证、确认、分析、审计、评估和审查等术语在道路车辆功能安全方面的使用和定义有所不同。这些例子还表明，在 ISO 26262 中，根据使用的活动或上下文，这些需求、术语或定义可能会使用不同的解释或含义。

此外，还需要考虑两种基本的过程模型，以便根据这两种模型观察开发过程的有效差异。

2.4.2 瀑布模型

瀑布模型是一种经常在工具开发中发现的过程模型（图2.8）。

这个模型没有特定的来源。这就是为什么对于如何应用这个模型，有这么多不同的描述和解释。相比大多数 V 模型，瀑布模型通常描述了更高层次的抽象概念。

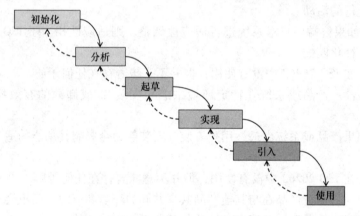

图2.8　瀑布模型[6]（来自维基百科）

另外，为了更好地描绘过程，我们可以想象，将瀑布模型在设计和实现阶段转换成 V 循环模型。与瀑布模型相比，基于 V 模型的过程模型，可以描述生命周期中更大的部分。其他所有的过程模型中，都将初始化阶段描述为对于一个系统，定义利益相关者（利益相关者，参见"体系结构中的利益相关者"一章）或需求来源（对比 SPICE："需求引出"）的线性起点。

将引入活动和引用活动直接向上追溯，直到产品定义、合同文件以及需求规范，这种做法通常被描述为流程模型中的线性路径。迭代并不会在以后的阶段中得到进一步的评估。此外，客户和服务提供者之间所涉及的计划和定义，其迭代也并不一定包含在开发活动中。

这表明，大多数关于流程的模型都来自 IT 行业。源于适用于汽车工业的瀑布模型，其衍生流程则肯定会类似 ISO 26262 或各种 APQP 标准中安全生命周期的某些部分。

2.4.3　螺旋模型

更多时候，汽车工业中的讨论也涉及 V 模型。然而，这一领域的传统过程模型似乎是螺旋模型。

如"高级质量计划"一章所述，样品阶段是决定汽车行业开发活动的主要阶段。图 2.9 展示了按顺序的流程，以及对应的螺旋形的迭代活动。

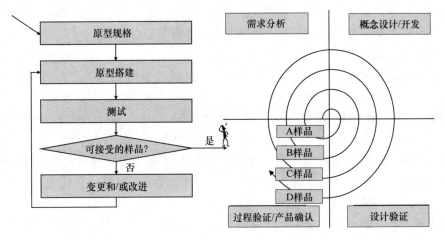

图 2.9　作为许多汽车行业成熟度模型基础的原型周期或样品周期方式的螺旋模型

如今，传统的样品名称，如 A、B、C 和 D 样品，只在某些公司标准中被引用（例如戴姆勒的标准）。在 AIAG 或 VDA 的 APQP 标准中，所有样品都指最原始的样品。针对不同客户的样本组别，大多被要求符合整车开发的情况。

螺旋（模型）阶段：原型

对每个流程开发人员来说，他们的梦想都是在实际上把产品规格作为开发的起始。但在现实中，规格更像是一种理念，必须为了批量化的生产而将其建立起来。对于经典的机械结构来说，实现产品规格意味着创造一个试验样品，它的基本功能需要完成，或者也可以进行电气化设计以适应新的系统。因此，通常只有在第一次迭代中，才会在更高的抽象层级对产品规格进行定义。

以前，在汽车工程的早期阶段，A 样品可能是由木材制成的，因为在一开始主要关注的是车辆内部的生产可行性。如今，在现代化的车辆系统中，在第一步我们就已经可以把注意力集中到车辆的整个外部接口上，因此 CAN 通信已经可以在第一次样品交付时完成调整并适配到目标车辆上。

原型的构建

因为样品要寄给客户，所以必须先生产出来。当然，这需要在第一次样品迭代中进行大量的手工工作。在接下来的迭代中，自动化程度会不断增加。然后，D 样品——通常与第一个样品/初始样品相比较——必须用批量生产设备完成生产。

实验—试验/验收

接下来，样品要按照给定的要求进行测试。第一次迭代中，样品就会接受测试。首先，测试需要在实验室条件下进行，然后则是根据客户的要求完成测试内容；再下一步的测试阶段通常已经处于车辆环境中了，目的是为了探索动态行为以及所有组件之间的交互。

所有参与到这一过程的人，都希望能一次性弄清楚所有必要的要求，并希望样品检测返回的结果全部通过。在现实世界中，原型是需求分析的重要输入因素。除仿真外，样品测试这一方法也在 ISO 26262 中得到了采用。

变更、修改或增强

在标题所描述的活动中，规范更改了，而新的规范也引入了一个新的开发周期。

通过 DRBFM（Design Review Based on Failure Mode，基于失效模式的设计评审），丰田很早就开发出了一种稳定的方法，这种方法可以引入新的迭代。一个规范是完整的还是容易出错的，这很难被检查出来（这段话经过自由发挥，改编自波普尔的名言[⊖]，即"验证是必须进行，我总能通过验证找到一个反证，来驳倒立论"）。只有知道规范对产品的作用是否正确、清楚和显著有效，那么基于规范的更改管理才会有效。悲观主义者会说，这不可能实现。这就是为什么在 DRBFM 方法中，描述了一种基于特性来进行比较的手段。在多学科氛围的团队中，我们会将特性与功能依赖（体系结构）进行关联比较。在接受修改建议之前，设计评审将分析和评估，更改规范对产品的正反两方面的影响。这种方法对现代体系结构的发展非常有用。

只有在影响分析完成后，DRBFM 的结果才会被用于引入规范，然后接受新的内容作为产品的修改参数。

这些方面也影响了 ISO 26262 中的变更管理流程和要求。

2.5 汽车和安全生命周期

IEC 61508 可能是第一个用于描述一个安全生命周期的标准。同时期，得到大幅发展的 ISO/IEC 12207 标准，也对一个软件的生命周期进行了描述。到了 20 世纪 90 年代中期，人们发现，对产品提出的要求会影响到其整个使用周期内的设计。不幸的是，人们同样也发现，在所有的阶段中，某些特定的错误都可能导致危险，

⊖ 这里引用的是来自波普尔的名言：不管我们已经观察到多少只白天鹅，都不能确立"所有天鹅皆为白色"的理论，即只要看见一只黑天鹅就可以驳倒立论。——译者注

而人们在处理特定产品时，还可能会受到伤害。ISO/IEC 12207 表明，需要在产品生命周期的所有阶段中，对产品的特定错误模式进行监控。这些错误模式对产品的设计提出了进一步的挑战。

APQP 标准中，还考虑了早期的开发阶段。系统 FMEA 以及后来的设计或概念 FMEA 的条款，也被包括在规范中。在很早以前，人们就已经在 APQP 标准中考虑到产品维护和备件管理了。而且，在整个生命周期中保证文档归档的理念，也已经在各个标准非常早的阶段里提及了。上述这种需求，来自于有关产品责任的话题。

在 IEC 61508 中，生命周期是用来定义从产品构想到产品生命周期结束的各个阶段，在这些阶段中，每一个安全活动都可以得到实施。这里说的生命周期，已经代表了对于一个产品，对实际需求进行充分描述的基础。

在良好的产品理念中，对安全的考虑已经变得特别重要，这不仅是因为安全相关的原因，最重要的还在于经济方面的原因。历史证明，即便是不好的、缺乏安全的理念，有时也能获得成功。不幸的是，人们往往因为害怕失败，以及面对潜在危险时缺乏机会阻止其发生，于是转而去追求那些不合适的理念。毕竟，停产给公司造成的损失，往往比产品在使用过程中可能造成损害而导致的赔偿更多。这代表了产品责任的一个主要方面，早在 19 世纪，立法机构就已经处理过这类问题。例如，德国民法第 823 条就要求，应在科学和工程允许的范围内避免产品的危害。同样，商品的零售商或经销商都需要对可能发生的危险承担责任。

让我们回到关于产品和安全生命周期的话题。即使产品的功能可以按预期运行，也一样可能会造成某种危害。这主要是指在使用中的安全性。正如前面章节所提到的（关于安全、风险等的章节），预期使用下的安全并没有在 ISO 26262 中被提及。然而，我们在产品开发的整个过程中，依然希望找到可以控制这类风险的方法。假如无法找到这样的方法，那么我们就会在对应功能上进行尽可能多的限制以便控制风险。

ISO 26262 只能在产品故障的基础上帮助控制危害。有经验的工程师们，可以为危险的功能找到对应的安全机制。如果缺乏这些安全机制，产品就没有在市场上立足的机会。对于大量生产的复杂产品来说，如何能够较为充分地声明，这类缺陷/故障/错误并不太可能发生在产品上，这是一个真正的挑战。在形式上对这些系统错误进行量化，并不是 ISO 26262 所要求的。这类复杂产品的特点、可能出现的错误以及使用过程中可能出现的差异都是难以确定的。尽管产品仍有可能进入市场，但是，一旦第一个危险出现，唯一的选择是将其撤出销售并针对整车进行召回。此前曾发生过一些制造商不得不回购汽车的情况。这就是为什么，假如我们要进入应用 ISO 26262 的领域，首要的步骤之一就是要证明产品的使用安全性。为了避免潜在的责任问题，清楚地把所有的安全问题记录在案是非常有用的，这可以防止在后续开发过程中，在遇到某些更改后，让使用中的安全性受到质疑。一般来说，工程师的本质并不是在第一次失败后就放弃想法，而是针对问题，进行相应的调整和修改。

为了简单了解产品生命周期的最后部分，让我们来讨论一下，产品生命周期本身的某些特定方面。在危害方面，公众对手机的讨论就是一个很好的例子。

毫无疑问，由于电子产品具有快速而短暂的生命周期，这类产品往往会产生大量的电子垃圾。如果这些组件本身并不是那么昂贵，也不含有像铅这样对环境有害材料的话，从安全角度来看，这并没有什么问题。这也就是为什么政府需要具备清晰步骤的规则来实施规划。如果有人想争辩说，电容器中的有毒电解液最终也会对环境造成破坏，或者电解电容的爆炸是造成 E/E 元件故障的元凶，在缺乏完整流程的情况下，这些说辞都可能显得有些牵强而缺乏依据。

但这里的问题在于，ISO 26262 在上述方面是否能够提供帮助。事实上，确实存在一种潜在的方法能够避免产生产品责任方面的问题，那就是在生产和开发产品的过程中，人们就需要考虑到相关的危害。在这种情况下，考虑产品子部件的归宿是一件很重要的事情。一般来说，汽车的使用周期，远远超过了它们的实际保修期。超过 25 年的汽车，可能会成为经典/古董车，这让它们比那些拥有最新工程技术的汽车更受欢迎。幸运的是，相比现在，那些 25 年前生产的汽车所使用的电子设备要少得多。然而，现今的汽车技术每年都在发生进步。汽车的保养是一个尤其需要重视的问题，特别是那些容易磨损的部件和系统更是如此。

欧宝曾在广告中宣传终身保修，这意味着 15 年和 160 000km（99419.3908mile）的保修期，但这场活动很快就被取消了。我们也能够了解到，美国宇航局不得不通过 eBay 购买英特尔的 8086 微处理器，以便能够对旧系统进行维护。如今，维护用 FORTRAN 编写的程序部件变得越来越困难。这种过时的系统实际上是不可能与 Windows 等系统和其他先进的计算机系统一起重新进行构建的。展望未来，我们将看到，要预测一个电气部件在超过 10 年间的故障模式，是一件极其困难的事情。如今，在实用领域，汽车的寿命预计会超过 20 年。人们已经在 8086 微处理器中检测到了间歇性的故障，但是非常值得怀疑的事情在于，在集成过程中，是否存在任何实际措施来解决这一问题。

根据安全方面的需求来确保维护工作，将成为汽车工业一个真正的挑战。

2.5.1 汽车产品开发的安全生命周期

在 ISO 26262 第 5 章第 2 部分“整体安全管理”中，描述了安全生命周期管理。这个想法是为了在安全生命周期、产品生命周期和“功能安全的管理”之间建立起联系。根据 ISO 26262，进行安全管理的目的，在于定义对安全生命周期中，每个阶段内起负责作用的个人、部门和组织的责任。这适用于必要的活动、产品的功能安全、车辆系统——或如相关标准中提到的，以及必须采取的措施，以确认产品是按照 ISO 26262 准则开发的。

此外，必须对安全生命周期之上，必备而重要的活动进行描述，以显示那些适用于产品生命周期、对应且适当的基础设施。这里非常重要的事情在于，我们会应用并充分利用质量管理体系和安全文化，以确保每一个员工，直到最高管理层，都以必不可少的不懈努力与充分的尊重来看待安全，以便适当地实施和应用必要的措施。更重要的前提在于，我们要系统性地从以前的错误中学习，进行能力管理并持续改进，如进行资格认证、执行培训计划，由此应用安全生命周期。

ISO 26262 通常假设产品是在一个项目构建中进行开发的。这就使得对于部门或组织而言，它们获得了根据产品生命周期的一般性解释或实现来开发产品的机会（"安全生命周期的项目独立裁剪"）。这意味着，具体开发派生出了一个对应过程的范围，这个范围代表了对 ISO 26262 的有效派生，而它也可以在基础设施和产品领域得到一定的优化。

另一种方案，则是使得每个产品的开发计划直接从 ISO 26262 的范围中派生出来，例如项目安全计划就是一个例子。在产品开发和生产过程中，这样的做法，对定义许多活动都很有利——不管对客户和/或产品都是一样。这有助于提高设备利用率，对产品开发也有一定的好处。内部过程可以根据合格的开发工具进行协调和调整，并且在投入较少的情况下可以为不同的客户提供不同版本的产品。此外，对于过程、安全组件或产品的在用证明，也可以被视为证明所有产品安全性的积极因素。

2.5.2　符合 ISO 26262 的安全生命周期

ISO 26262 的安全生命周期，总结了概念阶段中最重要的安全活动，即量产和量产的发布。一个中心管理任务，在于在生命周期的所有阶段内，对这些活动进行计划、协调并提供证明。标准的第 3、第 4 和第 7 部分中，详细描述了根据标准要求，概念阶段、量产和开始生产（SOP）所要进行的活动（图 2.10）。

安全生命周期的内容，可以直接参考 ISO 26262 中的相关章节。标准第 2 部分中，规定了功能安全管理的要求，其涵盖范围包括了从第 3 部分（概念阶段）一直到第 7 部分第 6 章（运行、服务——包括维护和维修，以及报废的内容）的所有需要进一步完成的活动。

安全生命周期分为 3 个阶段：

- 概念。
- 产品开发。
- 生产发布/获批后。

这里需要注意的事情在于，技术安全概念与产品开发是互相关联的。在产品开发的 3 个部分，即系统开发、电子电气系统的硬件和软件开发之后，ISO 26262 标准对于产品的生产开发活动和工厂工程活动进行了描述（第 7 部分）。这些活动，是除了完成 V 模型开发之外还需要考虑的活动。此外，在技术安全概念中，还提到了一些标准中没有直接涉及的活动，而这些活动往往是产品开发所必需的。

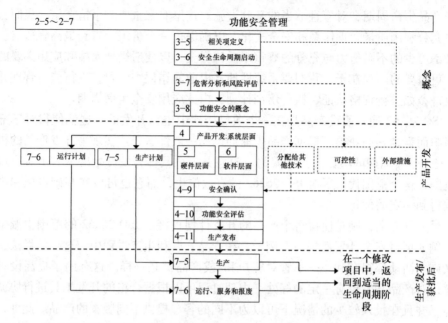

图 2.10　符合 ISO 26262 的安全生命周期（来自 ISO 26262，第 2 部分）

外部措施

这些所谓的外部措施，是指不受观察者影响的措施，它们在系统定义中得到了规定。外部风险降低的手段，举例来说，包括了道路使用者的行为或道路本身的特征。这在系统定义中也有描述。外部风险的减少，在危害和风险分析中被视为是有利的。至于外部风险降低的有效性证明，则并不包括在本标准中。

可控性

可控性是危害和风险分析的基本概念，应该在产品开发阶段得到证明。如果它与暴露在危险中时个人所独有的可控性无关，那么这种可控性就可以被涵盖在 ISO 26262 的第 3 部分中。这部分与在用安全（safety – in – use）的内容重叠，这是因为，定义某个功能是否在正常工作时不会造成危险，也与这个话题相关。

与其他技术中方法的结合

这些技术并不在本规范的范围内，例如，力学和液压学。当与安全功能相关联时，它们也会被考虑到。此外，效率或有效性的证明，甚至这些措施的实施，也不包含在这个标准之内。

在功能安全管理的范围内，本标准所要求的、安全生命周期内需要进行的特定活动：

在安全生命周期的每一阶段，关于电子电气系统，必须有足够的信息被记录下来，这是有效完成下列各阶段和验证活动所必需的。

功能安全的管理人员，有责任确保整个生命周期中的各个阶段和活动的执行和记录，并提供促进功能安全的企业文化。

从功能安全的角度来看，它不是用来满足来自任何流程模型的需求。我们必须把安全生命周期正确而充分地导出。安全生命周期对项目计划和安全活动计划具有重要的意义，它能使得安全概念充分实施，由此保证安全目标的实现。

2.5.3　安保和安全生命周期

对于安全相关产品而言，在有意义的开发活动中，并不是任何与质量相关的特征都需要遵循其自身的开发流程。因此，即使存在其他手段进行分析，或拥有其他进行验证或确认的方法，对于所有非功能性的需求［比如安保（Security）］而言，我们只需要裁剪（tailor）现有的产品生命周期来应用那些有必要进行的活动。安全相关功能中，有主动安全功能和被动安全功能，为这些功能建立安全生命周期是一种挑战；类似地，裁剪本身，乃至如何进入安全生命周期都会带来不同的问题。主动安全功能中，预期安全功能（intended safety function）应在相关项定义期间，通过采用适当的措施来确保安全；而对于典型的被动安全功能，则应该在整个安全生命周期内完成这些措施。

主要安全线程的分类如下：

– 可用性

确保访问数据和基础设施（可以正常工作）。

– 完整性

对操作控制器数据或通信数据的识别。

– 机密性

不能存在未经授权的信息访问。

一个特殊的安全话题是防盗保护，因为它提供了许多与功能安全相关的功能。

此外，所有与"完整性"相关的问题，也常常导致对功能安全的影响。

参 考 文 献

1. [ISO 26262]. ISO 26262 (2011): Road vehicles – Functional safety. International Organization for Standardization, Geneva, Switzerland.

ISO 26262, part 3, appendix B1:	11
ISO 26262 Part 2, Clause 5.3.2:	17
ISO 26262 Part 2, Clause 5.4.4:	18

2. [IEC 61508]. IEC 61508 (2010): Functional safety of electrical/electronic/programmable electronic safety-related systems. International Electrotechnical Commission, Geneva, Switzerland.

IEC 61508, Part 1, Part 5, A5:	9

3. [ISO TS 16949]. ISO/TS 16949 (2009): Systems. Particular Requirements for Application of ISO 9001:2008 for Series- or Spare parts Production in Automobile industry; VDA, 3rd English edition 2009.

第3章 系统工程

本章试图回答以下问题:

- 什么是系统工程?
- 它和系统安全工程有何种关系?
- 它与汽车工业在其他领域的要求有何不同?
- 就功能安全而言,系统工程需要做些什么?
- 它对组织架构有什么必然的影响?

通用的流程模型常常无法回答上述这些问题,比如该如何让开发活动依据 V 形、螺旋形或是瀑布形的过程模型来进行。那么,到底需要考虑到哪些方面,才能计划 V 周期内的活动,定义中间目标,或者考虑质量因素的成熟度呢? 我们的目的,在于提供一种思考的通用方法和程序,这些方法可以用于产品开发的每个阶段,或是在总体上描绘开发活动所需的基础。

3.1 历史和哲学背景

对事物秉持怀疑态度,毫无疑问是人类的天性。这可以追溯到苏格拉底时期,在那时人们就常常怀疑自己的所见所闻,这使得某些学者的结论常常引来质疑。

那么,人们是什么时候开始对技术上的一致性提出质疑的? 是在公元前 600 年的希腊? 又或者,它是起源于埃及,而美索不达米亚的居民并没有将之记录在案吗? 这一切都尚且无法确定。不过,自从书面文献存在以来,人们就试图描述某些现象,并从中得出结论。爱奥尼亚哲学家,比如毕达哥拉斯,用一种非常数学的方式做到了这一点。他当然不会想到,有一天他的公式会被用来给发动机充电,从而使无功功率和有功功率产生联系。

据说,在埃利亚(Elea)学派中,巴门尼德(Parmenides)教导人们:"你可以观察事物,但不能从中武断地得出结论"。甚至早在苏格拉底之前,他就已经开始质疑,人们所观察到的东西,是否就能够带来结论。直到 2600 年后的今天,我们还在为这样一个问题而进行争论:在需求得到正确而充分应用的前提下,对于一个负面的测试结果而言,它到底是基于错误的假说,还是因为测试本身不够合适,最终导致我们无法获取合格的陈述？德谟克利特（Democritus）试图把"原子"定义为所有存在的东西中，最小的元素或组成部分；但是尼尔斯·波尔（Nils Bohr）却发现，比原子更小的元素依然存在。

相互作用有多种存在形式，所以我们需要不同的模型来描述观察到的现象，阿尔伯特·爱因斯坦（Albert Einstein）并不是唯一一个证明这一点的人。亚里士多德的认知是这样的："整体大于部分的总和。"元素及其特征不仅决定了元素之间如何相互作用，元素与什么环境发生相互作用也很重要。今天我们知道，在石膏板墙和砖墙中，螺钉和销钉的稳定性是不同的；它们的稳定性也取决于墙体的设计。除了观察和得出结论，亚里士多德还提出了归纳法这个话题。事实上，整个数学归纳法现在被称为演绎法，这也表明，多年来文字上的描述在不断地发生变化。人类常常不得不从头开始，重新学习在几千年前就已经发现的东西，而以上内容并不是唯一的例子。13 世纪初，罗吉尔·培根（Roger Bacon）在研究磁力时就描述了电动机的原理。对"永不停止的轮子"的理念的探索，使我们认识到"永动机"并不存在；而沃纳·冯·西门子（Werner von Siemens）显然并不知道罗吉尔·培根的工作。

在更近的年代中，卡尔·雷蒙德·波普尔（Karl Raimund Popper）描述了我们如今所处的困境，他说，我们不可能验证某些东西——我们只能证明某些特定的特征是假的。人们经常提到天鹅这个例子：在澳大利亚发现黑天鹅之前，人类一直认为只有白天鹅存在。我们该如何处理这种情况呢？"verify"这个词来自于两个拉丁词"veritas"（真理）和"facere"（做）。他们说"In vino veritas"——"酒后吐真言"。但究竟是什么样的真言，在喝了太多酒之后，我们只能到第二天才能猜测一下了。显然，不同的人会以不同的方式使用"验证"这个词。波普尔（Popper）留下了许多关于伪造信息的线索。根据他的说法，假如一个结果是被否定的，我们就无法对整个陈述或假设提出质疑。不过，他也鼓励我们利用这个测试结果来获取新的见解；新的见解可以提供线索，向我们提示哪些是需要改变的，然后帮助我们获取成功的测试结果。而即使所有的测试结果都是成功的，我们也尚未达到所有的要求。在此，我们学到的教训在于，为了找到改进产品的方法，我们应该分析失败的测试结果。这使我们认识到，在当今的安全标准中，安全证明的基本原则如下：

如果一个系统中所有可能会发生的失误/错误/故障都能得到控制，那么这个系统就被认为是安全的。

在全新的开发活动中，或是使用新技术取代传统技术建立起的，或者已经被证明有效的车辆系统时，上述思路可能会带来麻烦。这适用于所有"电控"的系统，尤其是那些远程控制的系统；迄今为止，这些系统都是完全由驾驶人操纵的。这里的指导原则遵循："需要保持同等安全水平"，举例来说，这意味着新的电子系统需要与传统液压系统一样安全。

如果一个已建立和得到证明的系统是根据可比原则实施的，就足以表明安全原则的合规性。采用新技术的新产品需要提供系统的安全证明。除了规范，这些新的原则和指南大致都被包括在所有国际、全球和行业范围的标准中。

这是一个关于哲学的小题外话，不过，在这一章里，我们对于某些工程师、物理学家和数学家思想的参考，确实也非常重要。

乔治·布尔（George Boole，1815—1864）被认为是布尔代数的发明者。这些规则在他所处的时代之前就为人所知，但正是他在他的著作《思想规律的调查》（*An investigation of the law of thoughts*）中，把它们表述为"逻辑代数"。奥古斯都·德摩尔根（Augustus DeMorgan）提出了德摩尔根定律，这对演绎分析产生了影响。ISO 26262[6]中，除定性归纳和演绎分析外，还包括了定量的安全性分析。在这里也有必要提到另一些人的名字，是他们开发出了安全工程的基本基础。

第二次世界大战之前（或者，可能是在第二次世界大战期间），罗伯特·鲁泽尔（Robert Lusser）提出了他的"可靠性链的一致性"，而艾瑞克·皮茹施卡（Erich Pieruschka）则修正了鲁泽尔进行量化的方法。这两位先生可能都认识俄国的柯尔莫戈洛夫（Kolmogorov），或者至少熟悉他在 1933 年出版的《概率论基础》一书的德语版。用略微简短的语言，柯尔莫戈罗夫的公理可以概括为："不相交事件的可数序列的组合的概率，与每个单独事件的概率之和相等"。而贝塔误差，则来自柯尔莫戈洛夫 – 斯米尔诺（Smirnow）测试。贝塔误差或贝塔因子在安全工程中用于描述依赖关系。

此外，值得一提的还有安德烈·安德烈耶维奇·马克（Andrei Andrejewitsch Markow），他的模型不仅对语音识别至关重要，还教会了我们如何进行不同条件下的量化转化。

这个历史上的题外话说明，我们的目标并不是在重新发明功能安全，而是要对技术系统进行描述和分析。为此，我们借鉴过去的经验并建立起的安全工程的方法，对它们进行不断的改进和强化。

3.2　可靠性工程

第一个对可靠性工程的研究与今天使用的数学术语，都始于工业化时代的初期。对滚珠轴承寿命的全面研究记录，成为铁路技术发展的一部分。罗伯特·鲁泽尔定律（Robert Lusser）描述了一系列的元素，其论述表明，完整的可靠性来自于单个可靠性的乘积。这个定律的描述，成为所有技术系统可靠性的基础。基本上，这条定律说的是："整个系统的强度就像一条链条的强度一样，取决于最薄弱的一环"。此外，与安全有关的功能或安全机制只能和它们所组成的各个部分一起工作。这就是为什么工作机制的划分和构建，是失效或安全分析的基本任务。分析附加机制的需求和它们对系统影响的程度也是很重要的。这个分析表明，假如能够使用适当的措施以加强其最薄弱的部分，就可以使系统变得更可靠，需要更少的维护，并能达到更高的安全和可用性水平。在产品上，可以进行实施外界激励或注入激励的破坏性试验，这类测试的存在改变了产品分析的方式与目的。不过，分析本身并不会对给产品带来改变，真正改变产品的是人们所采用的方法；这些方法随着产品中新行为的添加、特性随某个改动的变化（例如遵循变更流程时）而产生；只有这些方法的变动才是进行分析的目的所在。

大约直到 20 世纪 30 年代，可靠性领域的活动依然主要局限于机械系统。电气系统工作的重点是确保电力能源充足，这意味着增加电力能源的供应。利用变压器和转换单元并联接入电子档杆的冗余设计方式，使得电气设计在可靠性方面取得了很大的进步。

对于可靠性工程的考量，使新的理念也在航空航天领域得到发展。例如，人们开始进行统计数据的检测和评估，来观察各种航空领域所使用结构的失效模式。特别地，冗余设计的使用，有助于让系统尽量保持预期功能。此外，人们还系统地制定了关于保证技术可用性以及可行性的措施。通过数学家艾瑞克·皮茹施卡团队所开发的数据统计方法，原本大体上属于定性分析的信号链分析也得到了量化。

他定义了下面这条法则：

R_1，R_2，$\cdots R_n$ 被定义为单个功能链环节的生存概率

由于整个功能链运转需要所有的环节，且每个环节的生存概率是相互独立的，根据概率论的规则，计算整个链的生存概率是其单个个体生存概率的乘积，如下：这个链的总生存概率为

$$R_g = R_1 \cdot R_2 \cdots R_n$$

因此，系统中单个部件的可靠性大大超过了整个系统的可靠性。于是，这催生出了一个全新的、主要以技术为导向的学科：可靠性工程。这门学科研究技术系统可靠性的测量、预测、维护和优化。随着电子系统日益复杂，可靠性工程在 20 世纪 50 年代的美国蓬勃发展，特别是在军事领域。因为在军事领域中的故障分析、原因探查以及缺陷部件的修复越来越耗费时间、金钱和资源，在 1952 年，美国国防部成立了电子设备可靠性咨询小组（AGREE, Advisory Group on Reliability of Electronic Equipment）。

研究表明，电气系统的维护成本是采购成本的两倍。这个想法使可靠性工程必须成为项目开发和建设的一个组成部分。AGREE 坚持认为，新的系统和组件必须在极端恶劣的条件下进行广泛的测试（温度、电压、振动等），以发现和纠正施工中的盲点（或弱点）。而且，AGREE 还建议计算平均故障间隔时间（MTBF）及其置信区间。此外，还必须证明故障之间的平均时间高于所需的值。可靠性工程也被用在电子元件上，从那以后的 20 年里，几乎所有其他技术领域都应用了可靠性工程。

随着竞争环境的日益激烈、市场压力不断增大，技术产品的可靠性控制已经变得异常重要，质量不再能够仅仅通过价格进行控制了。快速增长的技术进步，导致

了产品周期的缩短。由于时间压力的原因，研发过程中将不再允许产品发布前的广泛的实际测试。而不断上升的成本压力，也导致人们需要廉价的开发和制造技术，与此同时，制造商还必须保证产品的可靠性、质量不受影响。所有这些因素都增加了产品开发的风险。可靠性工程在技术产品的概念、开发和生产方面提供了限制风险的方法。

可靠性是技术不确定性的一个方面。可靠性方法主要针对技术系统解决可靠性的预测、测量、优化和维护。要想解决这些问题，就需要应用统计和概率论方法。概率是预测一种产品能否在一段特定的时间内继续发挥作用的唯一指标。

可靠性在技术上被视为一种质量因素。在这种情况下，非常重要的事情在于，我们有必要明确地定义产品所期望的运行方式，从而确定其功能。另一方面，只有在与时间进行关联与参考的时候，可靠性才会变得可以量化。可靠性工程有助于观察和描述系统在其使用期间的行为。然而，技术产品的可靠性并不仅仅取决于其使用期限。系统的使用频率和强度以及使用环境，都可以对可靠性产生重要影响。因此，环境和使用记录文件在可靠性方面也扮演着重要的角色。

3.2.1 可靠性的基础

可靠性通常被描述为在定义的时间段内，预期的功能实现情况。平均故障间隔时间（MTBF）是衡量组件（例如器件、组件、设备、设施）可靠性的经典指标。在这里，我们需要区分可修复和不可修复的部件。平均故障时间（MTTF）定义了不可修复部件的可靠性；对于可修复部件，如果需要，则可以通过各种维护模型得到平均故障间隔时间（MTBF）。平均故障时间（MTTF）用于确定故障在统计学上的预期周期。根据 IEC 60050，把 MTTF 定义为："故障发生的预期时间"。对于恒定失效率的寿命分布（大部分近似于指数分布），MTTF 的倒数就是失效率（R）。在 FIT（Failure in Time，根据时间统计的失效率），失效率表示为"每 10^{-9}h 发生故障次数"的一个实际数值。而在安全工程中，它也是衡量电气元件失效概率的参数。

$$MTTF = 1/R$$

汽车工业的产品的典型平均统计寿命预期是 15 年，而每年的行驶时间则为 300h。如果在一辆汽车的生命周期中，每 100 万个部件中有一个发生故障，那么失效率应该是：

整个生命周期中，假如 15 年中要求所有组件持续工作不失效，其 MTTF 为：

MTTF = 15 年 × 100 万个组件/1 次故障 = 15 000 000 年

整个生命周期中，假如要求仅针对行驶时间（300h）内的一个动作保证可靠，其 MTTF 为：

MTTF = 15 年 × 300h/年 × 100 万个组件/1 次故障 = 4 500 000 000h

失效率为 MTTF 在 FIT 中的倒数：

$$R = 1/1.5h \times 10E^{-9} = 0.67FIT^{\ominus} \text{（原文公式）}$$

对于动作的持续需求，会导致失效率数值的不同，这是因为动作产生效应的时间范围要大得多。这里我们学到的是，即使是失效率，也不能唯一确定地表征某个组件的特性。

在确定相关参数时，必须考虑运行类型和运行环境。修复所需时间是否需要被添加到模型中，在很大程度上取决于运行条件。汽车工业通常使用预期寿命作为指标，有时，这种做法是非常具有挑战性的。对于一辆汽车上的线束而言，其预期寿命通常被记录为 6 000FIT，这意味着，线束总是整个链条中最薄弱的一环。我们经常倾向于在最薄弱的那一节链条中寻找潜在的优化方式。在对功能进行定量观察时，链条中较薄弱的环节所产生的高错误率，将主导信号链中的错误表现并掩盖其他错误；这样的话，在线束方面的量化分析就难以显示预期的效果。人们在电缆布线和连接的改进上投入了大量的精力。由于不同的使用方式、车辆的装配方式或维护不当，线束经常会出现错误。这就是为什么对于安全应用进行观察时，像线束这样的连接方式，往往只能用 FIT 来进行形式化的表示。在大多数的手册中，这就是经常得到推荐的可靠性评估。而在现实中，在整个生命周期中并不存在恒定的错误率，因为几乎没有哪一个动作会产生持续稳定的效果。保守的设计理念，通常可以防止组件的使用超出其弹性极限。如果经常超过这些极限，统计学上的扩散老化行为就不再合理。没有一种材料的老化曲线和材料的变化是恒定的，由于老化所带来的效果不同，这导致了老化行为的不同。

上述事实引入了对浴盆曲线的定义，这种曲线在统计学中经常被用作参考模型。这一曲线有助于观察失效并扩大了观察范围，其特性可以较好地补偿与实际观察结果的偏差，对于电子元件有着很好的效果（图3.1）。

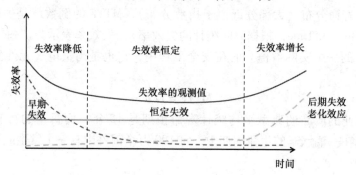

图3.1　浴盆曲线（源于人口统计学的曲线）

浴盆曲线显示了随时间变化的三个区域。早期失效阶段描述了受未知的影响、环境参数、合适的材料和偏差点，失效行为没有进行充分发展的时间区间。应该在

⊖　原文计算公式有误，应为4.5而非1.5。$R = 1/4.5h \times 10E^{-9} = 0.22FIT$——译者注

设计验证的背景下对组件的开发进行研究，以便在量产的开始阶段进入第二阶段，就是使用阶段。对于使用阶段进行设计的时候，应考虑只在组件的预期统计寿命到期之后，才对失效率进行统计。我们认为，实际中的失效率应该被置于浴盆曲线以下、距离曲线尽可能远的地方，以便观察因为老化引起的失效率增长，并保证产品有足够的健壮性水平，确保达到预期的统计寿命。ISO 26262 中，并没有提到任何防止早期故障行为的例子。

所谓的"Pi‑factors"，被用于试图标准化、调整或修正环境条件。通常地，Pi 因子定位于 Arrhenius 方程。

$$k = A \cdot e^{\frac{-E_A}{R \cdot T}}$$

式中，A 为前因子或频率因子；E_A 为活化能，$J \cdot mol^{-1}$；$R = 8314J \cdot mol^{-1}K^{-1}$ 通用气体常数；T 为热力学绝对温度，K；k 为反应速率常数。

如果 A 存在温度依赖性，则使用以下公式：

$$k = B \cdot T^n \cdot e^{-\frac{E_A}{R \cdot T}}$$

然而，特别是针对电子元件而言，我们可以使用已经被证明可信的可靠性手册中的数据作为参考；这是因为，不论是浴盆曲线本身，还是上述这些公式中表现出来的、参数对于材质的依赖性，在通过对现有技术系统中的可测量结果进行观察之后，我们都可以将其很好地抽象提炼出来。对于电气元件的可靠性，最常见的可靠性手册之一是西门子的 SN 29500 标准[2]。这个标准描述了一种对可靠性参数进行修正的简单方法，后来，相关的内容也被添加到了 DIN EN 61709[1] 中。

在 DIN EN 61709 或 SN 29500 中给出了在两种失效机制（如：对于分立半导体器件，集成电路芯片，光电子元器件……）之下，与温度有关的加速因子 π_T：

$$\pi_T = \frac{A \times EXP(E_{a1} \times Z) + (1-A) \times EXP(E_{a2} \times Z)}{A \times EXP(E_{a1} \times Z_{ref}) + (1-A) \times EXP(E_{a2} \times Z_{ref})}$$

如果 $A=1$ 和 $E_{a2}=0$，上述关系可以追溯到第 3.3 节中描述的失效机制（例如，电阻、电容、电感）的基本模型。

$$\pi_U = EXP\{C_1 \times (U^{C_2} - U_{ref}^{C_2})\}$$
或
$$\pi_U = EXP\{C_3 \times [(U/U_{rat})^{C_2} - (U_{ref}/U_{rat})^{C_2}]\}$$

根据 DIN EN 61709/SN 29500 规定，应力因子或电压/张力的依赖因子 π_U 如以上公式所示，
或
$$\pi_I = EXP\{C_4 \times [(I/I_{rat})^{C_5} - (I_{ref}/I_{rat})^{C_5}]\}$$

可以根据 DIN EN 61709/SN 29500 的描述，计算应力依赖因子 π_I。

除了环境因素外，故障分布的种类、对各种不同的技术要素进行统计性描述的方式，对于可靠性计算的结果也起着重要的作用。

最常见的分布是正态分布或高斯分布。高斯钟形曲线曾印在 10 德国马克钞票

上（图 3.2）。

在生产工程活动中，我们通常会考虑 6 西格玛（six sigma）的数值。满足 6 西格玛的要求，被认为是每 100 万个失效的可能性中，只发生 3.4 个缺陷，即失效概率为 0.00034%；也可以说，是在一个参考时段内，不出现失效的概率为 99.99966%；或者说，短期的 C_{pk} = 2 或长期的 C_{pk} = 1.5。对基于电子元件的自然数量、可计数的失效数值，也经常用

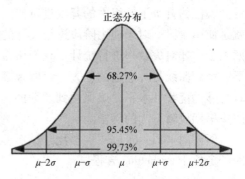

图 3.2　正态分布或高斯钟形曲线

卡方分布、二项分布、对数分布或威布尔分布来分析失效概率。

在汽车工业中，AEC（Q）100 标准被用于复杂组件的失效评估。这是一个用来对电气元件进行鉴定的标准。简单的元器件，如电阻器或电容器，都没有被包括在本标准中。对于这些简单组件而言，它们往往会运用各种类型的要素，并不断突破统计学所设定的可靠性界限；所以对于安全工程来说，仅仅进行统计观测通常无法提供足够的信息。这种简单元器件的风险在于，有害元器件（有缺陷的元器件）可能在未发现问题的情况下就运送到了生产现场进行装配。这也就是为什么完成装配后的整个电子元件的集合，需要以组件鉴定的方式进行测试，由此来验证组件的适用性，同时也验证了这些组件的参数范围是否确实足够胜任其应用环境。此时，组件失效率的取值来自于各种各样的可靠性手册。不过，为了能够正确地进行鉴定活动（其中包括需要证明整个装配起来的组件集合在寿命方面满足要求），我们需要假定，简单元件都处于浴盆曲线所显示的、失效率处于恒定常数的阶段（直线段）。

3.2.2　可靠性和安全性

可靠性通常被描述为一种组件特性，而安全则被视为一种系统特性。主要的规则是，只有在产品的使用环境条件得到明确定义的情况下，可靠性才被认为是一个产品组件的特征。在保证复杂动态系统中部件可靠性方面，我们确实面临挑战，但问题在于，这一挑战是否同时也适用于安全相关的话题。

首先，如果组件环境可以完全指定，就会产生一些问题。对于许多组件特别是机械组件而言，我们完全可以假定环境条件是标准的、始终一致的。但如果我们对可靠性进行长期观察的话，就能发现，可靠性的影响因素其实很难确定；或者说，通常我们只能了解到那些产生负面影响的部分。上述结论适用于考察铜、锌或不锈钢在含盐类环境下的材料相容性；在一定的溶液浓度下，这些材料可能会转化为电极组件。于是，这可能导致材料的腐蚀和其他化学反应的发生，进而对可靠性带来负面影响。

进一步来说，我们知道，经过不同强度的冲击、敲击或摩擦，在特定的材料表面特征和材质组合下，可能或多或少会导致材料的劣化甚至开裂。同时，组件之间发生相互作用时，这种作用的强度，或作用时带来的冲击，都会对其整个寿命期内的可靠性产生很大的影响。有材料认为，一定强度下的冲击（也可以是在单位时间的一定总量之内）属于一种弹性冲击，它不会引起明显的老化效应（这意味着，产品的材料或者产品的结构仍然能在冲击之后保持不变）。另外，材料之间的相互作用也会带来一定的变化。上述相互作用可能受到来自尘土、湿度或其他化学物质的影响。一个显而易见的例子，是分析液压对组件的影响；液压通常被认为是一种"软"冲击，因为液体本身就可以吸收冲击，而液压系统中，压力的积累通常也更温和。相对地，假如冲击的只是机械式的，甚或是基于电驱动的，那么冲击对组件的作用就会显得相当猛烈。为了应对这样的冲击，对组件的强度必须提出很高的要求，甚至产品整个寿命期内的可靠性也会受到影响。回到标题，对于可靠性和安全性而言，当这两个话题出现交集时，就会出现各式各样相互联结的思考起点，将功能安全纳入考量；举例来说，当我们考虑系统和外部的交互，并考虑组件内的各类交互时，就会不可避免地引出功能安全的话题。

在对于车辆系统的定义中（相关项定义，ISO 26262，第 5 章，第 3 部分）中，已经明确了外部措施、环境条件，以及产品与外部车辆系统互相作用下的行为、运行条件、动态行为等。这意味着，在这个阶段，我们应当已经考虑好如何将可靠性和安全性的基本影响因子，应用于功能目标和车辆层面交叉技术的分析中。这些参数应该作为危害和风险分析的输入。在这一方面，我们在观察潜在故障时会发现不同于预期的结果，这可能会导致危险，特别是对参数 S（严重程度）和 C（通过驾驶人或其他相关人员的可控性）而言。一个例子就是变速器预设的换挡切入点，其设定应能够防止车轮转动遭到卡滞。变速器的卡滞，可能会导致整个动力系统的阻塞。当然，当车辆具有一定负载的情况下绝对不能允许这样的停转发生；我们必须保证变速器在车辆整个使用期间、全生命周期内都不会发生上述故障。对于现代变速器产品而言，其切换时间正变得越来越短；这是为了尽量减少能量损失，实现更好的加速效果。在上述前提下，齿轮的切换变得更生硬，这意味着换挡时的冲击和能量消耗都变高了。因此，我们不再能够简单地定义全生命周期内的变速器预设的换挡切入点；我们不得不引入电子电气方面的措施，并将其用于动力系统卡死的预防工作。

这种措施会直接导致较高的 ASIL 等级，因为在行驶时，后轴需要负责稳定车辆，非常重要。

系统开发的目的，主要是以中立的方式来描述设计，所以，可靠性在组件的设计中是最首要的问题。在软件设计中我们经常讨论到可靠性，但 ISO 26262 并没有对确定软件可靠性的系统方法制定具体要求。不过，对于机械组件而言，那些为搭建车辆系统及其集成工作而准备的活动，则需要具体而规范化的要求来执行。

对于电子设计而言，我们经常会发现设计要求出现紧密的关联，特别是在使用以下两个评估之后更是如此：硬件架构度量评估（ISO 26262，第 8 章，第 5 部分），以及基于随机硬件失效而对安全目标违背性的评估（ISO 26262，第 9 章，第 5 部分）；这两个评估都基于电气组件失效概率或者是随机硬件错误的出现概率来进行。在第 4.4.2.5 节中，详细介绍了这种类型的定量安全分析。然而，ISO26262 中第 7 章的第 5 部分却经常被忽略，这部分中包含了根据安全要求而制订的、电子电气硬件设计的正确规划和验证工作。从这一部分中，同样还通过安全设计与系统设计，衍生出了对应的电子设计和安全要求。

当然，在标准所规定的环境中，一个电阻的可靠性参数是一定的。然而，可靠性手册数据的基础参数，真的就能够反映部件所处的实际环境吗？如果不考虑实施的安全机制，在进行设计验证时，我们只能对单个组件进行可靠性预测。而这些预测值，也成为在评估对应功能安全定量指标时的基础。在失效分析中的另一方面，则很可能是关于某个特定错误在设计中重复出现的可能性。仅从功能性的角度来看，这种对特定错误的依赖关系，通常是难以找到线索的。但是，如果我们考虑现实情况中出现的尺寸、电阻、印制电路板上的距离、导体线或连接器引脚的直径、材料与材料之间的兼容性、热传导率等，这些因素就可能会对产品的可靠性产生重要影响，最终也会影响产品的安全。如果我们将危险的高温不断发展，直至成为火灾这一情况视为一个潜在的功能错误，那么保证电子元件的正确参数，或者说保证电气设计的正确实施，就成了一项重要的安全措施。在大多数情况下，这将导出整个产品的设计边界。这意味着，对安全余量的设计，将对最终产品可能达到的性能产生重大影响。

3.3 架构开发

架构常常被看作是每个产品的核心。在 ISO 26262 第 1 部分的 1.3 章节中，架构被描述为车辆系统、功能、系统或要素的表现形式；不同的架构，经由部件及其区别、系统交集的分配，以及电气化的硬件和软件的分配情况来进行区分。功能概念（ISO 26262，第 1 部分，第 1.50 章）被认为是定义车辆系统的基础。根据术语表，功能概念是根据预期功能及其交互的对应规格来进行编写的，以便产品能够实现预期的行为。因此，很明显的事情在于，架构需要满足两个需求。它提供了产品结构及其内部功能交集，以及用于描述技术层面表现的基础信息。系统的每个组成部分，或者说要素，以及各个要素的交集，都需要满足一定的要求。我们必须指定预期的行为，以及发生失效时的行为。这会使得我们不得不预先计划和定义所有层级的抽象概念、观察视角、交集情况，以及我们所期望中的技术表现。起初，在 ISO 26262 中，安全架构（safety architecture）这个概念被定义为一个基于架构的、更深入的概念。但是，安全架构与产品架构之间并没有十分明确的区别。特别是对于产品的功能的交集和接口，无论是安全相关的部件，还是产品的所有其他部件，在这方面都需要获得保持一致性的定义。此外，也有一些人会争辩说，在上述问题上，所谓的架构实际上就是安全架构。然而，这一术语并不符合功能概念的思维；因为它会给人一种印象，即对于实现与安全相关的产品来说，所有重要的部件和特性都与安全相关。一般来说，这种思路是需要避免的。即使在功能及其相互作用变得极为复杂的情况下，安全机制和安全相关的功能也应该能够简单而清晰地得到界定。

图3.3显示了如何规划一个需求管理结构，以及那些来自车辆系统定义的需求，是如何对架构中所有要素施加巨大影响的。例如，如果预期的功能是非安全相关的功能（QM），并且和安全相关功能一起，在同一个技术要素（例如微控制器）中实现；即使如此，微控制器的每个特性也仍然会影响安全相关的功能。这就是为什么在那些旧的安全规范中会提到，微控制器的所有功能都需要按照最高的安全完整性层级执行（这里指的是ASIL）。通过单独的微控制器，让系统实现唯一一个安全目标是可能的。然而，对于具有多重安全目标、多个不同层级的安全完整性或ASIL和具备多个不同安全条件的系统来说，这样做是极其困难的。这就是为什么将整个产品体系架构和各自的集成环境作为一个整体来分析是十分重要的举措。ISO 26262考虑到、并且允许我们将一个车辆系统分割为几个系统的可能性。在这种情况下，如果单个系统的交集部分没有很好地匹配和校准，那么这些交集，将必须在整车的集成过程中进行调整。否则，这些交集中就无法保证系统一致性。因此，如果缺乏事先规划，无论是对于架构还是对于各个系统，设计者们都会单独定义其内部的交集。如果这样做的话，这些交集能匹配各自的系统或车辆层面的交集（在车辆层，所有系统需要被整合到一起）将纯粹是巧合而已了。

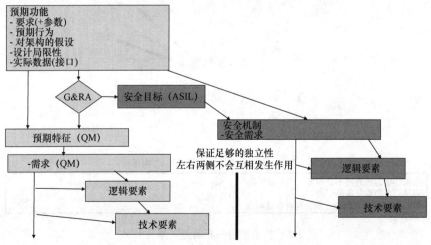

图3.3　需求管理的例子，对于预期功能（QM）和安全机制（ASIL）的分离

就车辆而言，一个电气系统往往会包括用于进行物理特性识别的传感器和允许车辆进行反应的执行器。ISO 26262 中，认为这是一个电气系统的功能。对软件来说也是如此——软件可以被描述为微控制器的一个组件；或者，包括一个微控制器在内的功能行为，也可以被描述为一个系统功能，对应由一个或多个软件组件，以及该控制器作为系统的两个或者多个组件。对一个定义的执行，意味着从定义层面上，就要排除解决方案错误实施的可能性，这种可能性会导致新的技术风险。举例来说，如果在微控制器上排除使用中断（interrupt），那就不会存在因使用中断而导致的风险，进而也避免了对应错误的出现。一辆老式的大众甲壳虫汽车上，除了晶体管收音机之外，没有任何电气部件，因此也就没有和基于电气部件故障而产生的安全相关风险。

3.3.1 架构利益相关者

架构设立的目的在于什么？此外，构建架构需要什么样的人或者团队；或者说（为了保持一个过程性的描述），架构所需要扮演的角色到底是什么？系统的利益相关者和产品的利益相关者，两者之间又有什么区别？通常来说，我们应该说的是"产品的利益相关者"；但在上述情况下，我们应将定义限制于架构的层面。

图 3.4 显示了构建架构的驱动力，这意味着，图中所示的所有这些方面，都可以对一个产品的需求施加影响。在这里，重要的事情在于如何确定一个产品开发的驱动力；从消极的意义上说，此时还是产品的早期阶段，我们还要考虑风险，特别是在考虑成本因素的时候。可以说，对于几乎所有类型的驱动力而言，在各式各样的开发过程中，它们都会产生类似的影响并带来一定程度的风险。

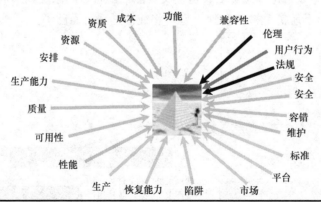

图 3.4 技术架构的驱动力（来自 IBM）

开发活动需要资金，用以购买用于开发的资源、工具、实验室设备、产品等。

即使是汽车行业的大发明家，如奔驰、狄赛尔（Diesel）、奥托等人，也难免会受到上述因素的影响。因为资金相关限制的存在，我们会非常严格地定义某些特征，并寻找廉价而简单的解决方案；某些情况下，一些开发过程也会因为资金的缺乏而中断。资金迫使我们在开始产品开发过程之前，进行高度敏感的成本效益核算。如今，即使是对于一个单一特征，我们也会根据其价值进行分析，并会考察哪些特征是对哪些目标群体的基本需求，而其余的则只是一个激励因素而已。现在，我们可以来看一些例子以了解驱动力，不过可能这些例子只会使我们得出以下结论：根据市场和驱动架构力量的要求，将会出现一些产品的特性和特点，它们代表了能够使得产品被接受的基本需求。至于其他一些特征，则会引起刺激消费者的兴趣，并引导产品以各种不同的方式走向成功。反过来说，任何一个没有得到实现的需求，都可以被引申为一个风险。

这就是为什么产品开发的体系架构不能仅仅基于安全需求而开发，还要基于其他驱动力。

这也意味着，对于构成系统的要素而言，它们不能仅仅根据与安全有关的内容来进行定义。

当然，如前所述，资金是一个重要的因素。此外，对于如何定义要素以及要素在系统中的位置，其他一些因素的可用性，如材料（如稀土材料）、技术知识、经验、运输路线、供应链等方面，同样会发挥重要的影响。

ISO 26262 的范围仅仅覆盖了电子电气要素和软件要素。然而，单单使用一个电容和一个电阻，并不能在产品上很好地实现诸如低通这样的功能。规范中提到的其他技术要素也需要发挥重要作用。至少，在那些对失效相关性进行的分析中（比如相关失效分析，或者更广为人知的共因失效分析），我们可以看到，像连接器/插头、印制电路板和外壳这些要素，在安全方面会带来很大的影响。如何实现一个良好的产品防护外壳，仍然是汽车行业项目管理的一个挑战。防护外壳必须在项目开发过程的一开始就需要安排订购，因为它属于所谓的长周期生产组件（在开发项目的早期需要订购的组件，任何变更都会导致开发时间的极大延长），它定义了设备的安装空间；另一方面，因为印制电路板和插头的空间位置也需要事先安排好，也导致外壳的设计必须预先确认。那么，这和安全又有什么关系呢？

对于失效的衡量标准，在 ISO 26262 中只提到了随机硬件故障。也许有人会争辩说，在导体路径、接头、电缆和插头处，也可能出现随机的硬件故障。然而，在我们看来，上述这些故障并不是主要问题。真正最具挑战性的是系统故障，即潜在的设计错误。插头和通电路径需要满足一定的直径，以便让特定的电流可以安全地通过。爬电距离也很重要。特别是对于超过 60V 的电压；我们需要考虑这些全新的、和安全相关的方面。ISO 26262 不要求做出降级处理（保守的结构，就是指元件的实际运行特性远远低于元件的标称值）；而这正是 IEC 61508 所做的那样（这个标准会要求降级至标称值的 70%）；不过在 ISO 26262 中，产品的功能特性依然需要在整个使用寿命中得到可靠的衡量。通过对安全机制的解释，这最终决定了插头距离、引脚尺寸、导线路径距离、厚度等方面的要求。在一些情况下，这可能会导致防护外壳空间不足。实际上，这也把我们引向了下一个问题——没有合理的散热，就无法保证足够大的电流（超导除外）。每个电子元件都会产生热量，我们必须保证把这些热量传导到外面。防护外壳的导热性在这里起着重要的作用。控制单元过热是造成火灾的主要原因。在 ISO 26262 中明确提到了这个问题，因为上述情况可能成为一个电子部分的失效功能。

关于热的话题，在另一个典型的长周期组件中扮演着重要的角色，这就是单片机。时钟单片机的使用频率越高，它就会越热。单位时间内的操作数量也会影响加热。这意味着一个在极限运行状态下的单片机会变得非常热。如果我们能够改变热量的方向，我们就可以突破这些限制，但如果其他部件排列得太近，我们就会面临热量积聚的风险。

这说明，有很多因素可以影响产品的特性。除了上述示例中依赖关系的复杂性之外，我们还可以看到其他因素也会产生极大的影响。在产品开发过程中，如果没有充分的理由，外壳或微控制器是不会轻易改变的。

因此，我们非常依赖于项目管理和架构。

Nancy Leweson 的《建造一个更安全的世界》（*Engineering a Safer World*）一书中提到了一个建议，该建议描述了对结构方面的各种架构观点和需求分配。所有需要保持一致性的内容，都通过术语"预期规格"来进行描述（图 3.5）。

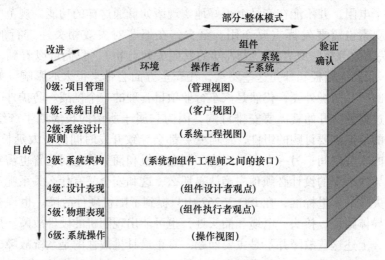

图 3.5　产品规格的多维结构（来自南希·G·莱韦森（Nancy G. Leweson）
写的《建造一个更安全的世界》一书中，图 10.1）

整张图的中心观点是基于产品结构、组织结构的理念而建立的，其中认为，产品开发过程中同样建立起良好的管理结构，如此才能和产品匹配。为了使各自的组织单元能够相互协作，这个结构也必须能够代表产品规格的基础。

因此，产品架构成了产品结构基础中最重要的元素。

由此，项目规划的第一步就是创建项目结构树，这需要考虑以下几个方面：

● 产品、组织和项目的接口需要进行良好的匹配。上述三个接口维度上的接口越多，产品的开发就会越复杂。

● 产品、组织和项目接口需要通过层级结构安排来定义和控制。每个接口都需要在更高的层级上进行定义和管理。

● 在为架构中的产品的要素及其行为或依赖关系制订规格时，产品结构集及其水平和垂直层级的接口定义会成为基础。

关于南希·G·莱韦森（Nancy G. Leveson）在图3.5中的立方体结构，在这本书中不会再进一步讨论。我们只对那些关于产品技术观点的内容做进一步的考虑。对于客户和供应商而言，其组织架构与观点视角，都要在产品规划、项目规划和组织接口的确定时纳入考虑。同时，上述这几个方面也构成了由安全生命周期派生的项目安全计划，而该计划也是安全活动规划的基础（可以与ISO 26262，第2部分，第6.4.3节，"安全活动的规划和协调"进行对比）。

3.3.2 架构视图

对于架构而言，存在不同的利益相关者。对于每个单独的利益相关者，还需要对描述进行不同的抽象定义。在理想情况下，我们可以根据利益相关者的资料，从总体描述模型中提取某些信息。为了完全实现这一点，我们需要建立一个标准化版本的利益相关者模型；对于不同的利益相关者，他们的兴趣通常是不同的，在建立起一个基础数据模型的前提下，我们将能够在概念层面，将整个世界及其相关性因素全部包括在内。

然而在现实中，没有人能拥有足够的时间来等待这一切的发生；即使是像谷歌、维基百科等天才般数据管理和信息系统，在上述活动进行的过程中，也会被拓展到其极限而无法彻底实现。

任何尝试过盖房子的人，都知道什么是施工图。施工图的目的，当然是用于向后来的业主展示房屋完工后的样子。而一般来说，对于那些由建筑承包商建造的房屋而言，也还有施工规范的存在；但一般人在没有律师的帮助下是看不懂施工规范的。

施工图经常显示正面、背面和各种侧视图。例如，垂直视角可以看到不同楼层的排列，而水平视角可以看到同楼层内门户的排列。然而有一点并未改变，即这幅施工图总是展示给我们同一座房子。我们的期望是，不同视角所表达出的结构是一致的，我们可以看到，前门在房子中的同一位置，而我们也能预期从水平视角看到它。

尽管如此，我们还是需要把架构内的不同利益相关者识别出来。当然，他们所有人都只想看到他们自己感兴趣的那部分架构视图。因此，如果我们给木匠发送内部的平面图，他所感兴趣的是地板填充的高度，而不是门楣的空间分配，以及在何种极限载荷下使用了多少铁质支撑。实际上，在这里我们需要考虑财务控制者和项目经理的观点，这是因为，产品中所使用的资源已经决定了安全的充分性的程度。

在 20 世纪 60 年代末，菲利普·克鲁森（Phillipe Kruchten）描述了他的四种观点，这四种观点带来了以下（这里与 UML 比较）4 + 1 观点：

- 逻辑视图为最终用户描述系统的功能。使用逻辑要素是为了显示要素的不同依赖关系。类图、通信图和序列图可以用作 UML 图。

开发视图或实现视图描述的系统，是从开发人员的角度来说的。组件图或发包图可以用作 UML 图。

- 流程视图（行为或功能视图）描述了系统的动态方面，以及要素在相互交叉处和在已定义环境中的行为。关系可以是任何形式的交流（技术和人机通信等），时间行为以及分配和结构方面，如并行性、分布、集成、性能和可伸缩性。活动图、序列图或时序图可以用作 UML 图。

- 物理视图或部署视图（都是）从部署的角度描述系统，或者更确切地说，从部署管理人员的角度描述系统。它应该包括组件、模块或电子元件和元件的分配，必须得到彼此之间的通信部署（如电缆、总线、插头……）。分布图可以用作 UML 图。

- 场景视图描述了应用的用例计划、可能的配置和行为版本。这可以成为要素之间计划行为的基础。架构验证稍后将成为集成测试的基础。用例图可以用作 UML 图。

在"安全"资助项目的背景下，对汽车行业的观点和观点来源于项目 SPES2020 的定义（图3.6）。

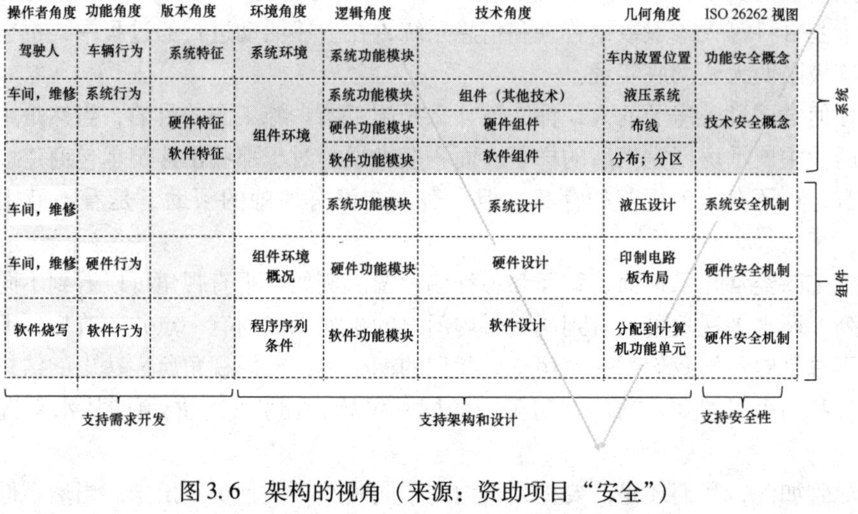

操作者角度	功能角度	版本角度	环境角度	逻辑角度	技术角度	几何角度	ISO 26262 视图	
驾驶人	车辆行为	系统特征	系统环境	系统功能模块		车内放置位置	功能安全概念	系统
车间，维修	系统行为			系统功能模块	组件（其他技术）	液压系统		
		硬件特征	组件环境	硬件功能模块	硬件组件	布线	技术安全概念	
		软件特征		软件功能模块	软件组件	分布；分区		
车间，维修				系统功能模块	系统设计	液压设计	系统安全机制	组件
车间，维修	硬件行为		组件环境概况	硬件功能模块	硬件设计	印制电路板布局	硬件安全机制	
软件烧写	软件行为		程序序列条件	软件功能模块	软件设计	分配到计算机功能单元	硬件安全机制	

支持需求开发　　　　　　支持架构和设计　　　　　　支持安全性

图 3.6　架构的视角（来源：资助项目"安全"）

个人视角描述如下：

操作者角度，描述了人和技术系统及其要素之间的行为界面。

功能角度，表示可观察的技术行为。

版本角度，是从系统或其要素的相关的利益相关者角度，描述了各种特征或实现的依赖关系或差异。在这种情况下，利益相关者也可以是系统或要素。

逻辑角度，使用逻辑要素来说明接口或此类接口的行为。

技术角度，使用技术要素来说明这些接口的结构和接口或行为。

几何角度，显示了一个系统或它的要素在一定的上下文或环境中的位置。

安全角度，显示了体系结构的安全相关方面。

3.3.3 水平抽象层

抽象层通常被解释为，省略个别的组件，并将说明转移到更为普遍和简单的内容。水平抽象层的深度，被认为是我们在实际上观察一辆车的水平抽象层级。成语"只见树木不见森林"可以用来恰当地描述车辆功能开发所面临的挑战。

当描述车辆的行为时，相关性可以被分解到软件代码的每一行、电阻或印制电路板上元件的连接处。如果没有识别出这些相关性，我们就必须询问还需要哪些其他的元素。

因此，在车辆和飞机工程中，我们谈论整车/整机层级、系统层级和组件层级。如果这是对结构方面的一种开发需求，那么相比之下，对车辆功能的开发肯定会容易得多。ISO 26262 中并没有正式地提到这些层级，但该规范有助于更好地理解何时应该考虑这些层级（图 3.7）。

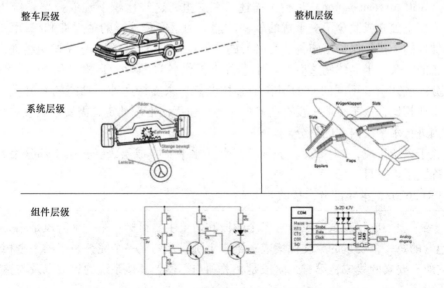

图 3.7　对于整车/整机层级到系统/组件层级的比较

在这里我们可以看到，交通工具和飞机所处的环境，对其系统的发展有本质的影响。对于转向系统来说，不同车辆之间的区别，要比不同飞机之间的区别小很多。而即使是在不同类型的车辆之间，其差异程度也是会根据车型而发生变化。摩托车很容易发生倾倒，而汽车则不会，除非我们在进行麋鹿测试。这一对比表明，某些事件的发生概率，与设计之间存在关联。在系统层面，体现了组件之间的相互作用，也包括机械、电子和软件组件，但根据不同的需求和环境参数，它们会导致系统设计大相径庭。

如果我们考虑组件层级的话，我们会发现电子硬件和软件上存在类似情况。在这种情况下，差异主要表现在架构上。

各式各样的架构模式显示，在飞机上，其功能的架构越来越接近汽车。到目前为止，比较系统和投票器（比如 3 选 2 的选择系统）主要被部署在系统级，其中包含三个独立的组件（也称为设备冗余），并通过独立的、以多数票为准的投票系统或无源逻辑元件（如继电器、二极管、开关等）来实现安全功能。

大约 20 年来，整个汽车行业都对电子节气门的概念（E – GAS 或 E – Throttle）有所了解。这一设计思路实现了具备冗余度的软件层级，并能够根据需要优先考虑安全功能，通过启用的路径发送信号使得系统进入安全状态，或通过智能看门狗关闭整个计算机。在飞机制造方面，这类概念适用于我们所谓的"指挥 – 监控系统"（command – monitoring – system）。这类概念的共同点在于，目标功能应该独立于监视功能发挥作用。这种监控功能的设计目的，是在其失效时不对产品造成损害的情况下实现其自身的功能。

这样的冗余设计原则已经发展了一段时间，并在 ISO 26262 中作为 ASIL 等级分解（ASIL decomposition）进行了描述。在这里，这些比较系统或投票系统可以部署为完全独立或完全不受干扰的软件功能。为了实现这样的独立性和/或不受系统或硬件的干扰，保护措施仍然是必要的，但这一思路的目的，还是避免组件或控制设备的冗余。半导体制造商在一个芯片上提供各自的内置自检（BIST）、诊断、内存分区或冗余（不同的 I/O 外围或多核设备）来支持这种（功能的）开发。与飞机工业相比，汽车行业中没有明确的边界，也无法准确地定义需要什么参数来在架构内进行水平层内部的划分。

关于系统集成，ISO 26262 提到了三个（水平）集成层级。在第 4 部分第 8 章中，确定了以下目标：

ISO 26262，第 4 部分，条款 8.1.1：

> 相关项集成和测试阶段包含三个阶段和两个主要目标：第一个阶段是相关项所包含的每一个要素的软硬件集成；第二个阶段是构成一个完整系统的一个相关项的所有要素的集成；第三个阶段是相关项与车辆上其他系统的集成以及与整车的集成。

这一结果导致了三个水平集成层级：

- 车辆系统（项目）的集成

车辆接口

- 将组件集成到一个已定义的系统

– 组件接口

- 电子硬件与嵌入式软件的集成

– 硬件软件接口（HSI）

因为这些层级的接口自然会对架构产生影响，并且也是在这些层级进行开发时的必要需求。在系统需求开发中，也需要考虑这些层级。所以这些水平层的接口已经得到了预留，这意味着，需要进行相应的架构规划。图 3.8 显示了嵌入在组件层级和车辆层级之间的这三个层级。

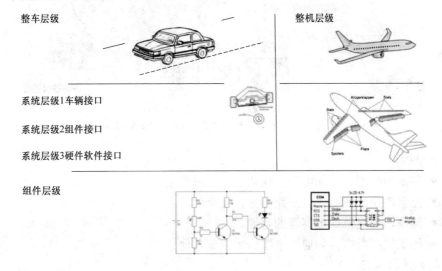

图 3.8　部件与车辆之间的多系统层级

系统层级 1 将自己定位在一个相关项（整车系统）的界面上。在这种情况下，我们已经制定了许多对以后的组件部署具有重要影响的决策和定义。所有要求都涵盖在 ISO 26262 第 3 部分第 4 章"项目定义"，这对组件来说十分重要。

根据 Ford – FMEA – Handbook[5]，一共存在四种接口。在这里，我们用举例来展示和描述它们（图 3.9）。

我们已经得知的影响因素：

物理接口

- 几何数据，它描述了车辆中需要集成组件的空间大小。

- 环境条件，如振动，温度，污染。

- 物理值或限制，如力，转矩，转速，定位角，传动比，以及它们的误差容限。

- 电子值，如电压，电流，EMC，数据接口。
- 数据的种类（物理的、电子的等）。
- 数据格式、数据内容、信号电平。
- 数据交叉、总线或通信系统（CAN 协议、Flexray 协议、以太网）。
- 网络或总线拓扑（星形、环形、节点、网关）。

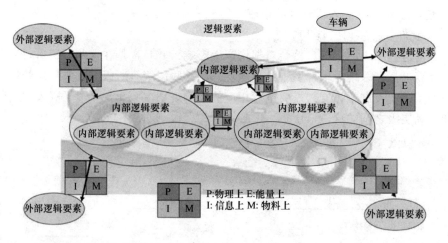

图 3.9　多维边界与界面分析（来源 Ford – FMEA – Handbook）

能量接口
- 能量的类型，比如电能、动能、压力或真空。
- 能量转换，如电压，短路电流，安全部署。
- 能源，如电池或电容器的容量。
- 能源供应类型，如通过电缆、感应或其他。

物料转移（接口）
- 燃料输送，润滑油等。
- 材料兼容性，如硬/软材料，石油类型，化学相容性（盐、含铁的硫化物等）。
- 质量偏移、装载条件。

这些接口还可能显示出对时间的依赖性。把信号传递给制动系统、由此让车辆停止是很重要的，但与此同时，我们也必须确保制动器可以提供足够的能量。对于液压制动器，这主要是由制动压力来保证制动动作的执行。举例来说，在特定负载下，电力供应可能不再能够提供足够的制动能量；或者，使用电力的系统，会因为熔丝在某一阈值下跳闸而失效。

在系统层级 2 中，对于系统交叉点的描述可能会有所不同，而且对于时间要求通常会变得更详细；也正因为如此，大部分情况下，所要求的时间会变得更短。关于转向系统的示例，展示了这种层级化的级联方式。一个转向系统，能够容许在一定的脉冲宽度和能量下发生约20ms的误差。如果这种脉冲持续更长时间,那么驾驶人将无法再控制车辆,继而可能会导致汽车驶入迎面而来的车流。这意味着,该系统所能容许的、安全的误差约为20ms。如果我们把这个时间分解到控制单元,那么对应的容错时间可能被减少到5ms以下。因此,从输入端的引脚到输出端的引脚,控制单元需要在5ms内开启与安全相关的正确响应。为了保证在系统层级3的硬件-软件接口上能够进行相同响应,单片机需要在1ms以下启动软件功能,这体现了出单片机引脚端所需具有的、恰当的响应能力。

在系统层级2中,对接口的描述如下:

物理接口

● 外壳尺寸数据,比如:插头、印制电路板……

● 环境条件,如振动,温度,污染(这些数据可能不同,因为传感器、控制单元或执行器可以在不同的地方实施,或在污染或湿度的环境下由外壳保护,减少振动,散热)。

● 物理参数或限值,如力、转矩、匝数、传动比以及它们的误差容限(这些值可以再次分解或分配给系统的不同要素)。

● 电气值,如电压、电流、EMC、数据接口(见上文-物理参数)。

信息接口

● 信息的类型(这里的信息通常被描述得更具体)。

● 数据格式、数据内容、信号等级(信息的具体记录)。

● 数据交叉、总线或通信系统(CAN协议、Flexray协议、以太网),现在需要通信接口的物理定义,以便内部和外部通信伙伴可以相互通信。

● 网络或总线拓扑(星形,环,节点,网关),这里把这些要素进行详细的指定。

能量接口/交叉点

● 能量的类型,如电能、动能或压力和真空。

● 能量转换如电压电平、短路电流、安全设计等特点部署。

● 能源,如电池或电容器的容量。

● 能源供应类型,如通过电缆或电感方式。

这些接口现在被分解为外部和内部的单独组件,并根据需要进行详细说明。

物料转运(接口)

● 燃油供给、润滑剂。

● 材料兼容性,如硬/软材料,石油类型,化学相容性(盐、含铁的硫化物等)。

● 质量偏移,装载条件。

这些接口现在被分解为外部和内部的单独组件,并根据需要进行详细说明。

通常,在系统层级3中,会出现源于微控制器规格的新信息。但同样在这里,所有四种界面的类型，也会或多或少发生关联。物质转移对微控制器的影响较小，而对物料接口的影响更大。在这个层级中，我们能够发现一些因为物料成分的错误偏移或由于腐蚀带来的零星影响所导致的接触问题。

组件层级

在各种抽象层级中，单纯对机械组件进行定义，在某些情况下是合理的做法；但通常来说，复杂的机械组件已经在系统层级上进行了描述。此外，这些组件对应的接口也可以分配给任何给定的系统接口。因此，一个液压转向系统将更有可能集成在系统一级，而像印制电路板、插头等部件则可能集成在组件这一层级。

在软件方面，经常会有多个软件组件同时存在；它们会被集成到整个嵌入式软件，烧写到一个微控制器中。从形式上看，集成到微控制器中的多个功能组的软件，可以被集成为系统要素。然而，由于硬件－软件的接口对需要实现的软件增加了很多必须实现的要求，接口也因此变得越来越复杂（图 3.10）。

组件层级

架构层级

软件设计层级

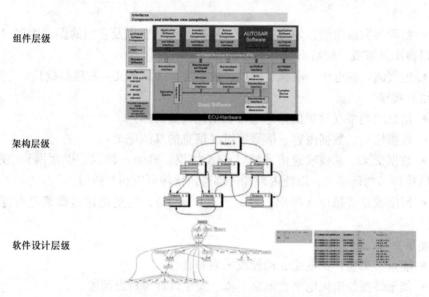

图 3.10　类似于 Autosar 的软件架构层

这种进行集成后所进行的时间分析，只能通过其他的视角进行；这是因为，每个软件要素都需要考虑计算机的运行环境、时间管理或分区、时钟频率等。在这里我们有所谓的"软件架构层级"，它形成了软件设计和软件组件之间的层级。就像在 SPICE 中一样，作为一个术语，软件单元被看作是软件的最小实体。因此，在这种前提下，指令不再被认为是一个个体。在汽车工业中经常使用的 C 编程语言中，C 文件代表一个软件单元所处的抽象层级。在软件开发中，我们会将基础软件和应用软件区分为两个不同的层次。在运行时，要提供定义的数据结构的接口，即所谓的运行时环境（RTE），正如我们在 Autosar 中所理解到的那样，这体现了基础

layer software和应用层程序软件之间的隔离。

不过，在电子领域，我们大体上仍然要从结构开始进行分析。首先，我们有外壳、插头、连接器、印制电路板、空气通风机和冷却设备。这些已经为结构部署指定了一些参数和设计限制。由于外壳尺寸也必须在项目发展的早期阶段完成定义，所以整个电子部署也都将依赖于它。这一层级，正式地被认为是电子架构所属的抽象层级。因此，这些设计之间的依赖关系应该是已知的，但这些关系本身并不应该被指定为独立的抽象层级。这些所谓的结构组件，也可以是经过合理分离（分区/分块）的各种电子组件：举例来说，可以对不同印制电路板上的多个电子元件进行结构性分离，也可以对控制电路与供电电路上的组件进行分离，或者根据电压等级不同进行分离，或是将与安全有关的电子组件，和安全无关的电子组件进行分离。

对软件来说，假如不同的软件组件被集成到不同的微控制器，我们也就需要合理地对软件进行分离。对于电子产品，我们也经常需要找到其他方法来分离组件、功能组和零部件。这就是为什么在电子层面存在三个不同的抽象层级，即组件层级、功能组层级和元器件层级。至于半导体，比如微控制器，ASIC，FPGA或其他混合元器件通常被集成为功能组，即使它们本身被算作组件也是如此（图3.11）。

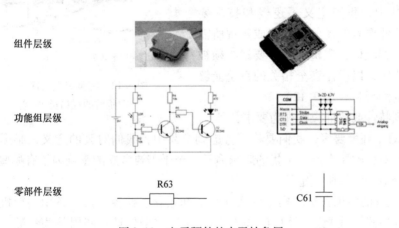

图3.11 电子硬件的水平抽象层

软件：基础软件–应用软件

对于基础软件或Autosar抽象层而言，水平抽象层同样会被提及，但通常这里我们所指的，是功能性（透视的）抽象层［例如硬件抽象或微控制器抽象层（MCAL）］。不过，应用软件与微控制器之间的接口在抽象层的定义中仍然扮演着重要的角色。在ISO 26262的早期版本中，硬件–软件接口（HSI）在第5部分（硬件层级的产品开发）和第6部分（软件层级的产品开发）中得到实现，只有在ISO 26262的CD版本发布后，上述内容才被放到了第4部分（即系统层级的产品开发）。这里的特殊之处在于，微控制器作为一种硬件元件，类似于电子元件的外

57

壳一样，它会预先决定了软件的基本设计特性。为了能够保证硬件和软件组件能够正确地交互，需要考虑上述特征及其潜在的缺陷，以及功能及其潜在的失效后功能。这些考量，显然也适用于所有的组件接口。在分析 HSI 的时候，我们能够找到许多相关的接口参数。这意味着，基础软件不仅是能够正确提供所谓低级功能的驱动程序，它不仅给微控制器的软件、操作系统、外围电路（DMA、I/O 总线等）、内部沟通、逻辑单元、内存或函数库提供信息（这是一个微型计算机所提供的内容），除此之外，基础软件层也会在出现潜在失效或故障时，在接口层面提供系统性的保护。

3.4 需求和架构开发

作为架构本身，还应该显示出需求的结构特性。借助所描述的水平抽象层级，上层和下层接口可以通过更加详细的信息而预先确定，这是体系结构所应该阐述的信息。通过确定逻辑和技术要素，可以显示水平抽象层级中进一步的接口情况。在一个系统中，我们定义了逻辑和技术要素，而这些要素的任务是承载或实现所需的功能。相应地，逻辑或技术要素必须被清楚地指定，以便让安全相关的系统能够执行正确的行为（图 3.12）。

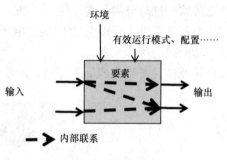

图 3.12 完整定义元件规格
所需的规格类型

下列特性或特征应被视为要求：

• 对于环境要素，我们要将其考虑到产品中，我们对其的定义，必须包括所有可能会对影响要素产生干扰的影响因子。至于需要考虑的影响因子有哪些，则是由接口分析的结果所决定的。

• 允许的使用方法、操作模式（例如初始化、监控、按需备用、待机以及常规操作等模式）或配置（例如，只应用于模拟数据处理；调用某些参数，如软件组件的调用；定时触发过程或函数等）以及信息分配到要素的方式。

• 应该指定输入信息，以便确定它们在何处生成、使用何种传输格式，以及在什么范围内保持有效性。

输出信息的指定方式应该包括：定义在什么地方处理它们、必须以什么格式提供它们，以及信息在什么范围内有效。

• 至于产品的内部关系，则应在确认所规定的环境条件之后，在允许的运行方式或配置下，定义所有输入和输出条件。如果要素中的记忆效应可以改变内部关系，那么这种情况也必须通过加入产品规格来进行定义。要素中的内存效应会导致输入和输出关系的变化，也必须对其进行定义。

除功能特性外，对电气、电子、机械硬件要素的影响还包括以下特性：

- 尺寸、形状、体积、质量、结构、表面、标签、颜色等。
- 材料性能（材料相容性、化学反应性）。
- 对物理影响的行为和反应，如温度、电、电压、应力行为（振动、EMC、某些涉及物理应力的行为）。
- 老化效应［统计老化行为（威布尔分布，二项分布，卡方分布）］。
- 维护需求、物流服务。
- 时间层面

而且软件的技术要素也具有技术特征，比如：

- 编译代码的大小
- 分支、内存消耗、数量（指令数、变量、地址、跳转、调用、中断）。
- 实现程序流程、任务分配、调度策略等。

商业、思想或情感层面的因素，在这里不再得到进一步的考虑，这是因为，它们不应该被认为与安全有关。如何定义和指定这些技术参数，通常来说也是分析的结果。

我们可以假设一个技术要素具有特定的特征；假如缺乏该特征，就不能实现预期的特性或功能。因此在逻辑上，只有这些特征不再保持给定状态或一致性时，才会出现功能层面的限制（图3.13）。

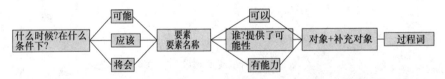

图3.13　需求模板（来源基于 Chris Rupp［4］，需求工程和管理）

我们应该为所有这些方面的需求设计模板，以便将需求以清晰的格式显示。这样能够避免错误的解释，并确保需求与体系结构的一致性。在自然语言中的规范，并不意味着所有罗列的特征，都需要用口头方式来进行表述。至于半正式的方法，则特别适合于技术行为，而且在使用这种更规范的情况下，其表述相比结构完整的语句，也显得更清楚、更不易遭到误解。在一个结构完整的体系中，如果能够使用这样的模板，需求就能够自动地从体系结构中派生出来。或者，我们也可以通过关键词的定义，预先制定基本内容，这样只要添加参数或某些特征就可以了。关于信号流或数据流的所有方面都需要与架构保持一致，这意味着，如果这些需求是自动从架构中派生出来的，我们就可以期待所生成的系统能够具有良好的一致性水平。

3.5 需求和设计规范

和"需求管理"相关的所有要求，均参照 ISO 26262 第 8 部分第 6 条（安全需求规范和管理）中的要求。事实上，在规范和标准中根本找不到对设计规范的具体要求。很可能的情况是，在这种情况下，上述章节中对设计规范所提出的、唯一的要求，就是人们需要理解需求的内容。而真正的挑战在于，找到需求与设计之间的合理组合，并正确、充分地加以说明（图 3.14）。

目的：绘制一幅关于一位女性的画
1. 这幅画应该在画布上绘制
2. 这幅画需要以油画的方式绘制
3. 这幅画有一个木制框架
4. 这幅画描绘了一位女性，特征包括

    4.1 一位戴着黑色头巾的女性
    4.2 她的衣着布料颜色，是带有自然阴影的RAL 000色
    4.3...

需求规范

绘画目的：复制达·芬奇的蒙娜丽莎画像
1. 这幅画看起来应该和原版十分相似，让人难辨真假。
2. 可以从这幅图像里看出颜色和框架的细节
3. 这幅画应该基于以巴黎卢浮宫的原画版本为复制基础。

需求规范

设计规范

图 3.14　需求规范和设计规范

以蒙娜丽莎的形象为例，我们会发现，仅仅依赖对需求的陈述，会导致相当广泛而不确定的结果。对于需求声明的接收者而言，他们将很难根据给定的信息创建对应的图像。而假如能够很好地将需求和明确的设计特征结合在一起，并进行针对性的描绘，将会很有帮助。

对于机械设计而言，我们并不是建议人们去做指定 M6 螺钉具体规格这种事情。另外，人们也不会主动写明，自己的需求是提供一个规格为 100Ω 电阻，并且它的精度应该是 1%。那么我们现在的问题在于，如果上述内容对于电子学和机械学来说如此明显，我们又该如何定义一个系统或软件的极限？蒙娜丽莎的例子清楚地表明，仅仅提供需求规格说明是不够的。那么现在，我们又该如何构造规范，并将它们分配给谁呢？车辆系统的规格通常不是分配给驾驶人的，而是应直接分配给技术人员。这意味着对于系统开发人员而言，时序图、电子表格、序列图等，应该是重要的信息。用自然语言再次指定这些需求是低效且不必要的。技术行为的清晰描述通常也更容易用模型来解释。基本上，在这里，蒙娜丽莎的画像只是一个模型，它完成了要求的指定。第 4 部分第 7 章的系统设计章节中，要求提供系统的系统设计规范；而第 6 部分

第 8 章则要求提供软件设计规范，但并未要求提供需求规范。

ISO 26262，第 8 部分，第 6.2.1 – 6.2.4 节：

6.2.1 安全要求包含达到并且确保所有 ASIL 等级的全部要求。

6.2.2 在安全生命周期过程中，安全要求通过分层结构进行定义和细化。图 2 给出了 GB/T 34590—2017 中使用到的安全要求的结构和相依性。安全要求被分配给要素，或者在要素间进行分配。

6.2.3 安全要求的管理包括：管理要求、各方对要求达成一致、从要求的执行方取得承诺和保持追溯性。

6.2.4 为了支持对安全要求的管理，推荐使用合适的要求管理工具。

图 3.15 是安全生命周期的摘录，展示了活动、需求和工作结果是如何离开概

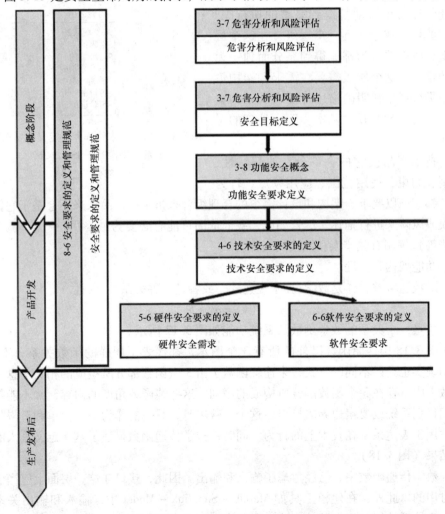

图 3.15 需求结构（来源 ISO 26262，第 8 部分，图 2）

念阶段进入开发阶段的。

ISO 26262，第 8 部分，第 6 章：

6.4.2.3 应将安全要求分配给相关项或要素

下面的图 3.16 阐明了需求的需求以及工程师（需求工程）管理需求的方式。

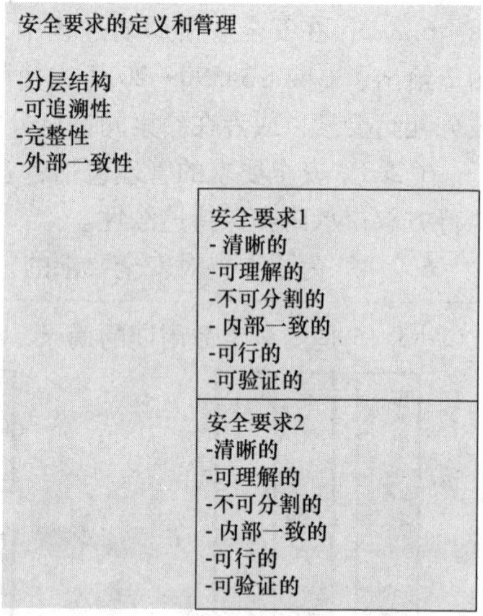

现在，在关于通用安全或通用开发的标准中也提出，要将设计要素的特性也指定为要求的一部分。在所有的架构章节中，要求都扮演着重要和中心的角色。但是，假如一个软件单元和一个电子元件不需要完全按照要求来进行指定，我们又怎么能保证每个活动都得到完整的执行呢？我们的目标在于找到一个层级，在这个层级上，所有的行为都能得到充分而独一无二的定义。这个层级需要在需求和架构策略中进行规划和明确描述（需求和架构策略，也是在 SPICE 的基本实践中处理的工作成果）。

技术产品或它的一部分，如其特性、限制、约束、使用范围、应用领域、行为

图 3.16　安全要求管理和特定安全要求的关系（来源基于 ISO 26262，第 8 部分，图 3）

等，都应该以要求、架构和设计需求的合理组合来指定。产品从来不会基于它们的错误或风险来进行描述。尽管如此，我们依旧可能有必要为最终用户（包装资料、手册等）编制有关错误和风险的文件。

功能架构和验证

函数通常被看作是数学/算术表达式，或者是一种关系/一致性。

$$f(x) = ay + bx$$

这是一个典型的数学函数。系统功能如图 3.17 所示。

图 3.18 中，原函数以外的所有 3 个图示，都代表了同样的函数关系；不过，它们确实也是以不同的方式，来诠释函数 1 由 3 个函数部分所组成的相关信息。在函数 1 中，存在 3 个函数部分所构成的序列。这些纯函数角度的内容，并不能帮助我们识别系统或要素边界的接口。这个函数本身，只可能作为一个简单和有限的描述，用于表达系统在技术上的行为。同时，数学传递函数描述了基于定义输入的预期结果（图 3.18）。

数学传递函数中，已经考虑了输入和输出。因此，接口在这一层面上应当已经是可用的。此外，在建模工具如 Matlab – Simulink – Model 中，输入和输出关系也被作为体系结构接口的基础而建立了起来。

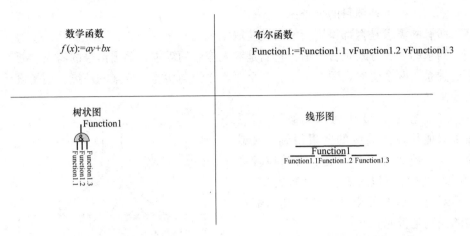

图 3.17　函数可以被分解为数学函数或布尔函数、树状图或线形图

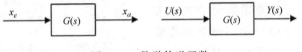

图 3.18　数学传递函数

如果对一个要素的要求来自内部结构，那么就会出现关于接口的新的要求（图 3.19）。

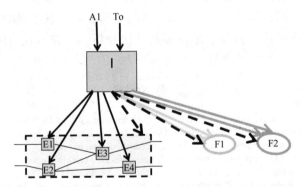

图 3.19　推导要求，并将其定位到功能上，或定位到逻辑、功能或技术要素上

对于功能安全概念的开发而言，除了验证需求外，在逻辑要素上功能、部分功能及其需求（称为功能需求）的分配，是其主要活动。假如没有这样的分配，就不可能进行验证。在图 3.20 中，逻辑要素 E1 到 E4 应该实现功能 1 和功能 2。分配可导致以下结果：

逻辑要素具有局限性和可识别接口，函数通过对逻辑要素的分配获得接口和限制。

在这个结构中，通过给出的信息和相互关系，可以对需求进行验证。我们将能够对需求进行下列项目的核查：

所有的需求是否都得到衍生而被获取？

需求的分类方式是否清晰，它们是输入信号的需求、输出信号的需求、要素内部的关系、两个要素之间的关系、两个要素之间的功能、要素的环境，还是设计需求或限制？

经由与图 3.20 中所示类似的方法，需求只能从较高层级的要素得到；又或者，在系统边界之外，是否有其他较高的层级的要素可以对需求产生影响？

对衍生出的要素而言，对其内部结构的描述是否充分？

上述这些问题，为功能安全概念的验证奠定了基础。在每个可以验证需求的独立层次中，可以使用类似的方法来完成上述验证。上图显示，如果函数或要素（这些函数应该实现）之间没有通用接口存在，那么接口的数量将会以指

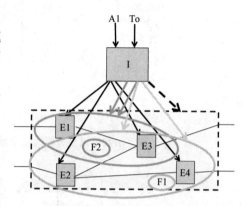

图 3.20　功能需求、功能要素或
功能组在要素上的分配

数形式快速增长。如果我们还必须在这种相异性的正面描述的基础上，进行与情况相关的失效分析，并且还可能必须通过几个水平抽象层次来描述相关性，那么对于完整性、透明性、可理解性、一致性和正确性而言，我们就难以给出对应的解决方案了。假如是这样的话，接口数量将多到无法分析，工作量也会因此而难以进行控制。

参 考 文 献

1. [DIN EN 61709]. Electric components - Reliability - Reference conditions for failure rates and stress models for conversion (IEC 61709:2011); German version EN 61709:2011
2. [SN 29500]. 1999, Siemens Standard SN 29500: *Ausfallraten Bauelemente*
3. [Nancy G. Leweson]. N.G. Leveson, Engineering A Safer World: Systems Thinking Applied to Safety, MIT Press, Cambridge, MA, 2011.
4. [Chris Rupp]. Chris Rupp & Die SOPHISTen: Requirements-Engineering und -Management: Professionelle, iterative Anforderungsanalyse für die Praxis. 5. Auflage. Hanser, 2009
5. [Ford-FMEA]. Ford-FMEA-Handbook, Ford Motor Company, 2008
6. [ISO 26262]. Road vehicles – Functional safety. International Organization for Standardization, Geneva, Switzerland.

第4章 应对需求与架构开发的系统工程

在车辆组件的开发过程中，V 模型的上升部分并不总能得到彻底和系统的执行。汽车工业的关键指标往往是采用诸如统计性实验设计（DoE）或密集验证等方法得到的，而 V 模型的下降部分更是常常被人们所忽略。总之，编写规范并不是汽车制造商的强项。

正如我们此前从架构视角、在架构所在抽象层面中所看到的，水平和垂直层级的接口以及其他不同的视图都得到了结构性的规范化；这种做法尤其适用于需求开发。如果我们需要确定功能的、技术的和逻辑的要素，那么我们还需要描述和规定它们。如果这些要素需要组合起来，像希望的那样协同工作并创建预期的功能，则它们的接口的规定必须体现出足够的兼容性。ISO 26262[1] 包含了"接口的规范"，却并未明确说明对应的要求。不过，那些工作成果之间的相关性，比如第 10 部分中的关于需求规范的内容，往往是基于信息流来进行呈现的。在这种情况下，描述所能覆盖的往往只是一般抽象级别的系统和组件，而从不同视角对系统的描述则并没有被包含在内。

图 4.1 和图 4.2 发表在 ISO 26262 CID（国际标准草案，正式标准的前一版）的第 10 部分（图 7 和图 8）。图 4.1 是为电子硬件而设计的，它显示了水平和垂直层级的交互以及信息流。在需求和设计阶段，纵轴的箭头方向从上方指向下方。在集成和测试阶段，情况则正好相反。这个图示中，并没有将安全生命周期中的任何迭代活动包括在内；不过需要注意的是，由于建模阶段的存在，进行需求变更的可能性，以及验证或确认措施的需要，迭代活动可能是必需的。

对软件开发的说明中，相比硬件多了一个层级（图 4.2）。这张图示中，展示了一个架构层级，以及一个分配给软件单元或软件单元设计的层级。

在标准的定稿版本[⊖]中，箭头和图例都根据图 4.3 进行了相应的改动。车辆系统（相关项）的定义中，最重要的输入是功能概念。这是因为，ISO 26262 中并不包含那些功能正常的系统所产生的危害；所以，标准对于功能概念自身的要求在于，它应该能够完整地描述为何产品预期功能及其结构不会导致危险的发生。然

⊖ 这里指 ISO 26262 第一版，即 2011 版。——译者注

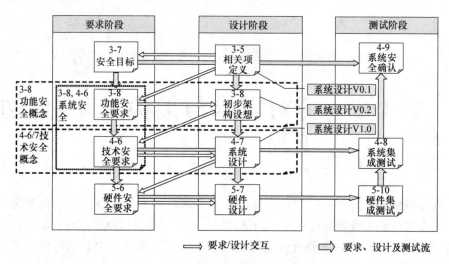

图 4.1 系统和硬件产品开发中的数据流（源自 ISO DIS 26262）

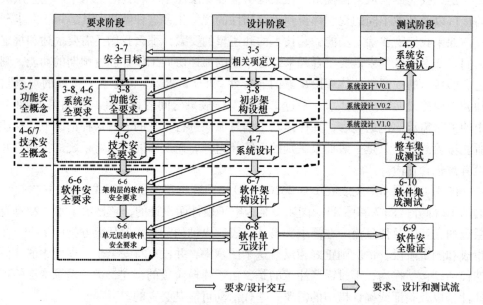

图 4.2 系统和软件产品开发中的数据流（源自 ISO DIS 26262）

而，这在产品开发的早期是不可能完成的任务。所以，我们不得不把所有的活动视为需要不断进行迭代的工作——我们要一次又一次地基于现状下的输出和结果，从中获取自己的见解，并证明其正确性。对于水平抽象层，如车辆层、系统层、组件层、硅结构或其他复杂组件或类似要素，应选择演绎推理的开发过程来开发具体的结构及各自的对应要求。所有的层都包含了逻辑的、技术的和/或功能的要素，而且各个要素间会相互影响。一般而言，这些功能是可以独立进行验证的，以支撑 V

模型的下降分支。如果在验证的流程中，那些在更高层级中已经被验证、获得确认和证明的安全要求已经得到了满足，那么我们就可以把验证活动看作是功能安全的充分论据。这意味着，在任何给定的层级上，可以应用相同的安全工程原则，而且开发工作本身也可以达到更高水平的一致性。在每个级别上，对错误的充分控制对于功能安全来说都是极其重要的，但这一事实并不意味着每一层的所有错误都需要得到单独的控制。

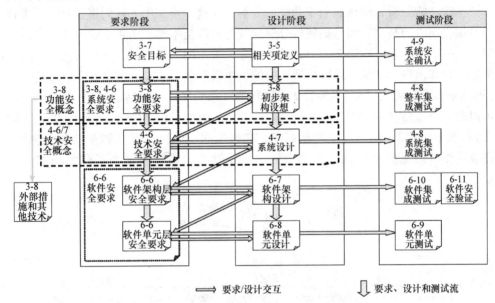

图 4.3　系统和软件产品开发中的数据流（源自 ISO DIS 26262，第 10 部分）

　　在 ISO 26262 标准中，从 ASIL C 等级开始，对多点故障的控制也成为要求的一部分。对于那些具备大量独立安全目标的复杂系统而言，人们已经不再能够应用一个系统化的故障控制策略了。正因为如此，对于那些需要两个安全机制的安全目标而言，这些目标需要被应用到不同的水平层级当中。所以说，对于某个子系统中的单点故障而言，假如我们能够避免其故障传递到子系统以上的层级，那么往往在大环境下，这样的单点故障只是会被视为一个多点故障。假如多个系统要素同时失效，那么就会导致一个多点故障的发生。与此同时，在这样的环境下，对故障进行分类的要求也并不存在了。以上的情况取决于系统定义，特别是对系统要素的选取。通常，选取的方式是选择出可能涉及的、最大的系统要素（这是因为由此可以通过最低的工作量，来描述系统的复杂程度）。

　　更进一步来说，每个系统要素都应显示出尽可能少的错误模式（在理想状态下，其错误模式应该处于一种降级后的安全状态）。倘若想给所有的系统部件进行定义，使之显示出较少的错误模式，这无疑是一件非常具有挑战性的工作。尽管如此，我们依然要清晰地定义出可以接受的系统降级模式。在更高的 ASIL 等级下，上述情况会被作为架构开发的基础来对待。假如对可能的错误模式数量不加以限制的话，这样的一个系统将不再可以被分析，而且系统的变化、其可能的错误传递，也都不再能够受到控制。

4.1 功能分析

一次功能分析，应该起始于功能的分解；在这一步骤中，我们将会看到，来自较高抽象层级的某个功能是如何被分解到较低层级当中的。图4.4展示了一个系统要素上的三个功能。在第2层中，功能被分解为不同的子功能，并且具备了超过一个的入口和出口。功能1可以是现实中的一个常规制动功能，它具备2个激励输入（脚制动和手制动），同时也拥有2个执行器（前轮和后轮的制动器）；而功能2则可以是一个通过传感器执行的制动激励动作（例如，由ACC的雷达所执行的制动）；至于功能3，则是一个驻车制动，它经由同样的执行器（脚制动和手制动）完成动作。参见图中可知，在圈中标注的子功能，将会由多个不同的功能进行复用。

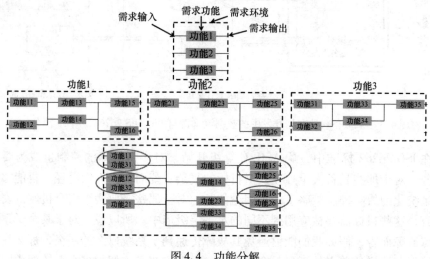

图4.4 功能分解

因此，脚制动和手制动（见图4.5和图4.6），以及前轮和后轮的制动器，都只需要部署一次。假如此时制动踏板同样可以控制驻车制动功能，那么我们就会发现，这两个执行器需要产生不同类型的信号才能实现多重功能的控制；假如不是这样的话，功能背后的逻辑就需要对接收到的信号进行多种解读，才能保证执行。

现在我们发现，对于那些共有的要素而言，它们必须符合所有功能施加在某个共有要素上的所有要求。这种情况，既可能意味着最大化的需求集合，也可能带来互相矛盾的需求。假如是后一种情况的话，那么就需要使用两个不同的操作符，让

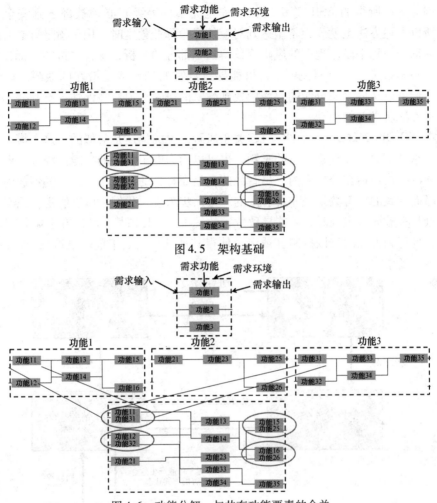

图 4.5　架构基础

图 4.6　功能分解，与共有功能要素的合并

系统根据需求激活以实现对应的需求。在必要的细节方面，这些运算符互相之间需要能够被区别，由此，对应的需求就能够得到正确的应用。

　　在系统集成中，这样的分解与合并（将多个功能部署到一个元素上/开发出全新的、多需求所共有的功能）是必需的工作；考虑到系统仅仅拥有有限的资源，这种做法对于所有的系统层级而言都是很有必要的。在这里我们所谈论的是一种自顶而下的分析，在之后的内容中，这种分析方式将成为功能相关性分析的基础。为了在目标功能和一个特定安全机制之间提供足够的独立性，上述分析手段是不可或缺的。

4.2　危害与风险分析

　　在 ISO 26262 的官方口径中，标题里的方法被称为"危害分析与风险评估"；

这是因为分析所得的 ASIL 等级（汽车安全完整性等级）必须被部署到安全目标上，所以上述方法也就成为希望达到对应的风险降低程度时，用于衡量有必要进行哪些活动的一种手段。现存的风险仅仅得到了部分的分析，这种分析的目标在于检查一个整车系统、一个相关项中，可能导致危害的场景或是潜在的故障。毫无疑问，我们可以从危害与可能的故障中找到隐藏的风险，但风险评估本身则并不是应用这一方法所必备的活动。

在 ISO DIS 26262 中（图 4.7），关于风险情况的描述是类似的。这个模型并不完备，举例来说，停放状态下的车辆，也可以因为电子元件的故障而烧毁，但这种情况并没有被包括在分析之内。尽管如此，显而易见的事情在于，车辆停放时，因为故障而导致的危害数量是非常有限的。进一步来说，我们也可以假定，只有当危险场景与失效同时出现时，才能导致危害的发生⊖。假如某个功能在危险场景下失效，并且驾驶人无法加以控制（或者说使得其他某些人处于危险境地），如此才可能发生一场事故。

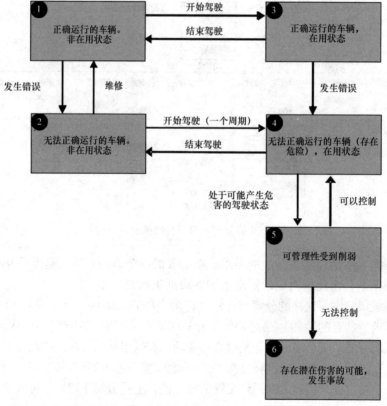

图 4.7　将风险状况作为危害与风险分析的基础（来源：ISO DIS 26262）

⊖　这里其实有一个比较远的引申；只有人在车上，或者在使用车的场景下，车辆烧毁才会存在较大可能导致人身伤害，进而被视为危害。缺乏说明的话，读者会很难跳跃式地想到这一层。——译者注

　　在其他行业中，类似的分析往往被称为"初始危害（风险）分析——PRA"。在上述情况下，当我们完成了所有的分析和验证之后，其结果也是在接下来的架构和设计措施中，完成危害和风险分析之后，以风险的方式进行图解。假如无法提供图解，或者不能提供安全目标的透明度，那么就需要修改风险分析。这样的话，风险分析就始终不能彻底结束。上述流程的反复迭代，是重要的安全措施之一。

4.2.1　根据 ISO 26262 进行的危害分析与风险评估

　　ISO 26262，第 3 部分，第 7 条

　　7　危害分析和风险评估

　　7.1　目的

　　危害分析和风险评估的目的是识别相关项中因故障而引起的危害并对危害进行归类，制定防止危害事件发生或减轻危害程度的安全目标，以避免不合理的风险。

　　7.2　总则

　　危害分析、风险评估和 ASIL 等级的确定用于确定相关项的安全目标以避免不合理的风险。为此，根据相关项中潜在的危害事件，对相关项进行评估。通过对危害事件进行系统性的评估确定安全目标及分配给它们的 ASIL 等级。ASIL 等级是通过对影响因子，即严重度、暴露概率和可控性的预估确定的，影响因子的确定基于相关项的功能行为，因而不一定需要知道相关项的设计细节。

　　ISO 26262 提供了另一种进行危害与风险分析的方式：

　　● 基于产品概念与预期功能来开启流程，并且将车辆系统视为一个全新开发的系统。

　　● 或者通过对一个此前已经开发完成的产品进行影响分析来开启流程。

　　对于车辆系统（相关项）而言，对于上述两种方式，需要在系统层面加以区分；事实上，在进行系统边界分析的时候，我们也需要将这种差异甄别出来。总体而言，对于一个已考量的车辆系统来说，我们在进行定义的时候，就要预先对上述内容进行要求。尽管如此，假如车辆系统的一部分已经存在，那么对于既有部分的技术特性和行为而言，它们就需要与新系统的特性和行为取得平衡，而新的功能架构也需要得到定义。在现实生活中，汽车行业里其实并不存在真正全新的车辆系统。即便对于 ACC（自适应巡航）、制动辅助、停车辅助乃至新的自动功能而言，它们其实也都是现有功能的加强版，或者只不过是现有整车系统的电气化、远程控制化罢了。

　　现在，假如我们有一个基于现有系统的新功能（见图 4.8 标为"内部逻辑元素"的深色椭圆），那么对现有系统的分析就可能成为一个挑战，这是因为，规格的缺失、在考量架构时存在未知的信息，都可能使得整件事变得非常复杂。

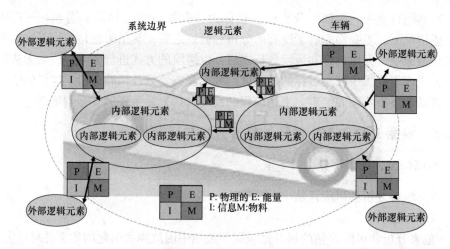

图 4.8　类似福特 FMEA 手册的系统边界分析

在特定条件下，可能影响制动系统和转向系统的某个功能必须得到检查，以便审视在每个驾驶状况和工作状况下该功能对上述两个系统的影响；这是因为，对于新功能而言，最终转向或是制动系统都可能成为它的执行器。基于这个事实，新的潜在失效就可能会因此发生，而这个失效需要通过危害和风险分析进行检查。新功能出现之后，此前在系统中应用的安全机制，不能因此受到限制、被避开或是变得无效。这也是为何对于已经应用的安全机制而言，我们必须获取清晰而完整的信息，并知晓其运作原则。

对于我们进行考量的系统或相关项而言，安全目标要被定义到整车层面上。不过，对于车辆的方向或者运动控制而言，大量的车辆层系统都会对其带来影响。

通常，各个系统会共用一些信息，以便应用不同的功能（举例来说，图 4.9 中的速度或纵向运动信息）。这要求我们将安全目标（和指定的相关项）透明化地定义到不同的水平层级之上。

首先，我们需要辨识出功能的相关特性，以及车辆系统中所产生的特定失效。因此，要将新功能和原有功能的对应功能函数构建好并划分出来。

这样做，就已经建立起了一种功能分层，其中较低层级的失效会影响到较高的层级。不过除此之外，对于同一个水平层级而言，其中的功能互相之间也会存在影响。举例来说，一个变速器传动比的错误信息（在手动变速器系统中，正确信息为 3 档，错误信息为 2 档）可能导致发动机管理的失效，而发动机管理系统则会使用错误的信息来计算车轮上的转矩。另一个例子，则可以是因为错误的传感器信息导致错误的数据处理结果。

这意味着总体而言，在功能和失效之间，存在着一个链接着两者的领域，在危害和风险分析中这个领域必须得到考虑。在更进一步的分析中，失效和工作状态以及驾驶状况一起，通过同一个矩阵表格的形式表达了出来。

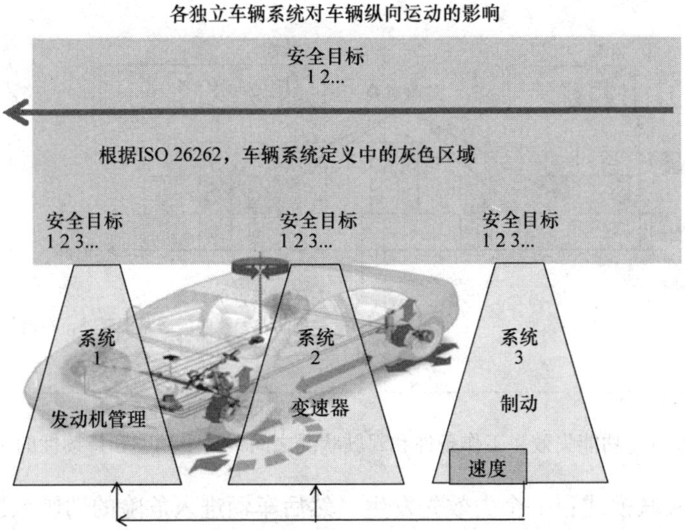

各独立车辆系统对车辆纵向运动的影响

图 4.9　定义安全目标和灰色区域时的功能等级

图 4.10 的矩阵表格，仅仅展示了摘录出的一部分组合，这些组合可能经由特定的功能及其失效，在特定的驾驶状况和工作条件下发生。然而，这张表格的例子也表明，假如某些功能在导致危害方面具备大量需要考虑的特征组合，那么这样的分析就会变得异常复杂而广泛。

功能	失效	运行状态	驾驶状况	风险场景	危害/危害状况
加速	加速超出预期	相对于原状态	正在转向	向对向交通参与者开去	与对向交通参与者发生事故
		正在换档	潮湿路况下	变速器损坏导致车桥锁止	与道路周边设施和对向交通参与者发生事故
		进行自适应巡航时	改变路径	驾驶人转动转向盘以达成改变路径的目标	与道路周边设施相撞
		车辆携带拖挂车	拖挂状态下进行驾驶	拖挂车不稳定	导致碰撞
	加速低于预期	相对于原状态	正在转向	无威胁	—
		正在换档	潮湿路况下	发动机熄火	导致碰撞
		进行自适应巡航时	改变路径	无威胁	—
		车辆携带拖挂车	拖挂状态下进行驾驶	无威胁	—

图 4.10　驾驶状况和工作条件矩阵

驾驶状况、工作状态和潜在失效之间，不仅仅存在功能上的关联，时序同样意味着问题。ISO 26262 提到了和时序相关的两个基本关联（参考图 4.11 的例子）。

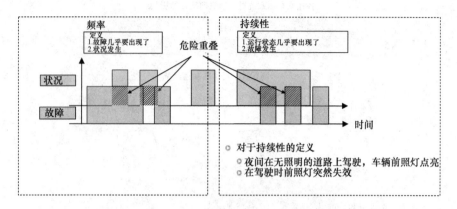

图 4.11　功能失效、工作条件和驾驶状况之间，关于频率和持续性的关系

● 频率关联模式：一个失效先发生，然后车辆进入危险的驾驶状况。

● 持续性关联模式：当车辆进入某个相关的工作条件或危险驾驶状况时，失效发生。

　　另一种可能的组合，则是当工作状态调用某个功能时，该功能已经失效，而因为这个失效，产生了一个危险的驾驶状况。此外我们还要考虑到，类似于这样的组合是否会和其他的组合产生关联，不过这种情况并没有在 ISO 26262 中提及。

　　这意味着，一个危险事件的发生概率，是由以下三者的重叠部分所构成的：危险的驾驶状况、运行状态，以及潜在的失效。此时我们只考虑当时情境下的语境来进行描述。进一步来说，知道失效在不同状况和场景下对车辆施加影响的程度，是非常重要的。这一点，首先会改变那些危险影响的严重度。假如车辆偏离出了稳态范围之外（例如，在转向过度-转向不足之间，车辆能够保持稳定的范围；或者是车辆偏航可以得到纠正的范围），或者是车辆因为一个能量冲击（例如，因为一个功能性的冲击，诸如转向助力机构的突然卡顿导致横向冲击）而不再保持稳定，那么对于应用到车辆上的安全机制而言，它们也就无法在上述情况发生之后继续控制状况了。所以，上述情况必须通过设计加以避免，要么保证这些情况不会发生，要么通过预防性的检测或控制算法等来消减它们的威胁。

　　ISO 26262 根据危险区中，乘客或其他人员可能受到的潜在伤势来衡量伤害严重度。这意味着，失效的程度，或者也可以说失效的特性可以与伤害的严重度进行关联。此外，失效的程度或其他特性，也会影响危害和风险分析中的其他因子，比如危险状况的可控性。"可控性"（Controllability）一词在汽车行业中，主要与驾驶人有关。不过，ISO 26262 中也考虑了其他人员能够防止危险状况发生的可能性，举例来说，面对靠近自己的车辆，路人同样可以离开其行驶路线（图 4.12）。

　　在分析中，最大风险经由造成损伤的程度来分级，由此获得潜在伤害的严重度分级（S = 严重度）。相对的，情况发生的可能性（E = 暴露度，与危险的运行场景

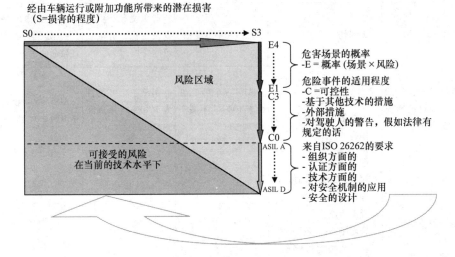

图 4.12　风险与可接受风险的面积比例示意图（来源自多个不同出版物）

相关）和可控性（C = 可控性，源自驾驶人的控制能力，或是估测处于风险之下的人们能够躲开的程度，又或者是这些人可以被他人移除出危害场景的程度）则都能降低风险。最大风险和可接受风险之间的差距，需要由对应的安全措施来进行弥补。假如上述的安全措施，是以基于电子及/或电气（E/E）系统的安全机制的方式来施加的，那么这些机制就会被赋予一个对应的 ASIL。此外，也可以利用其他的技术来实现安全措施，进而降低 E/E 功能的 ASIL 等级（举例来说，可以运用一个液压的安全机制来实现）。

严重度分级（S = 严重度）

对安全相关功能进行的风险评估，聚焦于可能对人产生的伤害上。为了能够与最根本的风险进行比较，造成的伤害必须具备一个给定的分类。这就是为什么我们将严重度分成了三个等级：

S1：轻微或者中等的伤害。

S2：严重受伤，可能危及生命，有生存可能。

S3：威胁生命的伤势（不确定能否幸存），或致命的伤势。

在这种情况下，上述伤害到底是施加在驾驶人、任何一个乘客，或者是其他诸如骑车人、路人或其他车辆的乘员上，并不重要。

如果对于潜在损害的分析能够清晰表明，某功能的失效仅仅导致物料损失而没有人员伤亡，那么对应的功能就不需要被分类成为安全相关的功能。该功能失效的严重度会被定为 S0 级，那么就不需要进一步的风险评估了。在 ISO 26262 中，并没有为这样的功能定义进一步的要求，其产生的商业风险必须通过其他类型的手段或标准来进行控制（图 4.13）。

严重度等级	S0	S1	S2	S3
描述	无受伤	轻微和中度受伤	严重受伤,可能危及生命,有生存可能	威胁生命的伤势(不确定能否幸存),或致命的伤势
造成单一伤害的参考(来自简明损伤定级,AIS)	AIS0 及 AIS1~6 可能性小于 10%;不能被归为安全相关的损害	AIS1~6 可能性大于 10%(不属于 S2 和 S3)	AIS3~6 可能性大于 10%(不属于 S3)	AIS5~6 可能性大于 10%
作为参考信息的例子	冲撞路边设施;撞倒路边邮筒、围栏等;轻微碰撞;轻微剐蹭损害;在进入或退出停车位置时的损害;没有碰撞或者侧翻的情景下离开道路			
侧面碰撞一个狭窄的静止物体,例如以非常低的速度撞上一棵树(影响到乘员舱)		很低的速度	低速	中等速度
以非常低的速度侧面碰撞轿车(例如侵入乘客舱)		很低的速度	低速	中等速度
以非常低的速度和其他轿车后碰/正碰		很低的速度	低速	中等速度
其他类型的碰撞		最小重叠(10%~20%)的碰撞		
正面碰撞(例如追尾其他车辆、半挂车)		没有乘员舱变形		乘员舱变形
行人/自行车事故			正在转弯时(城市路口和街道)	举例来说,双车道的道路上

图 4.13 来自 ISO 26262 第 3 部分附录 B 的例子,对严重度因子的分级(来源:ISO 26262)

对于运行场景的暴露度的概率进行分级（E = 暴露度）

对于车辆的驾驶场景或者运行场景而言，它们应当覆盖那些日常的停放场景，日常在市区和高速路上的驾驶场景，一直到那些最为极端的使用场景——这类场景集合了各式各样的环境参数，因此很少在现实中出现。对于较为常见的驾驶和运行场景，我们通常使用总运行时间作为特征指标；而那些罕见的场景则更容易通过出现频率来进行描述。

分析变量 E 能够帮助我们对不同的持续时间和出现频率进行分级。对于 E 而言，我们考虑使用以下的分级方式：

E0：对应运行场景的暴露频率缺乏可信的参数。

E1：对应运行场景的暴露频率很低。

E2：对应运行场景的暴露频率较低。

E3：对应运行场景的暴露频率中等。

E4：对应运行场景的暴露频率较高。

ISO 26262 在其第 3 部分的附录 B 中，提供了关于持续时间和出现频率的更进一步的例子（此外，也可以参见本书的图 4.11）。

ISO 26262，第 3 部分，附录 B

> 表 B.2 基于运行场景持续时间的暴露概率分级。
>
> 表 B.3 基于运行场景频率的暴露概率分级。

关于持续时间的一个典型例子：对于一辆车而言，其行驶在无照明路段的时间，占据使用期总时间的比例为 1% ~ 10%（图 4.14）。

关于频率的一个典型例子：平均而言，驾驶人每个月至少会进行一次超车。

时至今日，有大量其他的出版物描述了这些分级策略。为了能够和现今的技术水平保持一致，我们必须持续不断地进行研究工作。在过去的岁月里，我们固然能够搜集到大量的分析和评估结果，但与此同时，人们的驾驶行为也可能会随着时间的流逝而发生变化。

暴露度（E）是进行 ASIL 探查时的一个影响因子。和可控性一起，这两个因子都可以降低严重度的影响（S）。上述因子仅应用于观察下的车辆系统（相关项）中的功能。必须进行的第一步分析，是为了辨识出车辆系统中和预期功能相关的失效。为了实现这一点，需要基于新功能和既有功能构建出一份功能安全概念，或者建立起一个层级架构，并将其作为相关项定义的一部分；这是完成一次正确的危害分析和风险评估所需的固有前提。

因此，在一个功能层级架构中，低层级的失效会影响高层级的功能。类似地，在同一个水平层级中也会有关联性的影响存在。这就是为什么我们推荐在危害和风险分析之前，进行一个层级式的功能构建，以此来保证能够描述潜在的失效。对于功能架构，其应用环境和（毫无疑问地）其特性的任何变更，都可能导致新的、和原来不同的失效，并因此改变危害分析和风险评估的结果。这也进一步说明，为何在很多行业中，需要在上述分析之前加上"初步"这一前缀，或者在命名时以类似的称呼来进行说明。

分级	暂时性的暴露			
	E1	E2	E3	E4
描述	很低的概率	低概率	中等概率	高概率
定义	时间长度（占据平均运行时间的百分比）			
	未定义	<1%	1%～10%	>10%
参考样例				
道路类型		山路，带有不安全的陡峭的斜坡；乡间道路的交叉口；高速公路的入口匝道；高速公路的出口匝道	单行道（城市街道）	高速公路；二级公路；乡间道路
路面		冰雪路面；有很多光滑树叶的路面	湿滑路面	
附近的物体	在行驶道路（高速公路）上被遗弃的货物或障碍物	在洗车房；靠近拥堵的末端（高速公路）	在隧道中；交通堵塞	
车辆静止状态	车辆处于跨接起动；在修理厂（转动台）	连接挂车；装备车顶行李架；车辆正在加油；在修理厂（诊断或维修过程中）；在升降机上	车辆在斜坡上（停在坡上）	
驾驶操控	下坡时关闭发动机（山路）	倒车（从停车位）；倒车（城市街道）；超车；停车（在车中有睡着的人）；停车（有挂车连接）	交通繁忙（频繁起停）	加速；减速；转弯（转向）；停车（停车场）；变换车道（城市街道）；停在交通灯前（城市街道）；变换车道（高速公路）
能见度			晚上没有路灯的道路	

图 4.14 ISO 26262 第 3 部分，表 B.2 和表 B.3

分级	暴露度			
	E1	E2	E3	E4
描述	很低的概率	低概率	中等概率	高概率
定义	出现该场景的频率			
	对于绝大多数驾驶人小于一年发生一次	对于绝大多数驾驶人一年发生几次	对于一般的驾驶人一个月发生一次或多次	平均而言，几乎发生在每次驾驶中
参考样例				
道路类型		山路，带有不安全的陡峭的斜坡		
路面		冰雪路面	湿滑路面	
附近的物体			在隧道中；在洗车房；交通堵塞	
车辆静止状态	停止，需要重新起动发动机（在铁路道口）；车辆在被拖的过程中；车辆在泵电起动中	连接挂车；装备车顶行李架	车辆正在加油；车辆在斜坡上（停在坡上）	
驾驶操控		驾车闪躲，偏离预期的路线	超车	从静止开始起动；换档；加速；制动；转弯（转向）；使用指示器；操控车辆进入停车位置；倒车

图 4.14　ISO 26262 第 3 部分，表 B.2 和表 B.3（续）

　　功能安全概念应当包括清晰的用例，而用例也应该尽可能地独一无二且原子化，以免在相关项定义阶段就出现功能相关性。否则的话，危害分析和风险评估就会变得非常复杂，而其分析结果也会在安全目标的内部就发生重合。

4.2.2　安全目标

　　根据 ISO 26262，安全目标是危害和风险分析的结果，并且被视为最高等级的安全要求。ISO 26262 表明了一个单一的安全目标可能指代多个不同的危险，而多个安全目标也可能指代一个单一的危险。因此，需要对安全目标进行以下合理的描述："避免某种失效（可选的、额外的加强描述可以是：在'危害场景下'，或者在'运行场景下'）"；至于潜在的危险、伤害或危害事件，则并没有提及。对于非功能性的风险而言，这并非总是最好的描述术语，因为这样做会导致电子元件缺乏健壮性，设计缺乏健壮性考量或者导致不恰当的设计。举例来说，因为大电流所导致的火灾，并不能归因于一个失效，而是要归因于一个不恰当或者不够健壮的设计。毫无疑问，车辆起火确实是一个危险场景。在很多工业领域，电压超过 60V 时，人们都会认为电路需要增加触电保护。在现今的电动车中，过电压所导致的风险，被分配了越来越多的 ASIL 要求，由此让人们考虑去使用功能性的安全机制来防止过电压的风险。在上述案例里，举例来说，非功能性的危害（诸如高电压、高热）的潜在原因都被视为失效，它们都应该经由对应的安全机制得到控制。

制订安全目标时，对于车前照灯的失效，我们无须给潜在危险取个专门的名字。不过，对于单边灯和双边灯失效的不同情况，则有必要进行区分。对于导致非预期制动的失效而言，它并不需要在分析灯光控制系统时被考虑到，这是因为该系统并不会因为可信的原因导致上述失效。在进行危害和风险分析的背景下，最终我们需要分析驾驶人对于灯光功能丧失所采取的反应。在上述背景下，我们可以想象到，在某些特定场景中驾驶人会因为恐惧而采取过度的制动动作。尽管如此，我们并不会因为这个场景的可能性，而尝试为灯光控制系统增加一个安全机制。

失效可能会在不同的环境下、多种多样的驾驶场景发生，而其具体的表现、外界激励的特征，都可能对驾驶人产生差异巨大的影响，进而导致危险程度的增减。因此，在定义安全目标时，对应的参数或假定都必须清晰地指明。

根据 ISO 26262 的要求，安全目标需要定义在整车（相关项）等级。关于这一点，并不存在指导准则来说明，安全目标的描述应当达到何种复杂性，或是安全目标需要深入到哪一个水平抽象层。一个安全目标可以按如下方式进行阐述："避免一个不受许可的压力积聚成为一个车轮的制动压力"，或是"避免一个不受许可的转矩作用在一个车轮上"，或者"避免一个车轮因缺陷而受到锁死"。大体上而言，这三种阐述都可以是正确的。不过，对于一个或者多个必须整合到车辆上的整车系统而言，假如我们使用上述不同等级的描述，无疑会带来混乱，毕竟在这几种描述中各种接口互相之间都是无法进行匹配的（同样可以比较图 4.9 的内容）。

通常，对于可能出现的失效，安全目标也会描述其互相之间的作用。举例来说，假如一个缺陷导致发动机的转矩达到了一个过高的值，就可能因为瞬间高加速或持续时间的过度加速而使得驾驶人失控，从而使得车辆处于自行加速的危险状态。而一个过低的发动机转矩值，则会导致车辆不受控制地减速，直到自行制动。这就是为何对于那些最安全的功能来说，它们就像一条"走廊"一样提供限制，走廊的范围，则要通过设计上的限制以及/或者驾驶人可以提供的可控性来加以实现（参见图 4.15）

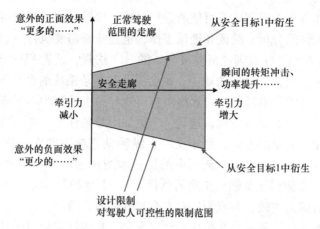

图 4.15　两个相反安全目标之间的安全走廊，它经由失效的不同特性衍生而来

假如我们考虑的功能是"降低车速"，那么功能失效时，就有可能导致驾驶人非预期或者非受控的行为。为了能够彻底理解安全目标，非常有必要去彻底理解转矩参数特性需要达到什么值，以及这个值需要在什么时刻达到才是正确的。进一步来说，我们需要明确，在提出制动请求之后，转矩输出必须在一定时间内结束；否则的话，剩余的转矩又会导致进一步的加速动作。这意味着，一个功能实施的正确空间必须得到精确的描述；否则，我们甚至无法定义出一个会导致危险的范围。

我们要么选择降低产品的性能，要么在设计中对预期功能做出限制，由此才能改变安全走廊，保证阈值处在可以容忍的范围内。然而，这么做可能会导致期望之外的妥协。举例来说，一个受到限制的 ESC（电子稳定控制系统），可能无法对车辆的转向施加充分的影响，或者无法在特定的车速、车重或载荷下稳定车辆，凡此等等。除了设计上的约束之外，通过合适的安全机制，对失效进行控制的能力，也是评判产品的标准之一。假如对于某些受到允许的驾驶状况或运行场景，系统无法在其中鉴别失效，并且难以提升安全机制进行应对的话，那么就需要对预期的功能加以限制才能保证安全。这也意味着，对于一个 ESC 系统而言，当车辆角速度传感器因为失效，其读数相对真值产生漂移时，假如系统无法辨识出这种漂移，就无法从安全角度施加干预了。

在设计制动系统时，应考虑车辆在对应的驾驶状态、路面状况、当前的车辆载荷状况等条件下，其制动能力不能过强或过弱，举例来说，必须允许驾驶人能够稳定地控制车辆，即使在制动状况下也要能够保证车辆不会偏离车道。一个制动系统会在全部 4 个车轮上进行制动，因此，在设计制动时，需要在每个轮子上施加平衡的制动力。然而，在安装制动时的精度问题、组件的老化、车辆载重的不平衡、不同的路面状况、不同的路基、制动系统传输数据的延迟等，以及当前驾驶状况的要求（比如需要快速转向），都可能需要不对称的制动力度；从另一方面说，以上状况也可能导致错误的制动力度。对于每个车轮上制动力的容许范围而言，一个正确的参数规格意味着要考虑到所有可能的运行模式、驾驶状况和车辆可能出现的错误状况，这需要大量的分析、验证和确认工作，也意味着需要执行一套独立的开发流程。此外，像 UN ECE（欧洲经济委员会）的 R13 法规，或者 FMVSS 135（美国联邦汽车安全技术法规）这样的法规中，也会提及对制动系统的设计规范。

而假如有人试图另辟蹊径，打算将所有可能导致上述制动不平衡状况的失效组合全部消除的话，他们就会发现，这是一个更加困难的任务。所以说，避免违背上述安全目标的相对简单的方式，是定义一个纵轴动态参数的安全管理器（它会控制那些得到允许的、或者说定义范围内的加速和减速活动）和一个横轴动态参数的安全管理器（它能保证车辆在正确的路径上）。上述控制功能，可以防止系统性的故障在传播后成为失效，并成为违背安全目标的潜在原因。

上面这个例子已经显示，在生成安全概念时，规划好安全目标是非常必要的举动。经过合理组合，或者是综合处理后的安全目标，在降低安全概念复杂度的方面同样也能发挥很好的作用。

像 ECE R13 这样的、欧洲式的制动系统认可标准，要求在设计制动系统时保证制动同样可以控制车辆发动机的转矩和性能。

此后，电气化的制动系统进入了汽车行业，而人们也开始考虑使用基于电子电气系统的安全机制，随着上述变化的出现，这样的要求被取消了。特别地，是在驾驶人踩下制动踏板时，通过电子系统来降低发动机转矩输出这种方式，就曾经是用于补偿设计要求的一个重要安全机制。

尽管在 ISO 26262 中，并没有着重提到"功能层面的性能"，但该标准还是会要求系统能够去控制预期的性能，其方式在于，对可能发生的失效，应当由合适的安全机制对其提供足够的控制。假如无法提供充足的安全保障，那么唯一安全的解决方案，就是限制系统的性能。

4.3 安全概念

对于安全措施而言，安全概念可以说是对其进行规划时最为首要的基础；安全措施既包括了应用到安全相关产品上的安全机制，也包括常规开发活动以外的额外活动。大体而言，安全概念是一个假说，我们用它来论证我们所部署的内容足以避免安全目标遭到违背。对于安全概念而言，有多个基础性的内容。总的来说，有这样一个问题需要回答：在安全概念中，需要达成什么样的目标？在 1998 年，IEC 61508 在其第一版的安全目标中，认为系统需要进入无能量供给的状态。对于各不相同的应用场景，应当有针对性地提出对应的安全目标。起初，在机械工程中，人们只考虑将系统进入最安全的、无能量的状态视为安全目标。在石油和天然气行业，发展出了两套典型的安全概念：基于投票机制（3 套系统投票，以 2 票通过）的 TMR（三重模块化冗余）概念，以及基于比较器的冗余系统概念。通常，冗余的系统会被配置用于增加可用性，而非增加安全性。当然，对于一个精炼厂而言，相比于某一个单一的过程阀门处于失效状态，假如整个系统突然不受控地停止的话，确实也更为危险。基于上述理念，从早期发展而来的安全概念，往往在基础电子（通常是可编程逻辑控制器）层面保证高可用性，以此来提供安全的响应，并在任何危险状况下保证系统能够受到控制。EGAS（来自德国 VDA 的电子节气门）概念也早已在多年前被开发出来，并成了使用发动机的车辆的基本安全概念；EGAS 使得人们可以对简单明晰的安全目标进行管控（这不仅限于它最初的目标：防止车辆的自发加速）。至于 Autosar 理念，则主要专注于保证应用软件能够兼容不同的系统。只有到了 ISO 26262 发布之后，关于功能安全的概念才得到了系统化的考量。在 Autosar 最初期的版本中，安全机制的主要用途只是被限制在对于序列的控制、对诊断的处理，以及架构中用于隔离或架构化的某些局部工作而已。

在 ISO 26262 发布之前，多年来，VDA 安全概念（EGAS）被传播到了美国和日本，并被用于汽车行业的基本安全概念中。EGAS 的原则可见于各式各样的应用场景。即便是电子转向系统的安全保护也是通过源自 EGAS 的安全概念来实现的。在本书中，关于 EGAS 的安全概念仅仅得到了简单的描述，因为即使只是对于电机控制系统而言，也存在大量不同的应用。EGAS 概念基于三个层级，第一层具备了主要功能（举例来说，发动机控制）；第二层则是控制或者说监管层；第三层则是一个执行独立关闭操作的层级，它可以控制第二层，也可以执行硬件的失效控制。

鉴于这个安全概念是基于单核的单个微控制器而制订的，在第三层上增加了一个智能的看门狗机制，它代表了一个独立的用于关断的路径，这个路径基于一个特别的问–答体系运作。在这个概念首次申请的专利中，这个看门狗原本是一个额外的微控制器，它甚至还能够在主控制器失效的情况下，执行一部分预期的功能。所有公开发表的材料中，仅仅描述了唯一一个安全目标，即防止车辆自发加速。对于唯一的一个安全目标，其要求的故障容错时间间隔也远远大于微控制器所能达到的时间参数与性能限制。不过，作为一个高度可用的安全目标，人们针对发动机燃烧室的非预期关闭却从没有规划出功能安全的方案。尽管如此，在发动机管理系统中，人们还是增加了某些特定的机制，用于防止发动机的非预期关闭（图 4.16）。

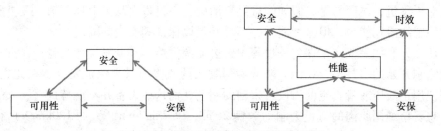

图 4.16　高度自动驾驶所导致的新问题

对于安全概念而言，到底需要哪些具有泛用性的目标呢？在 ISO 26262 中，清晰地定义了以下内容：功能安全概念和技术安全概念需要通过相关项的定义、整车层级的系统，以及危害和风险分析所得出的安全目标而衍生出来。

即使产品仅仅包括软件包，开发工作也不能完全依据客户所给出的功能和性能要求来启动。对于软件设计而言，以下方面都会产生重大的影响：基于软件边界而引出的需求，例如系统设计考量，软件架构考量，编程指南，以及必要的集成策略等。同时，其他标准，如 V – Model XT 本身也会描述一些在进入 V 模型开发之前所需要的一系列开发阶段。

在 ISO 26262 中也并没有提到如何去开发针对一个传感器的安全概念。假如没有这样的东西存在，那么我们又该如何去开发一个安全相关的可编程控制系统（举例来说，一个 PLC，可编程逻辑控制器）呢？通常来说，对于一个传感器，符合功能安全并不难：只要保证传感器在捕捉和传输需要测量的信息时，信息正确、没有被改变并直接传输到了产品的接口处，就可以了。在这个例子中，即使出现错误，只要它能够被检测到并且发送出去，产品依然会被视为处于安全状态。真正的挑战，往往在于如何正确测量预期功能所需的物理效应，并将其转化成一个对应的电信号。假如在测量预期的物理信息时，所采用的测量原则本身都并不合适的话，那么甚至整个系统都会受到质疑。对于一个压力传感器而言，假如它的测量路线被堵塞或是压力膜本身发生硬化，由此导致压力膜不能向上移动的话，那么即便电信号传播的路线没有问题，这个传感器也无法在出现危险的压力增大时获取所需的信息。ISO 26262 并不会涉及产品的性能，这是因为关于性能的测量和要求都无法提供任何具体解决方案。通常，对于特定的安全要求，只要对信号进行多重分析就可以满足，比如进行真实性检验，或是利用其他一些检验准则（如脉冲波形、余弦 – 正弦比较等）或多重/多种冗余等。即便对于像 PLC 这样的可编程控制系统而言，在好几个不同领域上满足多个安全目标、应用多个安全机制，依然是一项非常具有挑战性的工作。ISO 26262 可以被应用于高可用性的系统上，但对于设计和对应的实现工作，很难找到任何类型的实例、提示或者是指导方针。这主要是因为，对于大多数车辆而言，它们都依赖于单一的、没有冗余设计的能源来源，因此在能源来源失效或输送能量的系统本身发生失效时，所有的系统都要能够进入安全状态。对于飞机，显而易见，假如能量供给消失，飞机肯定从天上掉下来；飞机确实具备一定的滑翔能力，但这种能力并不总是足以保证其安全的降落。

那么，假如一辆汽车在驾驶过程中失去能源供给，又会发生什么呢？在汽车的历史刚刚开始的岁月里，我们只能依赖驾驶人的肌肉力量来保证安全。在此之后，我们使用了液压或者真空助力设备来辅助制动，而这些设备并不能替代驾驶人的操作。想要单纯用肌肉的力量去制动一辆 2t 重、以 75mile/h（大约 120km/h）行驶的车辆，无疑是很大的挑战。同样地，假如没有转向助力的话，一个人需要足够的力量和专注度来进行车辆转向。迄今为止，在车辆工程中有大量的传统助力辅助机制存在，它们不依赖电气能量也能够将驾驶过程变得更加安全。而在未来的电动车时代，为了实现类似的系统，除了专注于安全的自主驾驶或自动驾驶以外，我们也会将大量的精力投入到可用性的方面。那么，对于未来的汽车技术而言，上述系统的安全概念，会具备什么样的通行要求，又会带来何种挑战呢？显然，安全目标不可能仅仅只是关掉能源输入而已了。进一步说，我们需要各式各样的安全目标，根据不同的驾驶条件和运行状况，在能源中断的时候，有必要切换到被动式的电子执行器来保证安全。对于那些需要得到安全保护的功能，根据不同的影响因子，它们假如脱离了安全走廊的范围，就应该切换到不同的安全运行、安全驾驶状态下；不论是主动式的（需要能源）还是被动式的（不需要能源），最终系统总要以某种方式达到安全状态。问题在于，我们从来都不能让系统达到一个精确、固定的数值，这是因为对大批量进行的汽车生产而言，生产时的容差要求，可以接受一定程度的公差范围。这意味着对绝大多数动态安全功能而言，其关断点都需要通过训练来获取，以便在技术上让关键的经验参数能够安全地存储下来，并和已知的技术故障或失效区分开来。更不用说，在车辆的整个生命周期内，数据的一致性都需要得到保障。大体来说，以上所描述的安全概念，都是基于正确、适时的决定性数据处理，而且排除了双向的负面影响。

总体来说，并不存在任何一个所谓的安全元素（safe element）；元素就像是在不断进化一样，总是处于进化过程所达到的状态。当我们观察周期系统中的元素时，或者说，当我们观察整个宇宙时，我们会发现，没有任何一个元素是自然而然就符合 ISO 26262 的认可（或者任何安全应用条件）。即使这样的元素存在，它们也不过能够基于一个特定的应用案例开发而来，或者符合认可；而针对这个案例的符合，只不过是一种巧合罢了。通常，设计上的决定与相关风险，都无法充分地进行归档，这是因为上述内容往往和实际的、最初始的应用实例并不直接相关。举例来说，开发者可能并不知道最新公认技术水平下的开发原则，可能也并不会去关注最新出现的需求与挑战，年代越早，越是如此。相比较于分析一些不太熟悉的应用实例，分析未知应用实例的影响因子，则显得更加难以实现。对于一个产品而言，我们只有越了解其开发的历史，了解其内部结构，了解该产品在被考虑使用的环境、预期的使用情况，才能更加容易地将其应用到安全的使用中去。

4.3.1　功能安全概念

ISO 26262，第 3 部分：

> 8.1　目的
>
> 功能安全概念的目的是从安全目标中得出功能安全要求，并将其分配给相关项的初步架构要素或外部措施。
>
> 8.2　总则
>
> 为了满足安全目标，功能安全概念包括安全措施（含安全机制），这些安全

措施将在相关项的架构要素中实现，并在功能安全要求中规定。

功能安全概念涵盖：

- 故障探测和失效减轻。

- 向安全状态的过渡。

- 容错机制，在此机制下一个故障不直接导致违背一个或多个安全目标，并且使相关项保持在安全状态（无论是否有功能降级）。

- 故障探测和驾驶人警告，目的是将风险暴露时间降低到一个可接受的时间区间内（例如：发动机故障指示灯，ABS故障警示灯）。

- 仲裁逻辑，从不同功能同时生成的多种请求中选择最合适的控制请求。

在本节中，ISO 26262认为车辆的架构已经存在，所以功能安全概念中的安全要求必须被应用到现存的整车架构当中去。对于功能安全概念的基本策略，人们曾经希望独立于预期的技术实现，去描述必要的安全要求。在过去，如何将要求部署到功能要素上，是一件非常显而易见的事情。在关于架构视图的章节中，我推荐通过功能描述的方式，来定义不同元素之间的关系。对于这样的元素，我们也将其称为逻辑元素。当然，元素之间的交互作用，也需要在功能层面进行定义。与此同时，定义中整车系统之外的设计限制、整车的几何布局，也都需要加以考虑。由于引入新的整车系统，在技术层面所带来的限制，在这一步中尚且不需要进行考察。当然，这并不意味着完全禁止这种考察，不过根据流程要求，这并非必需的活动。假如基于项目层面的考虑，我们已经决定了要使用一个微控制器，那么此时将微控制器和基础软件的安全概念［包括软硬件接口（HIS）的安全保护覆盖率］纳入考虑，将会是很有帮助的。

上述内容意味着，早在建立起对于电子或软件组件的系统需求之前，我们就首先要验证，预期中的安全概念对于产品的实现是否正确。进一步来说，我们还需要准备一份试做概念，它同样能够用于展示功能安全概念的正确实施。根据流程，我们可以继续下去；不过假如已经存在一些发现结果，显示出技术安全概念中存在不可接受的设计限制的话，那么我们就必须考虑采取一些必要的变更来解决问题。为了降低安全风险，需要存档对应的有罪答辩（guilty plea），以应对指控方的监督员或律师。为了保证安全，降低产品的性能通常是很难被接受的，因为这意味着产品质量的降低，或者产品成本的提高。因此，设计限制被推动成为技术限制，这是因为在ISO 26262中并没有要求进行任何通行的降额（derating）手段。假如一个微控制器运行在容许的工作温度的上限，或者使用了最大的时钟频率，那么它在事实上能否满足质量方面对于容差的要求，就成了一件值得质疑的事情。当我们知道电子组件常常会在处于设计极限的情况下产生未知的技术故障，而且这些故障并没有收录到任何数据库，因此无法加以量化时，情况就变得充满争议了。举例来说，过高或者过低电压的状况，即便是对现在的车辆来说，在其整个生命周期之内都是可能发生的；而上述状况在微控制器运行方面，就可能导致极端危险的失效组合。关键的问题在于，上述的失效行为只能通过个别的失效观察所发现，却不能系统化地复现出来。这就是为什么在功能安全概念中，同样只能将设计极限推到限值的70%（举例来说，堆栈的容量甚至应该低于70%，以便在特殊情况下存储外部的安全相关数据），这样才能保证有充足的资源来实现对失效模式的保护；这些失效模式来自于对设计实现细节的分析（比如 DFMEA 或者量化的安全分析）。

这里，我们再一次使用发动机管理来作为一个例子，这个功能需要满足 4 个安全目标。有些人也许会感到奇怪：为什么要有如此复杂的安全目标呢？为什么迄今为止，每个发动机管理系统都只有一个对应的安全目标呢？当然，时至今日，另一个和法律相关的问题在于，过去的思路，是否依旧适用于安装了高压涡轮的增压发动机。鉴于一个发动机管理系统，在车辆纵轴动态方面发生的问题仅限于提供过大或者过小的转矩，因此在整车层面，仅仅需要 2 个安全目标就足够了。在这个案例中，我们并不需要假定要提供某种防止过热乃至起火危害的手段。不过，也许确实有人会以功能安全的理念，撰写能为发动机过热或者防止易燃燃料起火的功能安全概念。另外还需要强调的是，即使是那些已经得到实现的安全机制本身，也可能造成给定安全目标的违背。

以上所述的，是对于一个机电系统的安全保护措施（可以和 IEC 61508 中的 EUC – 受控设备进行对比），比如一个有燃烧过程的发动机（举例来说，其中会包括化油器、压缩机和涡轮增压器）或者是一个供应燃料的系统。假如将一个发动机管理系统和动力总成一起考虑的话，即使是正确的转矩，假如和错误的发动机转速组合在一起，依然可能导致危险。因此，我们可以看到，如何定义车辆系统、如何将安全目标以及由此衍生出的安全要求进行划分并部署到对应的元素上，都会产生一系列的问题。我们知道，发动机转矩和发动机转速并不是互相独立的参数，这一知识可以帮助我们规划安全机制、执行安全措施，并进行验证测试以确保其有效性。

本章所描述的流程，不应成为某个安全概念的模板，而应当被视为考虑正确设计时所提供的支持性材料。

所以，我们在此考虑了以下 4 个安全目标：

● 安全目标 1：避免危险的、非预期的发动机转矩增加持续超过 t_1 的时间（ASIL C，对应的限值是一组曲线，根据不同的车速进行选择）。

● 安全目标 2：避免危险的、非预期的发动机转矩减少持续超过 t_2 的时间（ASIL C，对应的限值是一个参数，取决于车辆本身，低于限值会导致传动轴停转）。

● 安全目标 3：避免危险的、非预期的发动机转速增加持续超过 t_3 的时间（ASIL B，对应的限值是一个参数，高限值会导致车辆出现驾驶人无法控制的自发加速）。

● 安全目标 4：避免危险的、非预期的发动机转速减少持续超过 t_4 的时间（ASIL A，对应的限值是一个参数，低于限值会导致发动机失去动力，驾驶人无法控制）。

以上所描述的限值，都是一些可能会发生变化的参数。当然，对很多车辆而言，即使发动机管理系统发生失效，其输出也从不会超出上述限值。这也是为什么迄今为止，在设计发动机管理系统时人们并不会总是考虑到上述这些安全目标。同时，本文此处的目的，也并不是为了定义出一份发动机管理系统的安全概念，而是为了考量那些实际的需求与方方面面，这些考量都可能会带来挑战。衍生自整车系统定义的功能定义或者是功能概念，其中包括了发动机转矩和转速的正确的性能参数。以上是构建汽车动力总成的基础。对此，我们常常可以看到，对于上述参数经常会出现调整和变化，这是因为在产品的实现过程追踪，总是会出现新的、需要考虑到的设计限制。进一步来说，上述参数总是依赖于实际的运行环境、驾驶状况等。热机状态下的发动机，其某些领域的表现可能和冷机状态下完全不同。我们已经发现，对于某些车辆而言，在标称的运行温度下其发动机的加速表现会较好。以上，就是一些与安全相关的设计限制的例子。我们必须记住，系统只能在特定的限制环境下，其功能才能正常发挥。在这些限制之外，有时安全机制可能完全无法发挥作用，或者无法及时地做出响应。

现今，新式涡轮增压器的工作压力都非常高。在某些情况下，压力会突然增加。压力的梯度可能在短时间内超过设计的限制（举例来说，可能出现脉冲式的压力爆发）。即使装备了限压器，它的响应速度也可能不够快，难以对压力梯度的迅速增长做出限制。由此，功能概念就引出了以下的功能要求：基于加速踏板的位置，并考虑到当前的发动机转矩和转速，节气门位置和喷油器的压力必须得到确认，以便知晓车辆是否正符合预期地进行加速或减速。在这里，加速踏板的运动，代表了驾驶人的预期。

在标准中提到，设计的架构必须进行层级式的划分。对于上述 4 个安全目标，这意味着，功能概念的架构、安全机制的设计，都需要进行相应的增补，并转化为层级式架构。

图 4.17 展示了如何规划一个功能安全概念，其中包括如何拆分预期功能的需求并拆分对应的安全机制，由此，预期的功能就不需要被部署到具体的安全要求上了。

预期功能的架构，可以根据所需的安全机制，以及相关的功能安全需求得到扩展，如 ISO 26262 所要求的那样。对于一个安全要求而言，它会被部署到逻辑元素与技术元素上，而这些元素所属的功能之间显然并不是互相独立的。因此，我们必须对每个元素，针对所有的安全要求或所有的安全目标，在功能和技术层面分析其相关性。这样做，很快就会导致巨量的异源相关性分析，而由此，对这样一个系统所需进行的分析是任何方法都无法满足的，安全相关的依据也无从搜集。所以说，

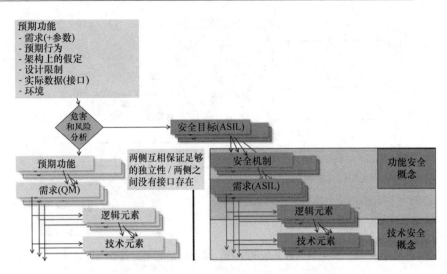

图 4.17　安全概念的架构，包括具备不同 ASIL 等级功能的划分，
也包括未分配安全需求（QM 等级）的功能

对于我们所描述的发动机管理系统，所要完成的任务在于去描述预期的功能，并层级化地将这些功能的基础信息放置到架构当中。大体而言，对于一个燃烧式发动机和一个电机而言，其预期功能是非常相似的。驾驶人需要通过设定加速踏板的位置，来提出需求，使得车辆加速，或者使得车辆减速。至于发动机管理系统的其他功能，比如增加转矩来补偿空调压缩机起动而瞬间吸收的部分转矩；或者是对于牵引力控制提供支持，以便在转向时更好地控制车辆；或者是在碎石路面脱困时提供牵引力控制等，这些都没有在上述案例中提及。尽管如此，我们还是需要在上述分析中考虑到变速器的因素，这是因为驾驶人在对车辆进行控制时，其需求也要通过选择传动比，来决定引用何种转速和转矩。在接下来的例子里，我们假定变速器能够提供关于所选定传动比的数字信号，而我们也能读取关于加速踏板位置的模拟信号。于是，我们的系统将会包括以下的功能组别（参见图 4.18 的逻辑元素）：

- 逻辑流程。
- 对驾驶人请求的检测（G，这提供了对于加速踏板位置的一个等效模拟量）。
- 动作传感器（S，这提供了对于车速的一个等效脉冲信号）。
- 发动机转速传感器（R，这提供了曲轴处，发动机转速的正弦/余弦信号）。
- 变速器传动比（TR，传动比的数字信号）。
- 安全限压器（P，一个阀门装置，反馈的数据包括了压力的回读数据）。
- 发动机节气门电动机（T，反馈的数据包括了节气门电动机电流的回读数据）。

图 4.18 中的框图已经展示了技术信息，它说明了逻辑元素是如何应用到系统中的，以及哪些信号、什么类型的信号需要在这些逻辑元素之间进行交互。关于上

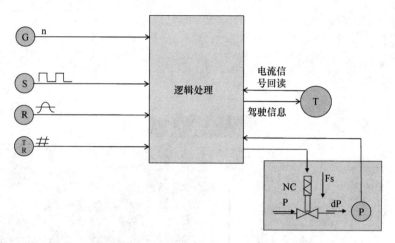

图 4.18 发动机管理系统的框图，其中包括的来自驾驶人的请求

述内容的假定也应当被归档，这是因为，对于涉及相关性的因素，在解读中不论这些内容在此后的工作中是否需要考虑，在这个阶段都需要及时决定是否要将其纳入或者排除。所以，对于一个现代化的内燃机而言，限压器显然不应该是简单的、通过压紧弹簧来工作的电磁阀（这样的阀门也许需要通过设定工作时机来运行，并且往往会不断受到压力冲击）。

另外，我们也会假定，发动机通过控制节气门和喷油压力来实现其功能；发动机并不需要知道凸轮轴的状态，或者喷油的具体次数，我们只需要通过回读发动机转矩传感器的对应等效参数即可。

正确的节气门位置，源于以下函数的结果：

$$T = f(\,G, S, R, TR\,)$$

函数中对应的参数，被作为对应功能的假定而展示出来。我们需要考虑以下的失效：

• 来自加速踏板的、不正确的加速请求，会导致不正确（过高）的节气门开度，以及/或者过高的喷油压力。

• 来自加速踏板的、遭到不正确延迟的请求（如减小节气门开度），会导致节气门关闭，或喷油压力降低。

• 不正确的速度（不正确的、过高的速度，可能意味着发动机管理系统将节气门开得过大，这是因为在高速下，加速踏板的传感器会针对所需的加速进行修正；不正确的、过低的速度，可能意味着发动机管理系统的喷油压力太高，因为低速下，加速踏板的传感器会针对所需的加速进行修正）。

• 和不正确的车速信号类似，对于发动机转速的不正确的测量值，会导致对于节气门的不正确控制动作，或者会导致不正确的喷油压力。

• 不正确的变速器传动比，也会导致可能的失效，比如不正确的速度。

这意味着，假如我们把预期功能拆分成更小的局部功能，通过研究这些局部功能的功能性失效，我们总能够获取到具有因果关系的对应的功能失效。由此，进入系统的信息流，必须在一个给定的宽容带（tolerance band）下得到监控。上宽容带和下宽容带所对应的不同 ASIL 等级，非常依赖于在整车及其系统进行实现时，考虑对应环境下所使用的设计参数。由此，那些局部功能的失效，就会在种种可能性的作用下，在某些时候导致我们所考量的安全目标遭到违背。假如基于功能定义使得失效无法重现，或者概率极小，那么此时在功能安全概念中，就无法对于上述失效进行衡量了。对同一个技术元素，当要求在更低层级或是在产品实现时进行部署时，假如设计缺乏足够的健壮性，就可能导致失效率的增加，而这些失效就必须在安全分析中得到再一次的考察。假如这种平行层级中的流程循环始终能够得到分析并保证安全，一直到分析抵达执行器上的功能为止，那么我们就能够避免在出现错误时，错误向上层蔓延直到安全目标遭到违背的情况出现。由此，引出了错误蔓延分析的一个重要原则：只有那些最终影响到执行器的错误（在某些安全标准中，执行器被称为"最终元素"）才可能会导致安全目标的违背（图 4.19）。

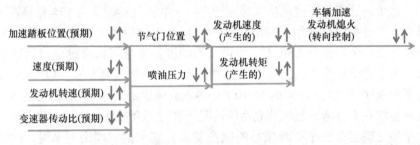

图 4.19　功能分析的例子，以及任何次级功能所可能发生的错误模式

箭头指示了对应功能的参数中，所有那些可能错误地变得过高/过低的部分。假如参数可能会随着时间漂移，或者发生振荡、偶然发生错误等，这些现象可以被视为更细致分析的一部分，在初期的设计步骤之后，对功能行为的细节研究时进行考察。

问题在于，我们如何获取那些对应的局部功能的 ASIL，并以此将 ASIL 部署到衍生出的安全要求之上呢？

ISO 26262 为此定义了一个可以不断进行的迭代的循环，以便在必要的情况下，让我们尽可能长时间地不断完善功能安全概念，使得对其的验证能够收获正面结果。验证活动就像一个不断重复的循环，直到条件充分，才能跳出这个循环，这就是一个典型的迭代式的流程。验证活动的标准，包括正确性、一致性、完备性和充分的可追溯性，所有这一切，都要通过整车的系统定义、安全目标的设置、衍生的功能安全需求及其在架构中各个元素的部署情况来实现。这就使得我们需要开发出一整套的被称为功能安全概念的假说，它能够用于保证所有相关的安全目标都已经得到保护。这套假说是基于一系列的假定和经验，或者还包括一些特定的体系。我们并不能完全确定，某一个特定的水平层级能够完全独立于更上方的层级。安全模板代表了最高层级——整车层的安全要求，而功能安全要求则应从安全目标中衍生而来，所以说，对逻辑性的架构进行拆分，是进行分析时获取满意结果的有效手段。

功能概念，可以基于框图建立起来。在例子中，所有的信号的读入都有 ASIL B 的要求，而且这些信号都会利用系统功能组（逻辑元素）之间的关联性来进行真实性检验，以便应用功能安全分解或是安全机制。为了控制节气门的开度和喷油的压力，我们会使用进行电流回读路径来进行校验。除此之外，我们也可以将这种回读检验机制转变为 ASIL 分解的基础，因为这种机制的运用，可以被视为是功能安全要求的冗余实现。不过，进行分解需要带来更进一步的要求，也会使得分析过程变得过于复杂。通过电流回读路径，我们能对功能模块中所有可能存在的失效，实现 99% 的单点故障诊断覆盖率，不论是对于节气门的开度还是对喷油压力都是如此。至于在现实中，对于预期的转矩、车辆的加速的诊断，是否可以达到这样的覆盖率，这个问题则只不过是功能层面的考量，取决于诊断覆盖率本身是否可靠而已。另外，上述手段也适用于对潜伏故障（LFM）的检测。考虑到这里我们所涉及的最高等级安全目标是 ASIL C，架构层面的度量要求可以通过电流回读机制得到实现。至于逻辑运算方面，对于随机硬件失效，也要达到 97% 的 DCSPF（单点故障诊断覆盖率），以及 80% 的 DCMPF（多点故障诊断覆盖率）。毫无疑问，只要安全机制能够在充分考虑足够独立性的情况下进行冗余部署，这样的要求是可以通过一个单核处理器（一个处理核心的微控制器）实现的。理论上来说，此时所有的输入输出信号的回路，以及处理单元本身，都能得到分析，而所有的失效模式也都能以 97% 的诊断覆盖率得到控制。除了上述的架构度量之外，对于 PMHF（随机硬件失效概率度量）指标而言，只要所使用的微控制器及其他元件的基础失效率来自保守设计（举例来说，工作温度低于 85℃，且节温较低）并使用了常用的元器件手册数据，那么对应的要求也是可以实现的。不过在这里还需要指出，我们的目的在于，开发出一个安全架构，并使其在部署时拥有多种不同的选择。

从可靠性的框图（图 4.20）可以看出，我们同样能回读发动机转速，这是一个物理量，在它出现错误时，有可能会导致 2 个安全目标的违背。用这样的方法，我们就能直接比较一个安全系统中的设定值和实际值。因为发动机转速取决于喷油压力和节气门开度，所以只要检测出特定的失效，我们肯定也能够知道转矩状态处于不正常的状态（比如，过高的转矩，会导致转速的上升速度超过预期）。结论在于，根据对安全目标而言，基于功能架构（逻辑元素）而对衍生功能所进行的解读，我们就能获得可信的信息，来确认关于加速踏板的每个安全目标都得到了保护；当然，对于驾驶人自身预期动作的正确解读除外，这一方面我们无法从上述分析中获得保证。这里的遗留问题在于，驾驶人是否能够控制那些可能出现的、预期以外的行为，或者对失效及其连带表现做出正确的应对。上述问题的答案，可能只能通过确认活动才能发现，因此，应当定义对应的确认标准。这也是为何加速踏板的安全目标被保守地定义为 ASIL C，这个等级也是我们目前定义下的最高安全目标等级。此外，对于所有的安全目标而言，故障容错时间间隔被假定为 150ms。这个时间，源于我们所估计的、系统组件对于整车的显著变化所作出响应的时间。对于功能安全的验证，我们可以设计一个故障树或是一个简易化的 FMEA 来进行。

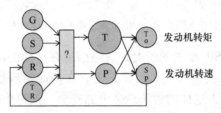

图 4.20　对于一个发动机管理系统，一个新的可靠性框图的草稿

　　值得肯定的是，故障树（参见图 4.21）的布局十分清晰易读。而假如我们希望知道过高的发动机转速到底会导致"太大的喷油压力"还是"太小的喷油压力"，那我们就不得不检查车辆可能所处的所有环境，以及所有参数的一切逻辑组合，由此才能断定这些组合是否存在危险。在很大程度上，这样的检查会受到此后进行的实现活动的影响。在基础开发中，多重技术的实现、在多个型号车辆上的实现，通常都被视为集成活动；所以，下述的解决方案得到了应用，以覆盖所有可能存在的选择（图 4.22）。

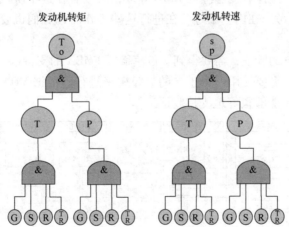

图 4.21　分别对发动机转速和扭矩建立起的故障树（FTA）

　　从 ASIL B 开始，我们就有必要将额外的安全机制添加到功能概念上；正因为如此，所有的安全要求都需要被部署到上述安全机制中，于是这些要求就需要在现有的功能要求基础上进行额外的定义。在此，我们并不会考虑某个安全相关功能在

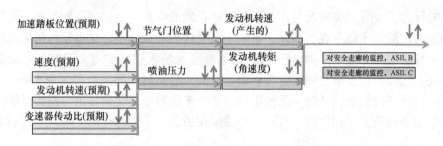

图 4.22　功能安全概念的 ASIL 部署（箭头指示了可能存在的失效）

设计伊始就已经符合 ASIL 要求的情况，这是因为在后期的应用中，这种做法（某个功能可以控制自身）会带来困难。原则上，在产品实现层面，预期功能应该由恰当的安全机制来控制，这样的做法总会更加安全。根绝功能安全概念的目标，现在，我们为功能架构中的所有信号流增加了一个安全走廊监控。在这个例子中，输入信号的监控等级为 ASIL B，而加速踏板的监控则为 ASIL C。所有的内部运算和状态表，都需要由这条 ASIL C 的安全走廊进行逻辑监控。鉴于没有任何安全要求被部署到预期功能上，"处理元素"（即微控制器）拥有两个不同的安全等级。

预期功能（QM 等级）和监控功能（ASIL C 等级）需要两个互相之间足够独立的软件应用来实现，举例来说，在同一个微控制器中，需要两个分区。实现 ASIL B 传感器信号传输的路径（包括传感器本身），可以作为 ASIL B 等级进行实现。在对技术的实现进行预估时，压力传感器设定位置的计算和节气门开度的计算也应当被隔离开。这样做能够降低 ASIL 等级，又或者在这个阶段时，我们就已经可以将 ASIL 分解考虑在内。不过，在进行这些工作时，我们也要考虑相应带来的各种利弊。

对于功能安全的验证，需要得到一份草稿版 FMEA 的支持（参见图 4.23），或者就像图示一样，需要使用一个正向的故障树来进行。根据 VDA 的方式所述，一份层级化的 FMEA 能够很好地支持验证工作。

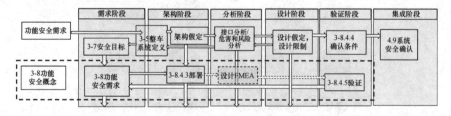

图 4.23　建立功能安全概念（FSC）时的信息流

在下一个阶段中，对应的要求、相关的架构和分析的结果，都会被传递到技术安全概念（technical safety concept）中。在第一次的迭代活动中，我们肯定没法获得完整的验证结果。因此，在验证中的重要发现，同样也必须被传递下去；这样在技术安全概念里，我们就能清楚地发现，到底哪些信息是可以被验证的，哪些不能。在这一层级，就产生了另一个流程迭代的过程。

4.3.2　技术安全概念

ISO 26262，第 4 部分，第 6 条

> 技术安全要求的定义
>
> 6.1　目的
>
> 该子阶段的第一个目的是制定技术安全要求。技术安全需求规范同时考虑功能概念和初步的架构设想（参见 GB/T34590.3—2017），从而进一步细化功能安全概念。
>
> 第二个目的是通过分析来验证技术安全要求是否符合功能安全要求。
>
> 6.2　总则
>
> 在整个开发生命周期中，技术安全要求是实现功能安全概念必要的技术要求，目的是将相关项层面的功能安全要求细化到系统层面的技术安全要求。
>
> 注：避免潜伏故障的要求，可在第一轮系统设计子阶段之后引出。

根据基本要求，系统设计应由功能安全概念衍生出来，而架构本身依然是这一切的核心。实际上，这意味着功能安全概念中各式各样的功能及其要求，现在要开始被部署到通用的元素上了。这就是微控制器所要面对的常见的情况。

当然，在对一个控制系统进行实现时（和图 4.24 进行比较），我们也会需要一个外壳、一个插接件、一个电源（外部的外围元器件，如电池等）；至于内部组件，诸如印制电路板（PCB）、内部电源和电压分配电路（内部的外围元器件），也是必不可少的。在考虑了上述组件之后，现在我们还需要选定控制单元。

那么，我们是否要考虑一个包括了外壳、线缆的控制单元，或者说，从一开始我们是否会这样进行归类？进一步来说，假如能够将预期功能中，功能本身的软件组件和安全走廊监控的软件组件分开进行考虑，将会是非常有用的设计。此时，即使我们需要 2 个互相独立的软件元素，我们还是必须追溯这种独立性到整个软件单元中的所有元素之上进行确认。这是唯一能够保证两个软件元素互相独立的办法。这样做的挑战在于，我们必须要辨识出那些所有元素共用的资源，并找到一个解决办法来避免两个软件元素互相发生影响，或者保证在出现错误时，两者的共存并不会影响我们对错误的控制。这里的例子考虑了以下几个技术元素：

● 加速踏板传感器（P 和 W）由 2 个测量装置组成。其中一个装置测量加速踏板上的压力，另一个则测量踏板的角度。压力将会被转换为一个 16 位的数据字。冗余的信息，应当能够在 10ms 内，经由 ASIL C 的通道传递到微控制器的引脚上。

● 速度（V）的信息，也是通过一个 16 位的数据字（基于脉冲，并经由一个外部系统完成转换）进行传输，其中包括了基于总线通信定义的总线保护机制。在总线接口处，数据应当每 10ms 进行更新。

- 发动机的转速（D）作为一个正弦和余弦信号进行传输。这个波形可以等效为发动机的转速。

- 变速器的传动比（或齿比，TR）也是通过一个 16 位的数据字来提供（经由一个外部系统完成转换），其中包括了基于总线通信定义的总线保护机制。在总线接口处，当前数据应当每 10ms 进行更新。

- 节气门开度（T）包括一个电磁线圈参数和一个电流回读信号。在控制单元中，一个对应节气门的测量分流器，应能在 50ms 内对于控制单元输入引脚产生一个可测的电流变化。

- 喷油压力（P）来自喷油器的电压脉冲信号。在 20ms 内，来自控制单元的一个电压脉冲应能完全打开喷油器；或者，通过降低脉冲信号超过 10ms 的时间，此时喷油器应被关闭。对于喷油器的开启，应能通过不同的脉冲间歇时间进行控制。喷油压力则作为一个模拟信号，转化为一个持续的电流量。

- 控制器模块包括了内部和外部的外围元素，以及方案所采用的、必需的传感器和执行器，再加上一个微控制器；微控制器内部的独立性保证了两个分区，一个等级为 QM，一个为 ASIL C。引脚到引脚（P2P，Pin to Pin）的响应时间应当小于 50ms。

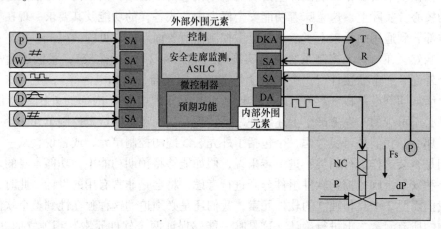

图 4.24　功能安全要求中和 ASIL 相关的属性部署到技术元素上

所有显示并列举的参数和变量，包括那些提供冗余的参数、电流回读功能的参数，都会被考虑为单独的技术元素与特征，对于所有的接口，这些参数和规范都要进行对应的规定。

在本质上，功能要求和技术要求并没有什么不同；而在架构中，对上述要求特征进行的部署也是一样。图 4.25 展示了逻辑和技术层面分离时，对于元素 3（E3）的共用就变得显而易见了。我们可以从技术元素或是逻辑元素的角度描述功能的相关性，也可以在功能层面描述技术元素内部的相关性。这就是为什么对于一个系统的技术架构、应用要求的元素及其接口而言，确定其特定的描述层级是一件非常重要的工作。由此，功能安全概念中衍生出的安全要求，被应用到了技术架构中的元素和接口上，而与此同时，系统层级的接口则没有必要由技术元素来进行描述。

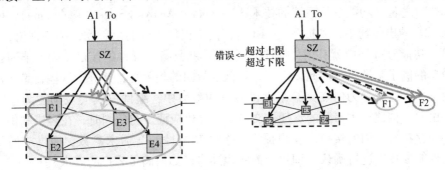

图 4.25 功能要求和技术要求的差异化

在第一轮的流程迭代过程中，技术元素的开发并不是必须考虑的内容。因此，系统元素将会被描述为逻辑元素，并在此之后增加越来越多的细节，成为技术元素并考虑技术接口。一个架构上的参数在事实上并没有从技术信息开始构建，这看起来也许有些奇怪。正因为如此，一个元素到底归属于功能组 F1 还是 F2，或者被考虑作为一个独立元素而存在，仅仅取决于设计层面的决定。因此，架构层面的决策，取决于项目、产品和应用层面的限制。假如构成系统的组件需要由多个不同的、跨功能的团队，或者是外部团队来进行开发，那么接口应该由那些参与建立起整个系统的开发团队来进行定义。假如产品和组织架构层面的接口或是针对特定项目的接口没有得到统一，那么开发工作就会变得非常复杂，而且必须耗费额外的工作量来进行协调。最终，这意味着技术安全要求往往会指向逻辑元素。在系统设计中，一个技术元素或一个组件的部署，仅仅发生在进一步的流程迭代过程中。

由此，这些接口的维度得到了增加：对于一个接口而言，功能的、逻辑的或是技术层面的视角，将会带来不同的信息。到现在为止，我们只不过必须去考虑功能性的接口。之后，技术元素的接口（参加图 4.26）发生了重叠，并且带来了新的挑战；有时候，这些接口自身无法应用所要求的特性，可能需要和其他元素进行组合之后才能达到这一点。

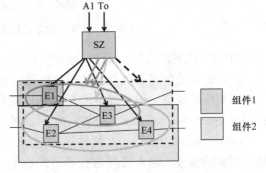

图 4.26 逻辑和技术元素的技术接口

在一个传感器所需的种种东西中，包括了外壳、一个电源，以及线束。为了能够读入信号，需要一个控制单元，它能够检测到线束上的信号，并进行电子化的处理，由此让信号由微控制器进行读取。功能描述中由此衍生出了技术层面的方法，并经由技术要求来具体进行规定，这些方法早就存在。上述分析的例子被冠以"FAST"之名（功能分析系统的技术，Functional Analysis System Technique），同时也在VDI的出版物中得到提及（VDI是德国工程师协会的出版物，举例来说，VDI 2803"功能分析"中就有相关描述）。至于那些具备特异性的接口，则不能通过上述简单的例子来理解。因此，广泛地降低参数间的相关性，并进行解耦，是非常重要的工作。这就是为何在交给组件供应商的参数中，组件仅仅会被描述为逻辑元素。由此，构建技术参数的责任被交给了组件供应商。与此同时，在客户和供应商之间还存在着共用的接口。客户提供一个"功能性的"需求参数，而供应商则提供其性能参数来进行确认（即供应商将表述自己如何满足客户的需求）。

大体上而言，对于所有的行业，所谓的"IPO"法则会被运用到所有基于软件的系统上（图4.27）。

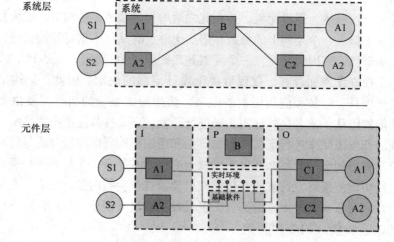

图4.27　从系统抽象层衍生出的"IPO"原则

"IPO"代表输入（Input）、处理（Processing）和输出（Output）。

对传感器的信号、执行器的控制而言，其应用往往千差万别，因此有必要对信号进行相应的调整。信号调整通常在基础软件（BSW）中进行。基础软件和应用软件（application software，ASW）之间的接口，通常被称为"实时环境"（real time environment，RTE）；在软件运行期间，这个接口为所需的软件功能提供数据处理所需的信号、输入或者信息通道。在不同ASIL等级一起进行应用的情况下，我们可能需要为每个ASIL等级提供分离的RTE。假如软硬件接口（HSI）被包含在基础软件中的话，这种做法可能可以减少软件里接口的数目。不过在本例中，我们已经拥有了2个软件组件：基础软件和应用软件（后者用于处理用户所需要的软件功能）。对于具备不同ASIL的组件，我们需要特别注意，对其进行对应的规划。我们推荐将不同的软件组件集成为系统元素。

4.3.3　微控制器安全概念

对于一个组件的内部应该如何，ISO 26262 并没有要求提供一份安全概念。不过，为了保证开发能够遵循 V 模型，上述做法依然是推荐的做法。微控制器的安全概念，可以为不同的应用场景提供清晰的实施限制。根据不同的应用，对产品应该准备不同的安全概念。因此，关于微控制器的特征，以下所述的各个方面都应该得到分析。

- 可以适用的一个或多个安全概念。
- 依赖于事件的安全机制，这些安全机制也会根据驾驶状况、容差，以及系统或运行模式而变化。
- 只有一个故障容错时间间隔，以及大量的时间限制，或者是对时序表现非常严格的性能要求。
- 安全相关、安全无关的功能是否会被考虑应用。
- 是否存在被应用为非安全相关功能的性能要求。
- 是否已经提供了软件架构，抑或是复杂架构中只有一部分网络的描述可用（比如只描述了需要实现的功能）。
- 是否需要整合使用遗留代码或者是来自外部来源的软件代码。
- 有必要进行何种程度的分区，以保证使得产品实现中各个组件的不同 ASIL 等级，以及/或进行 ASIL 分解。

在上述各个要点的背景下，我们可以发现，基于车辆系统和部分网络的描述，存在大量的指示和需求，这些指示和需求需要在排除特定微控制器安全概念的情况下实现（或者至少将非通用的内容无效化）。

"IPO"原则也可以被应用到微控制器的软件架构上。"IPO"代表了输入、处理和输出。基于上述概念，现在当我们把眼光转移到某些基于计算机基本概念的原则，以及由此产生出的、关于微控制器的基本问题时：

- 如何根据软件应用，对输入数据提供对应的安全合规保障？
- 根据给定的安全要求，如何让功能流程保持正确？
- 根据给定的安全要求，如何保证一个执行器得到正确的控制？
- 根据给定的安全要求，如何保护输入、处理和输出之间各个接口的安全？

假如我们按照流程来回答这些问题的话，我们会想，如何才能提供一个保证安全数据处理的基础设备呢？这意味着，我们必须提供一个能够让我们讨论上述四个问题的环境。这个环境包括微控制器的架构、设计与合适的配置。图 4.28 所描绘的、简化后的微控制器，展示了其中必需的功能元素。

搞清每个元素之间互相的作用，以及元素本身的功能，无疑是困难的工作。不过，对于安全相关的应用，我们此时已经拥有了 2 个必备的元素组。这是两个功能性的分组，它们对于将一个计算机（微控制器）转换到运行状态或者说初始化，

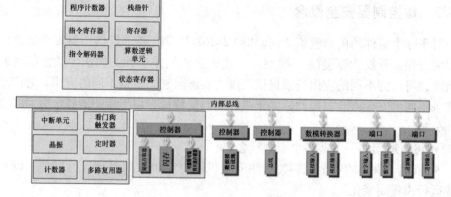

图 4.28　一个简化后的微控制器示意图

是必不可少的。通常，对于主要功能的应用而言，这些功能性分组只会发挥间接作用。这就是为何它们往往只会间接地影响安全功能。

在主功能方面，进入引脚、由引脚发出的信号链（如：通过端口寄存器的信号），以及 ALU（算数逻辑单元）都会被涉及。不同类型的缓存或存储单元，诸如高速缓存器（cache），则被用于在计算时临时（或者在整个计算周期内）存储不同类型的数据。通常来说，程序会存储在一个永久性的记忆空间里，或者存储在一个上电存储装置（闪存器）中，然后在进行运算时被提供给动态存储器或者说 RAM（随机存取存储器）用于不同的功能。至于所有的寄存器存储空间，其预留空间则被用于存储数据，或者提供特定的标准化信息（如标记寄存器中的状态标记等）。计数器、晶振、触发器，中断单元、复用器等，则需要根据编程风格、编译器设定等进行选用，以处理数据或是管理程序的时序。假如上述这些功能元素在不同情况下得到了区别性的使用，那么它们也可能带来不同的失效。使用的元素越多，可能产生的错误就越多；另一方面，需要缓存的数据也就越多，由此就会带来更大的风险——数据更容易遭到篡改，而数据处理的时间也越容易发生错误。通常，为了量化存储器中的错误，我们会考虑采用分区策略（用总存储单元的面积，除以平均使用的记忆单元面积）。存储器固然占据了硅片上的很大一块面积，但真正在考虑失效时，对应特定存储的失效，主要还是取决于数据进行存取的频率；而功能到底以何种形式正确运作，事实上取决于数据本身。这意味着，数据读写操作的错误，并不取决于占用存储的大小，事实上，这些错误属于系统错误，它们并不能被量化。这就是为何我们在很大程度上不得不去控制程序的执行顺序，以及数据的传递路径。当然，假如我们对每个独立的功能都施加保护，确实能获得良好的结果。但相较之于保护整个运算功能，上述做法并不会提供更高等级的保护。

为了保护计算机（微控制器）中的每一个独立的功能元素，需要额外去控制许多接口。功能元素对应了庞大的接口数量，同时，考虑到根据配置情况的不同，单单一个功能元素就会需要实现多个不同的功能；这一切都会导致功能性变量的数量激增。因为每个功能也都会显示出不同的错误模式，我们还需要大量的安全机制加以保护。大体上而言，这样的分析十分有用，假如微控制器的制造商能够利用这样的分析，提出合适的安全机制或者安全配置就能保证安全。现今，在汽车行业，所有的微控制器大厂商都会制造这样的产品：它们在硅基层面就已经始终拥有嵌入的安全机制（例如，嵌入的自我测试机制）。制造商会提供对应的软件包与手册，解释如何将微控制器配置用于不同的安全应用及其对应的 ASIL 等级。问题在于，这样做真的有必要吗？对于一个 ASIL D 的、具备多个安全目标的应用，假如功能的细节尚不可知，那么从一个"安全的"计算机（微处理器）开始进行开发，总比自己从头设计一个计算机的安全概念要更加容易。另外，也有人会提出争议，认为最好用两个独立的计算机来实现 ASIL D 的功能会比较好。然而，假如某个 ASIL D 的功能和大量的整车功能一起运行，并且其参数在混合了大量组件的不同容差下进行闭环控制，且需要在较短的故障容错间隔内保证诊断和安全，上述方案依然能保持可行吗？这样的控制功能想要由 2 个不完全对称且互相独立的计算机进行控制，两者之间的同步无疑是非常困难的。在上述状况下，控制器对应每个驾驶状况、传感器的每次测量和每个可能的测量位置，都需要不同的数据组进行操作。假如使用 2 个微控制器的话，那么上述这些数据，就必须在一定的时间间隔内，在两个控制器中进行同步处理。这就是为何，我们会不断看到所谓的"锁步"（lock-step）核心架构，被一再运用于车身控制系统之中。锁步计算意味着，对于两个控制器核心而言，它们需要处理同样的软件代码，而它们计算的结果需要进行比较。最高达到 ASIL C 的功能安全等级下，VDA 的安全概念（EGAS）往往是保障整车功能安全的一个很好的解决方案。然而在现实中，人们对于如何将传感器信号纳入考量，以及如何考虑对执行器的控制，往往还有所欠缺。多年来，关于如何在现实应用中分割 EGAS 所提及的 3 个不同的层级，人们采用了种种不同的方案进行解决。

　　基于一个简化的计算机的功能模型（其中有 2 个不同的、需要保证安全的功能），现在我们将会展示一个最高可以达到 ASIL C 的安全概念。鉴于对于一个 ASIL C 的功能而言，在控制 ASIL C 的动作之前，我们就已经证明了软件本身的安全可靠；从传感器方面来看，我们也需要提供一定程度的冗余才行。总的来说，我们可以认为一个单通道的模拟量信号不足以保证超过 ASIL B 等级的安全（最高可以实现 ASIL B）。对于执行器的控制，通常来说，使用一个电流信号回读的检测手段，可以保证我们能够对来自微控制器的控制信息进行验证。

　　对于这个简单的例子（图 4.29），模拟信号将会经由一个模数转换器（ADC）被提供给逻辑处理器。逻辑处理器将会把控制信息提供到输出端，以数字信号（常常是一位以上的二进制输出）的形式发送到一个晶体管，而晶体管则会控制阀门让其打开。根据上述的描述，在这样一个安全相关功能中，只有少数功能元素是直接介入的。在一个早期的微控制器（如 Z80）中，即使是一个乘法功能，也会在

RAM 中进行缓存；如果不是这样的话，这些乘法功能也已经代表了多重算数运算的结果，我们会发现对于这样单独一个复杂的计算操作，根本无法准确找到一个对应的实际功能元素。对于不同的核心（甚至是同一个核心中不同的算数逻辑单元），运算活动会使用不同的编译设置，至于这些运算到底使用哪些存储区域，则往往没有人知道。有一种方法源于很多人对 IEC 61508 的解读，这种方法建议我们只要对所有的功能元素进行保护，并保证诊断覆盖率（DC）达到对应完整性等级的要求。当然，这比什么都不做更加安全，但却并不显得足够高效，也未必足够充分。假如真的这样做，意味着可能我们需要使用一般的处理器算力去提供保护，而安全机制和预期的控制功能的实现，可能使得系统在极限运行时间下工作。因此，为了实现较为简单的安全系统，用最高等级的 ASIL 来保护微控制器中的所有功能，未必是有效的做法。此外，要保证软件设置在使用微控制器的功能元素时，确实按照预期的方式来进行，也是一件异常麻烦的事情。通常，我们会把现在的微控制器推到极限，这是因为，即使是所谓充分安全保护各种资源的机制，也并不真的充分。我们会大大限制微处理器的性能，在此前提下，也就不能保证所有安全机制都能在规定的安全时间要求之内（对应的时间约束之内）有效工作了；特别地，对于不同的功能元素而言，具体哪些错误模式会在实际中产生和安全相关的影响，也充满了不可预测性。通常，我们能够很好地提供针对固定故障的保护，但对于数据的篡改、数据欺骗（数据帧协议的格式正确，或者数据本身的格式正确，但内容错误）、错误的寻址、数据顺序差错或者错误的缓存动作，这些问题都只有计算机专家才能发现；但在实际应用中，只有成功避免它们的出现，才能在关键之处保证安全。

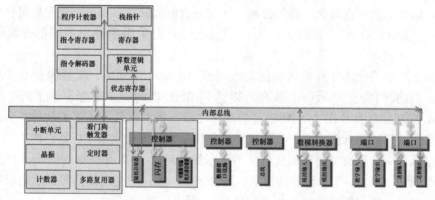

图 4.29　在一个微控制器中需要考虑到的信号链路

　　当对应的应用完成实现之后，我们就会发现，一旦将特定的错误注入系统中，这些错误将会变得不可控，或者使得系统无法在要求所规定的安全时间内进入安全状态；为此，我们将会不得不做出妥协，使用更大的处理器，或者往往不得不以系统的性能表现为代价，将安全放在首位。

现今，人们越来越多地在传感器中使用小型微控制器，这些元器件被用于数据的过滤、线性化或者数字化。

同样，在上述情况下，有必要对于目标功能以及所需的安全检测方案进行细致的分析，以避免广泛而缺乏针对性地进行安全保护。几乎所有的错误模式，都可能导致和安全相关的失效。为了保护一个计算机（微控制器），我们肯定不能像对待一个可编程逻辑控制器（PLC）一样去对待它。这也是为何安全概念并不仅仅针对整车系统有用，它同样需要适用于功能元素或者系统元素，毕竟这些元素在后期开发中都需要被集成到整车系统之中。

4.4　系统分析

系统分析是系统论中的一种方法。根据抽象手段的不同，类似的方法可以被应用到任何系统上。甚至在研究社会学中的依赖性时，分解作为一种手段，也被用来描述人群的特征，进行分析或分类。

受到分析的对象，往往只是一个模型，或是一个受限的反映现实的映像。这意味着要描述一个系统，必须首先考虑其背景和预期的行为模式，然后才能在一个确定的抽象级别上进行描述。

通常，我们也会用到演绎分析和归纳分析，是因为归纳一般用于从细节中找出共性，演绎的目的则是用确定的前提或一般性的结论来解释细节，从共性中解释细节。为了在技术性的系统分析的上下文中使用这些术语，我们必须回到系统结构中的水平抽象层。

在 ISO 26262 的中，我们从所谓的一般抽象层（更高抽象层）开始分析，这个抽象层通常在车辆的层级描述一个系统。现在，演绎法安全分析的任务，是根据安全概念和确定的安全目标，去验证一个假设；这个假设可以识别出某些系统特征（从正面角度来看），或是识别出某些可能对安全目标或更高级别的安全要求产生负面影响的功能异常（或其原因）。除此之外，还需要采取适当的措施来阻止、减轻、避免或减少这些影响。归纳式的安全分析则基于特征或特征的潜在故障原因，在这个背景下，我们可以研究这些潜在的失效是否会在系统中已描述的关联性或传播的途径中违背安全目标。

4.4.1　系统分析方法

历史上，人们经常提到美国宇航局（NASA），它在 1963 年阿波罗项目的失效分析中第一次描述了 FMEA（"失效模式和影响分析"）方法。

1977 年，福特在汽车工业中引入了一种替代的方法——故障树分析和动态事件树。在德国，DIN 25448 中描述了这种替代方法。很快，它被美国宇航局所采纳，并且不久后，被介绍给其他行业。

然而，失效分析开始得到应用的时间要远早于此。失效分析的第一次应用，是基于第二次世界大战后德国科学家带给美国的方法；但与此同时，一些源自其他行业的方法也得到发展，并最终成为标准。本章内容还涵盖了可靠性框图〔当然，可靠性可以直接基于鲁泽尔定律（Lusser's law）进行预测〕及 HAZOP（危险与可操作性）分析，其中 HAZOP 分析起源于化学工业以及石油和天然气工业。

FMEA（失效模式与影响分析）

传统的设计失效模式与影响分析（Design - FMEA）考虑的是机械部件，其目的是使设计本身以及从设计得到的特性都能得到充分的考虑。在部件的分解视图中，其详细特性得到了评估，其实际尺寸与名义公差或定义公差存在确定偏差所导致的后果，也得到了分析（图 4.30）。

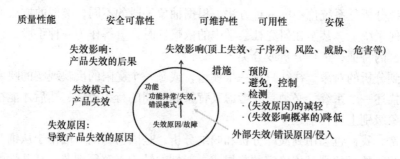

图 4.30　（归纳）失效分析的基本原理

在这方面，像 VDA 和 AIAG 这样的汽车协会已经给出了必要的方法。在其他行业中，标准也根据它们的要求得到了改进。尽管根据 ISO 26262 的定义，FMEA（失效模式及影响分析）是一种归纳分析法，然而，在汽车工业中被广泛采用的 FMEA 方法却都是基于失效原因→失效→失效影响这样的顺序来分析的。改进产品，避免、减轻错误本身或其传播，对应的措施在标准中有不同的定义和应用。失效评价的因子名称如下：

FMEA 中的严重度等级通常由失效的影响来决定。此严重度（S）的定义，与危害及风险分析的严重度不同。通常，我们在危害及风险分析中所说的严重度，是指对人的影响或伤害（在某些标准中还包括对环境的损害），而在 FMEA 中所说的严重性等级则更多是针对车辆本身。因此，车辆通常是 VDA - FMEA 的基本要素。同时，在危害和风险分析中，还考虑了驾驶和操作的条件，这使其在结构上与 FMEA 非常不一样。不过，这并不意味着它不适用于简单的系统。失效发生的可能性等级（O）及检测度等级（E）的确定通常基于失效原因的评估。这三个因子共同构成了风险优先系数（RPN）。其中，S 和 O（S×O）这两个因子常常结合起来构成所谓的关键度。不过，在不同的 FMEA 方法中，往往仍需要分别评估这些因子。还有，在经典的 FMEA 中，通常不会考虑错误传播的概率。

20 年前，VDA 就已经提出了层级的概念，认为分析需要分为 5 个步骤进行。

在典型的情况下，失效分析本身只发生在第 3 步。第 1 步和第 2 步是在进行 FMEA 过程中需要的分析和信息，用于展示所分析的对象或者分析的过程。步骤 1～3 可视为演绎分析的示例（图 4.31），其中展示了功能和结构被分拆或分解的过程。

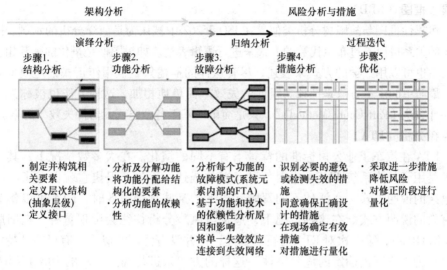

图 4.31　FMEA 5 步法（来源类似于 VDA 4 中的内容）

故障树分析（FTA）

故障树分析是一种开发和分析安全相关系统的重要方法，它被广泛应用于包括核电站或航空航天部门在内的几乎所有工业。借助于故障树分析，结合使用布尔逻辑，可以检查相关要素可能的失效，以及可能导致的、非期望的状态或事件，比如检查一个发动机的失效。故障树分析的目的在于，确定会导致此类顶上事件的最小事件集合，以及检测系统中特定的弱点和非预期的状态。

历史背景上，故障树分析源自于军事部门。在 20 世纪 60 年代初，这项技术首次被美国空军使用，随后推广到航空航天、原子能等其他领域。

故障树被尝试用来解释和分析越来越全面和复杂的系统。故障树是基于布尔逻辑的，而布尔逻辑可以用来研究如何通过不同算法和不同目标得到最小割集。割集分析的特殊形式包括用于最小化布尔逻辑的奎因 - 麦克拉斯基算法（Quine - McCluskey）、MOCUS 算法、二元决策图（binary decision diagrams）上的 Rauzy 算法、带元乘积的 Madre 和 Coudert 算法以及 CAMP DEUSTO 搜索策略。这些算法基于不同的数据结构和确定最小割集的步骤。

通常，布尔代数和图形化的故障树能够为这些分析奠定基础。在 ISO 26262 中，故障树分析被视为一种演绎分析；不过针对割集的、更加深入的分析则并非如此。对于 V 模型下降分支中需求或架构的开发而言，这些分析也不是必需的；它们更多是被用于支持 26262 中第 5 部分第 9 章的分析。这是电子开发的 V 模型的上升分支，并且我们认为，此时产品已经完成了第一轮针对 ISO 标准的实现。这里给出所要求的分析和相关的度量（如 PMHF，随机硬件失效率度量）指标，是为了基于随机硬件故障的失效率及其违反给定安全目标的可能性，来识别错误的传播情况。

可靠性框图（RBD）

可靠性框图与故障树分析类似，在 ISO 26262 中被认为是演绎分析的示例。图框之间的关系可以通过布尔代数的方式来进行逻辑表达。如果图框是量化的，其相互间的关系也可以用数学的方式来表述，尽管这样的描述只是被用作正式描述模型的基础。最简单的定量方法是把独立组件的失效率简单地相加，这种方法也被称为"元器件计数法（Part Count Method）"，只是简单地基于各个电气元器件失效率的累加。

事件树分析（ETA）

ETA 在汽车工业公司标准的背景下有不同的演化。在大多数情况下，其目的仅仅是用于补充系统 FMEA 中对驾驶状况的描述；不过，很快它就促成了一种异常复杂的说明方式。在评估不同驾驶状况下的某些顶部失效时，ETA 可以作为一种有效的说明方式。在这种情况下，危害与风险分析往往会出现重叠。在旧版的 DIN 25419 中，第一次对 ETA 进行了描述，但并没有使用类似于"有可能从特定的失效行为中推断出确定的危险事件"这样的方式来进行描述。新的 DIN EN 62502（VDE 0050-3）：2011 则更多地着眼于方法论。然而，它描述了一种不同于典型汽车标准考量的方法论。在新标准中，还介绍了故障树分析与可靠性框图的结合。至于表现的方法，也与 DIN 25419 中的符号描述不同。DIN EN 62502（VDE 0050-3）：2011 所处理的一个重要问题，在于确定分析的范围。通过这张示意图（图 4.32），我们可以看出，电子产品的失效、运行状况和驾驶状况之间的关系，可以很轻易地呈现出复杂化的态势。

马尔可夫分析

马尔可夫分析主要被用于评估从一种情况到另一种情况的转变。IEC 61508 标准第 6 部分中提及的安全架构的公式，就是从这些模型中推导出来的。这些公式很适合用于电子电器的（EE）安全架构。然而，设计模型和推导公式所依据的基本原理和假设，对于现有汽车架构而言，往往是未知的，或者是不适用的。因为一般我们会假设每次只发生一个失效，所以诸如老化影响、错误的组合、相关性因素，以及瞬态或潜在的失效，上述内容都无法从该公式推导出来。不过，如果我们想对上述相应的内容进行进一步分析，那么这些公式在进行近似或者量化时，很合适作为支持性的工具。

HAZOP（危害和可操作性研究或分析）

HAZOP 是对于单个技术要素失效条件或功能异常的潜在危害所进行的定性分析。在跨学科团队中，比如架构师、系统分析员或测试人员，对于目标功能的推断

（也包括恰当的设计目的），来源于针对分析对象的详细描述，以及对目标功能的结构化提问所获得的、可能的失效功能或失效行为及其测量。

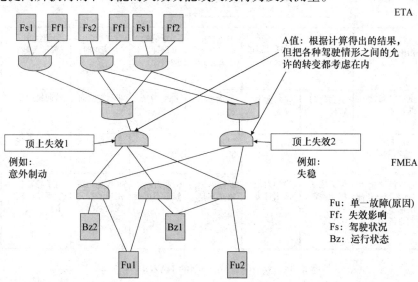

图 4.32　事件树分析（ETA）与失效模式与影响分析（FMEA）的组合

类似的问题（图 4.33），跟 HAZOP 中的那些一样，在故障树分析中也会考虑，以便找出已知故障的原因。

引导词	重要性	(涉及的)方面
不，不是，没有	对目标功能的否定	目标功能的任何部分均未被执行，但也没发生任何事件
更多	量的增加	物理量：重量，速度 时间方面：太迟，太早
更少	量的减少	包括：太晚，太短，太高，太低 特征：材料，动态，导热系数
与……一样	质的提高	动态的：加热，建立压力，移动，旋转 功能目标已实现，副作用如下 - 动态影响：热阻增加能力下降，过冲 - 有形影响：污染、磨损、腐蚀、触火
部分	质的降低	部分的特征 - 未达到性能 - 振动(信号总是中断) - 信息或信号不完整 - 子功能或没有功能的子要素
倒转	对目标功能的否定	方向、标志、行动原则
不同于	工作状态	点火周期、序列、状态机、微控制器中的存储器组织、数据字段的生成

图 4.33　HAZOP 关键词、含义及其涉及的方面

SAE 成立了一个工作组，并且根据 ISO 26262 发布了关于 HA 和 RA 细节的标

准。SAE J2980[5]草案 F2011ff 考虑了 ISO 26262，ASIL 危险分类。在本标准中，来自于其他行业 HAZOP 的关键词或引导词已经派生至汽车应用（图4.34）。

引导词 →

系统功能与指南词	无激活	不正确的激活1(超过要求)	不正确的激活2(少于要求)	不正确的激活3(方向错误)	自主激活(无请求时)	功能锁死(释放失败)
电动转向辅助功能	失去转向辅助	转向助力过大	转向助力降低	自主激活(无请求时)	非预期转向	转向锁死
线控制动(基本制动功能)	失去制动功能	制动过度	制动力不足	—	非预期制动	制动器卡死
稳定性控制功能(带制动功能的电子稳定控制系统(ESC))	失去电子稳定控制系统(ESC)	横摆力矩修正过度	横摆力矩修正不足	横摆力矩修正不正确	非预期地应用电子稳定控制系统(ESC)	电子稳定控制系统(ESC)卡死

图 4.34　适用于汽车应用的 HAZOP 引导词

来源：SAE J2980 修订草案，2011 年修订版

本标准还提供了许多非常重要的有助于对汽车应用进行危害和风险分析的背景信息。

4.4.2　根据 ISO 26262 进行的安全分析

安全分析是 ISO 26262 在描述如 FMEA 和 FTA 等方法时使用的术语。无论是在本书还是在 ISO 26262 中，都无意重新定义这些方法。ISO 26262 在第 9 部分第 8 章中提到了不同的方法，并在 ISO 26262 中列出了对这些方法的一般要求。在开发独立的项目、系统或组件时，会根据这些方法的具体要求，在相应的地方引入安全分析。

在第 9 部分中，只有一个用于区分演绎安全分析和归纳安全分析的指示。归纳安全分析被描述为"自下而上"的方法。用于调查已知的失效原因及未知的失效影响。作为归纳方法的举例，ISO 26262 提到了失效模式和影响分析（FMEA）、事件树分析（ETA）和马尔可夫（建模）分析。

相应地，演绎安全分析被描述为"自上而下"的方法，即从已知的失效影响中调查未知的失效原因。ISO 26262 列举了故障树分析（FTA）和可靠性框图（RBD）作为演绎方法的例子。

一般来说，只有通过自上而下的方法，才有可能进行功能分析，因为在推断失效原因之前，需要首先知道某个硬件要素的功能。另一方面，对于纯粹的技术（实现了的）要素，例如组件或结构要素的失效观察，要素的失效以及随机硬件失

效可以从要素的特性中推断出来。所以失效影响可以称为归纳分析。并且，最终只有归纳分析才能真正解决随机硬件失效的影响。通过演绎法，只能详细描述随机硬件失效的要求，从而指定所需的失效率和相关诊断。通过充分的验证和测试，可以显示给定度量要求的实现程度。这将广泛表明归纳分析和演绎分析的混合，尽管在较低的层级中，我们是用归纳法进行设计；而在更高的层级中，技术的功能异常行为是用功能来描述的，这样一致性（见图 4.35 和图 4.36 分析阶段）才可以得到保证。

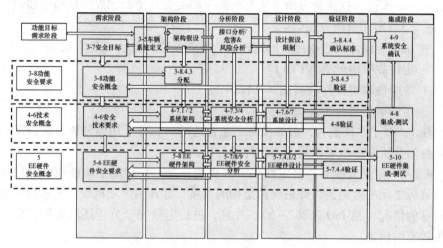

图 4.35　系统和电子硬件开发中的信息流

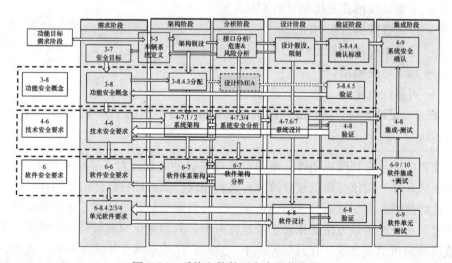

图 4.36　系统和软件开发中的信息流

作为归纳和演绎安全分析的第二个话题，我们还要辨析一下定性和定量安全分析之间的差异。定量安全分析除了需要对故障模式和错误影响进行分析，还应考虑失效的频率。通常，标准说定量安全分析当然是用来满足第 5 部分第 8 和第 9 章中的量化度量的。

以下定性的安全分析方法列于：

ISO 26262，第 9 部分，第 8 条：

> 8.2.2　在概念和产品开发阶段，安全分析应在适当的抽象层上进行。定量分析方法可以预测失效的频率，定性的分析方法就只能识别出失效而不能预测失效的频率。不过，这两种分析方法都依赖于相关失效类型和故障模型的知识。
>
> 8.2.3　定性分析方法包括：
> - 系统、设计或过程层级的定性失效模式及影响分析（FMEA）。
> - 定性故障树分析（FTA）。
> - 危险性和可操作性研究（HAZOP）。
> - 定性事件树分析（ETA）。
>
> 注 1：对于软件而言，假如没有更加合适的、软件专用的分析方法，那么上述定性的分析方法也可以用于该软件的分析。
>
> 8.2.4　定量安全分析是定性安全分析的补充。它们用于验证硬件设计与所定义目标之间的差距，以评估硬件架构的度量，并评估因随机硬件失效而违反安全目标的情况（见 ISO 26262 − 5）。并且，进行定量安全分析还需要硬件要素定量失效率的信息。
>
> 8.2.5　定量分析的方法包括：
> - 定量失效模式及影响分析 FMEA。
> - 定量故障树分析 FTA。
> - 定量事件树分析（ETA）。
> - 马尔可夫模型。
> - 可靠性框图。
>
> 注 2：定量分析方法仅处理随机硬件失效，并不适用于 ISO 26262 中的系统性失效。

注 2 中已经提到随机硬件故障和系统性失效的问题。对于系统中的错误而言，其原因从来都不仅仅与随机硬件故障有关；相反，随机硬件故障的原因往往已经是系统性的故障，例如元器件选择的错误、受环境影响估计的错误、生产错误等。这意味着，所有的定量方法都依赖于系统性分析，其中量化只能被视为比较或平衡架构或设计的指示或度量。在其他标准中，这些方法也被视为半定量分析。此外，还存在一个疑问：这些方法是否仅仅只是分析结果的一种表现形式，而并非分析本身所产生的指示？

至于应该如何应用这些方法，则更多地取决于流程范围内的要求；我们可以基于 ISO 26262 第 4 部分（系统）和第 5 部分（电子硬件）的内容，来考虑方法的应用。之前图中的描述（图4.35和图4.36）展示了系统和电子硬件以及系统和软件的信息流。在这样的背景下，我们可以看到ISO 26262是如何调用安全分析，以及将在何处应用其结果。这张图并没有展示完整的信息流，完整的图示只有在考虑具体的产品开发及其实现时才能展示。根据成熟度的情况不同，例如，在开发B或C样件周期中，主要是由于产品的修改和变更需要，我们所要考虑的信息流迭代也可能会因此出现很大的不同。

基本上，归纳和演绎安全分析在ISO 26262与架构相关的章节中被调用，其中归纳分析通常被要求用于所有的ASIL需求，而演绎分析则仅在ASIL C和D的安全需求中被要求使用。

在系统开发过程中，我们需要避免系统性的错误或故障，为了调查到底需要增加何种安全措施，需要应用采用演绎和归纳法的安全分析。此外，标准还要求我们使用第5部分中的量化度量，来作为衡量安全措施有效性的准则，以保证其在车辆运行期间是有效的。上述这些措施，主要是指为了控制系统错误或故障而实施的安全机制。这些安全机制及其效率，则只能通过使用随机硬件失效度量来作为指标进行衡量。因此，对于ASIL D，每一种演绎和归纳的安全分析都需要进行，并且至少其中一个安全分析必须是量化的，以便评估系统架构（架构度量）并调查违反给定安全目标的概率（PMHF，随机硬件失效度量）；或者，我们也可以使用基于限制失效率等级的第二种方法（见ISO 26262第5部分第9.4.3条对违背安全目标的每个原因进行评估）。

在电子硬件开发中，归纳和演绎分析在第5部分第7.4.3节，即安全分析的章节中被提及。标准要求在上述章节的背景下完成分析，尤其是对因果关系进行定性分析时更是如此。进一步而言，我们必须找到出现错误的原因，并证明安全机制的有效性，以避免单点和多点故障。此外，作为硬件设计验证的一部分，在接下来的第7.4.4节中，还要求电气组件的正确设计或其有足够的健壮性。在上述背景下，此前提及的第7.4.3节也需要加以参考，因为上述分析通常需要经由汽车工业的DFMEA来支持。这意味着，在传统上，我们会选择经典的、基于风险分析的方法来完成工作；而ISO 26262中，则会进一步要求对所有相关的、电子方面的需求，进行全面的验证。

换言之，如果在硬件组件中，其内部的部件或功能组之间缺乏足够的独立性；或者说，对于安全相关功能所考量的功能组、功能元素而言，我们也并未将上述部件或功能组纳入相关的实现当中，即使如此，我们在进行设计验证时也必须考虑安全相关的因素。这看起来像是一个类似于"相关失效分析"的工作，但其实质性的要求，依然会和所有的ASIL需求关联起来。

软件架构分析

ISO 26262，第6部分，第7.1条：

7.1 目标

7.1.1 本子阶段的首要目标是开发实现软件安全需求的软件架构设计。

7.1.2 本子阶段的第二个目标是验证软件架构设计。

7.2 概述

7.2.1 软件体系架构的设计，通过层次结构呈现出所有的软件组件，并描述了它们之间的交互。这里所描述的内容，包括静态方面，即所有软件组件之间的接口和数据路径；以及动态方面，即过程序列和时序行为。

注：软件架构设计不一定局限于一个微控制器或 ECU，这与技术安全概念及系统设计有关。本章还考虑了每种微控制器的软件架构。

7.2.2 在软件架构设计时，所有安全相关的要求和所有非安全相关的要求，都要得到实现。因此，在这个子阶段中，安全相关和非安全相关的需求会在同一个开发过程中进行处理。

7.2.3 软件架构设计提供了实现软件安全需求和管理软件开发复杂度的方法。

本章的表 4 和表 5 提供了以下的安全机制建议，并按不同的 ASIL 分类。

ISO 26262 第 6 部分第 7 条：

7.4.14 为了在软件架构层级规定必要的软件安全机制，根据 7.4.13 的安全分析结果，应采用表 4 中列出的错误检测机制。

表 4 根据 ASIL 分类提供了以下内容：

表 4：在软件架构层级的错误检测机制：

- 输入和输出数据的范围检查（所有 ASIL）。
- 可能性检查（＋＋用于 ASIL D）。
- 数据错误的探测（针对所有 ASIL）。
- 外部监测设施（＋＋ASIL D、＋B 和 C）。
- 控制流监控（＋＋ASIL C 和 D，＋对于 B）。
- 多样化的软件设计（＋＋ASIL D，＋对于 C）。

7.4.15 根据 4.3，本子条款适用于 ASIL（A）、（B）、C 和 D：为了在软件架构层级规定必要的软件安全机制，根据 7.4.13 的安全分析结果，应采用表 5 中列出的错误处理机制。

注 1：当分配给软件的技术安全需求中没有直接要求时，应在系统级评审软件安全机制的使用，以分析对系统行为的潜在影响。

注 2：ISO 26262 5 中描述了从软件架构层级对硬件可能造成的危害的分析。

表 5 根据 ASIL 分类提供了以下内容：

表5：软件架构层级的错误处理机制：

- 静态恢复机制（适用于所有 ASIL）。
- 适度降级（＋＋ASIL C 和 D，＋A 和 B）。
- 独立并行冗余（＋＋ASIL D，A 用于 C）。
- 数据纠错码（对所有 ASIL）。

在 ISO 26262 的每个分标准中，第 4 章都给出了关于如何使用此类表格的规则。该规则规定，任何表格都有一个介绍性的要求；只有这一要求，才是用于宣称符合标准声明的要求。在这种情况下，表格中给出了关于所需采取措施或提示的建议；但是否需要实施，则取决于对软件架构的分析。软件架构分析的目的应该表明，根据 ISO 26262，哪些措施是必要的。架构的验证则应表明，所实施措施的有效性、正确性、或控制错误模式的能力。在这种情况下，安全分析的重点应该放在软件架构，而不是在软件单元上，这一点很重要。在实践中这意味着，分析不考虑内部结构、调用，也不用考虑用什么（比如 C 语言）来实现。此外，我们还假设该软件安全机制是在架构层级实施的，因此它还应控制架构这一层级上特有的错误模式。

如果考虑了这些建议，通常情况下，我们会完成实现所需功能及其他安全机制的 C 文件，由此结束这一阶段。通过使用那些已经在软件架构层级得到实现的分隔手段（功能分离及安全机制监控的功能），可以大大降低复杂度。实际上，在 ISO 26262 中，并没有考虑软件单元内部的安全相关功能和非安全相关功能的混合。软件单元理应按照最高的 ASIL 进行开发。不过，在开发 ASIL D 等级的产品时，上述做法可能带来问题，因为此时我们会建议使用冗余或差异化的软件来实现所需的要求。

4.4.2.1　失效/错误传播

ISO 26262 考虑了错误传播，我们通过三个术语定义它："故障，错误，失效"。

在 FMEA（比较图 4.37）中，故障可归为失效的原因、失效的类型和失效的后果。如果我们把原因层、失效层和失效影响层区分为不同的水平抽象层，就很容易满足 ISO 26262 第 9 部分第 8 章的要求。在这一部分中，要求安全分析面向架构，就像 FMEA 一样。

图 4.37 中显示了 ISO 26262 标准与 FMEA 的相关性，而对于和功能有关的术语，也已经考虑了两者的差异性。对于 FMEA 而言，其中的失效影响通常被视为在系统之外，例如对一个系统而言，分析的是其对车辆的影响。

在这样做的过程中，系统本身需要通过其各个组件的功能来实现；在此之后，再通过这些组件的组合，或通过与车辆中其他系统或组件的交互来执行车辆功能。比如，制动系统总是依赖于车辆的车轮，如果车轮不能正常工作，制动器就不能正常工作。这就是为什么根据 VDA FMEA，每种功能都会分配相应的错误类别（也

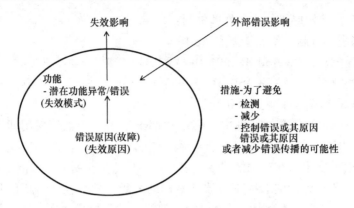

图 4.37　FMEA 三步法中的错误传播

包括失效类型）。这意味着每个功能都对应着一个错误类别。通常，失效等级被视为某个产品（系统、组件和待分析的要素或对象）所特定的。因此，在这种情况下，也可以根据需求来进行测试，而这些需求必须通过实现的功能来创建。

图 4.38 中的图表表明，错误传播的概率，在很大程度上取决于信号的设计、距离、尺寸和环境影响因素。至于腐蚀是否导致失效，则取决于各种因素的影响；加上大电流也可以清洁触点，并因此可以防止触点的腐蚀，也需要考虑；不过，人们不应总是依赖于用这个方法避免触电的腐蚀。腐蚀也会导致接触电阻增加，从而导致温度升高，甚至导致控制单元起火。操作风窗玻璃刮水器的较低电流，是否能够实际控制节气门或阻止其关闭，这一点值得怀疑，但一般情况下，如果不能满足车辆内所有元件的电磁兼容性要求，此类影响的可能性不能排除在外。该示例（图 4.38）还表明，根据观察者位置的不同，对失效类别的相应等级，其描述可以不同。作为一个参考点，我们可以始终使用规范，因为在其验证的背景下，其目的是证明自己的规范是正确的，意味着所有观察到的、可测量的或可计算的需求都在产品边界层级上得到正确实施。通过负向测试（例如注入故障），可以在失效情况下测试正确的行为，或者，压力测试可以测试设计的限制或其健壮性。这意味着，如果能够提供数学证明，表明风窗玻璃刮水器控制的信噪比满足 EMC 要求，那么相邻信号或电气设备中就不会发生未经许可的干扰。由此，图 4.38 中错误传播的例子就不会被视为真实情况，因为其计算是基于经过改动的假设。

失效的原因对失效特性有很大的影响，并且，原因常常不容易被识别出来。但是，如果可以限制原因，则可以找到进一步的可能措施，从而使控制失效成为可能。这些分析更多地参考了经典的设计 FMEA，它质疑被分析对象的特性是否满足那些非功能性要求，例如质量的要求。这种方法用于回答机械部门的问题，例如：M6 螺钉是否适合用于保障施工？或者对于电子部门而言，100Ω 电阻是否是正确的选择？

FMEA 主要用于为设计验证找到正确和必要的（基于风险的方法）测试。

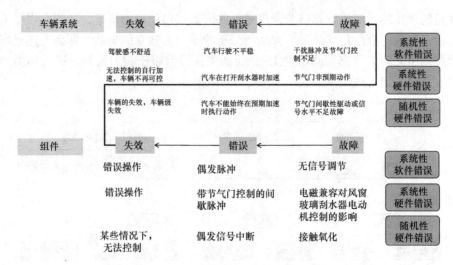

图 4.38　错误通过多个层级传播的示例（灵感来源于 ISO 26262，第 10 部分）

传统的设计 FMEA 更注重面向问题的相关性（图 4.39），而不是架构分析和不同的水平抽象层。

通常，它是基于日本公司的"5 个为什么"（5 Why）方法，即需要至少问了 5 次"为什么"后，才能检测出失效的原因。如果我们假设一个缺陷，那么这个缺陷不一定会对安全产生负面影响。然而，根据用户的观点，这样的缺陷当然会导致适用性的限制。一个小噪声也可能会导致购车者放弃购车的决定。此外，永久性的失效可以导致不同的错误模式，比如偶发的错误或漂移，后者可通过一个特定的瞬态变化引起临界失效行为。失效原因的本质可以追溯到某个未知或者错误判断的物理影响，但另一方面，影响也可以是（人为）的错误所造成的、不正确的评估。如果设计者（决定产品详细特性的人）或设计决策的原因是未知的，那么找出问题就变得更加困难。诚然，详细的设计决策往往在更高的抽象层级上是透明的；但大多数情况下，对于通过决策产生的影响，人们往往不愿加以批评，而且相关的决策也可能缺乏良好的沟通。这同样适用于其他车辆系统的设计决策，或是在组件生产中影响设计的活动。特别是对于电动车而言，我们可以看到车辆的用户的行为通常是不可预测的。哪些功能或哪些部件，在哪段时间内处于激活状态，强度如何，以及老化效应如何影响这些组件，往往很难预测。由于现场可供比较的系统数量较少，任何现场影响可能都有不同的原因。这表明，失效的相关性是很难评估的，因为我们不知道在组件使用期间发生了什么样的应力。如果我们看一下 ISO 26262 第 5 部分第 9 章中的要求，即必须对导致违反安全目标的失效相关性进行定量评估，我们可以想象，这将是一个非常具有挑战性的问题。PMHF（随机硬件失效的概率度量）在第 5 部分第 9 章中只考虑了随机硬件失效，但是关于这些随机硬件失效如何实际影响安全目标的决策，则需要通过上述影响因素共同决定。这就是为什么架构度量的量化结果应该计算得非常保守。共因或共模效应的概率，在很大程度上共同确定了失效组合的量化结果。如果所分析的是一个独立的失效，那么上述概率很可能是趋于无限大（必须同时发生）；而如果我们着眼于相关失效，那么相关的依赖程度就会决定上述概率的大小（基于 Kolmogorov 公理的原理）。

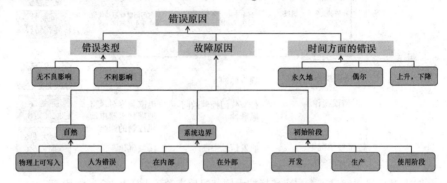

图 4.39　用以替代因果关系的相关性

然而，根据 ISO 26262，依赖程度不应被量化，因为没有通用的已知方法或原则可以量化这些依赖性。

大体上来说，错误是可以避免的，发生的概率也可以降低，而错误传播（图 4.40）也是可以避免或降低其概率。通过足够健壮的设计，可以避免或降低失效的概率；而通过架构，可以避免或减少错误的传播。对于错误传播，我们将其区分为两种情况：错误从一个层向更高的抽象层传播，例如从组件通过系统到安全或安保目标；或错误在一个水平层（图 4.41 和图 4.42）内传播。错误传播原理不仅适用于典型的可靠性问题，像安全性和可靠性，它也可以通过使用如图 4.42 所示的方法应用于安保的领域。

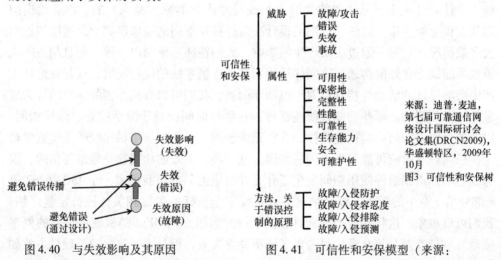

来源：迪普·麦迪，第七届可靠通信网络设计国际研讨会论文集(DRCN2009)，华盛顿特区，2009年10月
图3　可信性和安保树

图 4.40　与失效影响及其原因
　　　相关的错误传播

图 4.41　可信性和安保模型（来源：迪普·麦迪，Deep Medhi[3]）

水平层上的错误传播会影响以下关系：
- 从一个要素到另一个要素（例如在发送器和接收器之间）。
- 从一个输入到另一个输出（如果晶体管的输入错误，相关输出也可能错误，即使在正确处理的情况下）。
- 通过错误的数据进入配置数据或操作模式，即使处理正确，也可能出现不正确的输出值。

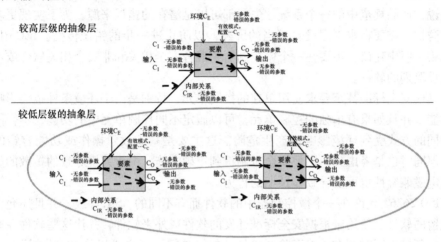

图 4.42　包括潜在错误原因的 2 个水平抽象层级

- 在不被允许的环境条件下，可能会产生不正确的输出值（在过热或电磁兼容干扰增加的情况下，微控制器的输出端产生随机的错误输出反应）。

此外，对于更高抽象层级的错误传播来说，错误是怎样发生的（例如在不同的操作情况下）非常重要。在这种情况下，故障树分析考虑了不同类型的割集。

Birnbaum 或 Fussel-Vesely 重要度描述了错误和情况是如何关联的，以及失效组合的重叠率有多高。在此背景下，应提及以下方面：

- 当失效发生时（例如在闭环控制期间），状况或操作条件是否已经存在；或者我们在进入一个操作条件或状况时，失效已经存在（例如，在失效情况下，已关闭的通道不在工作）？
- 失效只是偶尔发生，并且其他失效仅在某个中间错误发生的特定的时刻才是危险的。
- 失效仅在特定的情况或操作条件下才是危险的，但在所有情况和操作条件下都无法控制。

必须分析这些失效的相关性和错误传播的可能性，以便在需要的时候可以采取适当的措施。

4.4.2.2　水平和垂直方向的错误传播

考虑到水平层及不同的视角，我们还可以谈到错误在水平层上的传播（图

4.42），以及错误向上波及安全目标。通过继承需求和水平结构，自然地，系统性失效也会向下传播（例如从系统到组件）。这种情况主要是伴随着功能分析而被发现，而它会导致失效分析的复杂度相对快速地趋向于无限。在微控制器中，过热的后果无法预测，它只能是一个概率分布。在许多安全标准中，错误的水平传播与安全完整性措施有关，这些措施也被视为安全的屏障。

对于水平层上可能的错误传播，我们也只能有条件地加以限制；究其原因，举例来说，产品规范中的每个系统性失效都可以是潜在的错误来源。为了实现更多的错误防护，需要在水平层设置适当的屏障，以防止进一步的错误传播。IEC 61508在其第一版中建议，不要在一个微控制器中混合安全相关和非安全相关软件或不同完整性级别的软件。

其他安全标准甚至要求使用单独的控制单元，特别是由于环境条件也会影响电子功能。并且如果有单独的控制单元，可以假定不同控制单元中的功能，不会同时以相同的方式受到环境影响而产生危险。这主要是基于故障操作或功能容错的考虑，但同时也是考虑到，即使安全机制得到正确实施，由于共模导致的扩散的热效应或电磁兼容性也可能导致非预期的行为。

ISO 26262 允许在一个微控制器中的软件拥有不同的 ASIL 等级，并且还允许继承遗留的软件、使用未根据安全标准开发的软件或外来软件，并让这些软件在充分隔离的环境中同时存在。然而除此之外，如何进行足够的"相关失效分析"，标准并没有提供指导。如何进行容错设计甚至故障操作架构和设计，以及如何处理这种水平屏障，这些在 ISO 26262 中都没有考虑。

因此，举例来说，问题是如何确保微控制器中的软件，不会在后续的设计阶段中，因为添加周围硬件或功能需要而受到负面影响？为了达到充分的安全性，在实现最高安全完整性等级的方法之中，当今普遍的做法，是在同步模式下集成冗余的控制器核心。即使冗余电子元件也被用于电源、全部的印制电路板和普通线束中，这种独立性也可以通过充分健壮的设计加以推断。然而，如果我们考虑的是一个高度可用的安全要求，那么对独立能源供应的需求是不可避免的，它可以确保在发生故障的情况下仍然可以工作。通过对相关失效的分析（尤其是共因和共模分析），可以从硬件上证明，所选组件在指定的环境下具有足够的健壮性，因此硬件对实施了冗余的安全功能没有负面影响。这意味着，对于那些通过环境可能对正确功能产生负面影响的所有单一故障，假如我们都增加容错性的设计，那就可以排除这种影响。如果可以通过对系统进行充分健壮的设计，来保证其满足环境和设计限制的要求，从而排除某些故障，那么错误就只会通过水平层上的关联功能传播（例如：传感器在输入端传递错误的值，因此微控制器在输出端正确地计算出不正确的值）。

对于功能的递归，例如闭环控制，上述这种分析就已经会导致随机复杂性的提升。

　　闭环控制器可由标准功能要素来考虑（图4.43）。对于整个闭环控制器而言，其中的任何一个环节都会影响控制反馈。我们无法通过比较输入和输出的情况来监控控制器的正确功能。在允许的配置及预定义的环境下，输入和输出之上，以及输入输出之间的错误，都会导致参考变量、控制偏差、操纵变量、干扰变量、控制变量和反馈的错误，从而导致闭环控制器失效（图4.44）。

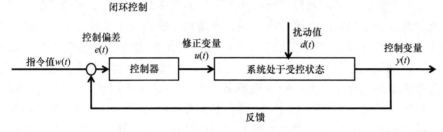

图 4.43　典型闭环控制器

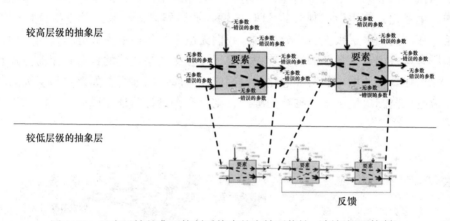

图 4.44　具有反馈的典型控制系统中的失效可能性（例如闭环控制）

　　对于一个安全的闭环控制器而言，存在不止一个要求，或者说有一个以上的允许的操作模式、输入条件、可能的错误环境影响因素；在许多情况下，这些参数构成了一个由模式和可能参数所组成的阵列。与闭环控制本身相比，通过监控或功能冗余进行保护，会导致相同的复杂性或者带来各种各样的其他情况。如果使用基于相同原理的监控或功能冗余，那么相同的系统错误也会导致相关失效，从而造成我们无法控制和避免系统错误的发生。

　　在回读节气门电流时（图4.45），卡滞效应可能会导致分析变得更加复杂。如果可以通过数字的形式看到流向节气门的电流，我们将可以看到，所提供的电流是否足以打开节气门。在这种情况下，我们进行线圈的电气设计时，需要考虑节气门所处的物理环境，和相应起到反作用力的弹簧。考虑到典型的老化效应，如弹簧力降低、与压力或温度相关的影响或污垢堆积造成的迟缓，设计中可通过足够的公差限制进行补偿。然而，节气门控制通常是通过一种方式实现的，即通过高电流使节气门动作后，切换至较低的电流，这样足以保持节气门打开，但通常不足以克服开启节气门时的惯性力矩。这种做法有利于节气门的能量或热设计，也有利于控制的电子化，并可能实现更快的开启时间。如果节气门可以被非常快地开启，那么我们就可能会用到这种控制方式；但如果节气门必须在背压下运行的话，这种设计就会导致节气门具有很大的惯性力。挑战在于，并不存在一个固定的电流阈值可作为设定值，现在的温度、老化效应或所有相关部件的污垢都可能改变安全开启节气门所需的驱动电流。开启时的电流冲击必须足够高和足够长，才能保证节气门的安全开启。通常，我们可以通过观察电流或电压的轮廓（利用线圈磁场中活塞移动时的感应效应）来观察节气门是否被打开。然后，我们就可以切换到较小的保持电流。然而，激活电流也可能过高而产生电感效应，从而对电缆屏蔽、EMC 安全测量或其他信号传输要素产生负面影响。例如，如果节气门关闭时，系统未通过振动感觉探测到这一动作，而保持电流仍表明节气门在打开，我们就无法探测到节气门因意外强烈振动而关闭的情况。此外，还有一个问题在于，回读的电流是否能够如此迅速地发生变化，使得微控制器的 ADC 的输入滤波器可以分辨，并支持这样的控制策略。在较高抽象层级上进行分析时，我们无法进行整体的失效分析，因为如果要获取所有这些细节依赖性的话，首先其实现过程必须是透明的；所有元器件及其公差，包括在真实环境中的实际老化效应都应该考虑在内才行。如果更高层级的电流回读或电压监测提供了一个独特的准则，则只有在设计验证完成后，才能真正予以认可。

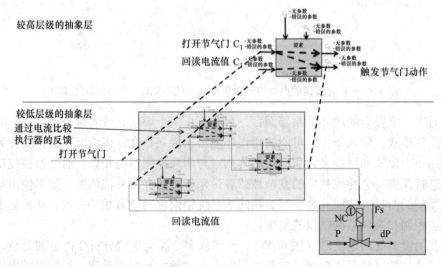

图 4.45　带电流监控的节气门控制

如果这种闭环控制器或监控器，在一个微控制器内得到了实现，那么这个微控制器的所有内部失效都可能导致上一段所述的错误影响。特别是记忆效应的存在，可能导致信号抖动或在信号被卡在某种状态下，而这只能在非常详细的层级上进行分析。

另一种可能是，水平层内的这些可能的失效已经在上述层级被拦截，这样即使发生了失效，也可以避免错误向上传播并影响到安全目标。

这可能会需要更高容错能力的设计；这是因为，对于整个错误链而言（信号链中的错误），还需要应用更高层级的监控，诸如对小信号漂移或其他的短时效应，它们是否可以在较低层级的信号链自身中得到补偿（线圈中的漂移太大可能是由补偿反向热效应的电流过大等引起的）还是个疑问。更高级别的安全机制在监控系统所产生的影响，只有当控制回路无法进行自我补偿时，监控才会使系统降级。

较低（实施）级别的自补偿控制回路，可以提供稳定的控制条件，因此较高级别的监测仅用于监测可能导致违反安全目标的关键性错误，并执行降级策略。对于一个设计优秀的控制回路来说，这种降级只会发生在其自我补偿机制自身失效时。此类监测的规范，还取决于安全目标和可能的错误模式，包括那些可能发生在较低层级的部分。

通常，我们所见到的、垂直方向上的错误传播，其方向是从较低层级向较高层级传播。然而，系统性错误，也可以是在垂直方向上进行错误传播，例如从安全目标开始，传播到需求分配时给定到不同组件、电子组件或软件单元的、定制的安全需求，由此产生垂直传播。规范层级的错误是系统性错误，如果在较高级别的安全要求本身就是错误的，并且较低级别的安全要求源自错误的更高级别安全要求，那我们也就必须考虑垂直方向的错误传播。如果某个需求没有具体在实现层级、有时甚至是一直到生产层级的所有抽象层级进行需求验证的话，错误可能就会一直无法被发现，直到我们在 V 模型的下降分支中进行集成测试为止。如果集成测试的内容是从 V 模型下降分支的需求中，系统性地推导而来，那么只有密集的确认活动才能发现这样的系统性错误。

4.4.2.3　归纳安全分析

归纳安全分析，是一种自下而上的方法。它从已知的失效原因开始调查未知的失效影响。今天，FMEA 是最基本的分析方法。它以不同的方式发展了近 20 年。经典的表格分析（空白表格形式的分析）可以称为真正的归纳安全分析，尽管在这种情况下，对于原因的分析也往往是演绎式的。这意味着，潜在的未知原因也会被考察。所有新的 FMEA 方法都会从功能、任务或基本元器件的特性开始，并寻找可能导致功能异常、任务出错或基本元器件所需特性发生偏差的潜在原因。下一步是确定错误的传播，以便确定失效的影响。

在 ISO 26262 中，介绍了三种类型的 FMEA，即系统、设计和过程 FMEA。根据标准，引用的这些术语都来各类方法，这些方法将 FMEA 从抽象级别、使用领域或方法本身进行了区分。因此，在新的 AIAG 标准中，提到了系统级的设计 FMEA 和组件级的设计 FMEA。对于功能安全概念的验证，我们仍然缺少安全分析，用于回答什么安全机制可以控制什么错误模式的答案。在这种情况下，那些不同公司所使用的标准往往只是参考一个 FMEA 草案，或者是一个在非常早期的设计阶段、在架构草案阶段的概念 FMEA。这是一种可以有效支持功能安全概念验证的方法。VDA 标准通常描述的是一种产品 FMEA，取决于产品的关注点或者失效的原因，失效的错误级别是可变的。在这种情况下，针对不同的产品，人们会在某个范围里考虑采取不同的措施，并对开发期间和客户操作期间的措施进行了区分。新版本还考虑了机电一体化 FMEA，它更多地考虑了电子硬件和特殊的分析方法。过程 FMEA 描述了生产过程中的分析，而过程 FMEA 通常与设计 FMEA 是紧密相连的。功能异常（通常是错误级别）的原因，可能是设计（在开发中的失效导致的错误）上的，也可能是生产（由于生产中的失效而导致的错误）上的。从 ISO 26262 的角度来看，产品的设计实际上是通过设计 FMEA 来检验的，并在开发过程中商定相应的措施，以减少、减轻或避免失效的发生，或者减少、减轻或避免错误的传播。

如果从功能一直到寻找失效原因的这一步，可以被接受为演绎分析，那么第 5 部分第 7 章中 ISO 26262 的所有要求都可以通过设计 FMEA 来涵盖。现在的问题在于，在区分了单一故障、多重故障和安全故障后，设计 FMEA 是否还可能区分错误或故障的分类。单一故障在设计 FMEA 中很容易被识别出来，因为在这种情况下，错误传播使其会影响更高的抽象层级，直至影响安全目标。如果一个故障模式可能会直接传播到可以违反安全目标的程度，我们称之为"单点故障"。如果存在这种单点故障的安全机制，根据其对故障模式的覆盖范围的不同，不受控制的部分称为"残余故障"。如果故障会导向安全的失效，或者即使在发生故障后依然可以达到安全状态，不会违背安全目标，则可以将故障识别为"安全故障"。如果故障或产生的影响，和安全相关的那些功能并不存在功能上的依赖性，那么即使它们与别的、可能发生的错误结合在一起时会导致安全目标的违背，此类故障仍可被归类为非安全相关失效；除非对相关失效的分析表明，其对安全目标的违背有确定的影响。对于多点故障，标准指出了进一步的分类方式，比如驾驶人是否可以感知，也是这些故障在技术上属于可以探测或潜伏的依据，这意味着只有在存在其他故障的情况下，这些故障才有可能违背安全目标。下面说说多点故障中常见的故障组合。如果发生故障的是某种功能，即使这是可能违背安全目标的单一故障，但如果这种违背是发生在执行故障控制任务的安全机制也同时出现故障的情况下，我们仍须将这种故障组合视为多点故障。多点故障如果是在产品的实现过程中发生的，那么通常，我们只有通过测试或仿真才能将其识别出来。因此，作为一种演绎分析，故障树分析确实是一种说明多个故障的依赖关系的方法，但在自顶向下分析故障组合的情况下，故障组合只能通过分析功能及其故障或错误的相关性时得出。由于可能的失效组合的数量迅速增加，只有模拟才能给出导致多点失效的可能或相关失效组合的答案。特别是系统性失效之间或者是系统性失效与随机硬件失效的组合的依赖关系，只能通过仿真和经验或逻辑上的依赖关系来得到。故障模拟、带有故障注入的原型测试等，都是设计 FMEA 中提到的、可能的"开发过程中的措施"。

对于根据 VDA 标准的产品 FMEA，其中只是区分了不同类型的措施，例如，区分了在开发过程中或在客户操作期间的测量。在这里，我们并不会涉及典型的设计 FMEA，特别是术语"系统 FMEA"。从适用的范围来看，产品 FMEA 可以应用于包括于车辆、系统、组件，以及子部件（或元器件）层级上的半导体。图 4.46 介绍了 FMEA 的结构与适用范围如何主要根据复杂度及产品边界来进行定制。

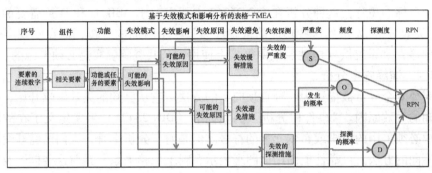

图 4.46　经典 FMEA 方法（来源：VDA FMEA 1996[4]）

在经典的基于表格的 FMEA 中，我们可以认识到，我们没有进行纯粹的归纳或自下而上的分析。我们的基本原则是对给定的功能进行某种失效评估，并在以下步骤中识别失效原因和后果。

如果我们脱离失效原因、失效类型、失效影响这样的经典排序，而是超越上述逻辑，层级性地排列 FMEA，就可以在分析过程中对多个系统层级进行考虑。在这样的层级系统中，通过设计可以避免错误在不同层级，例如在实施、组件和系统设计层间传播；同时，也可以避免错误在车辆层级，例如不同的相关项或车辆系统之间传播（图 4.47）。

					改进的FMEA或容错系统					
序号	组件	功能	失效模式	失效率	电平相关错误传播				安全评估	系统状态	驾驶状况
					组件	子功能	子要素	更高层级的要素			
要素的连续数字	相关要素	要素的功能或任务	可能的失效模式	FIT	组件的失效影响	子功能的失效影响	子要素的失效影响	更高系统层的失效影响	安全完整性的运级评估	相关系统或运行状态	相关驾驶状况
					失效传播与系统、驱动模式之间的关系，可能在这里导致多种不同的框图排序						

图 4.47　控制多点故障的多系统层级 FMEA（翻译来源：Marcus Abele[2]，Modeling and assessment of highly reliable energy and vehicle electric system architecture for safety relevant consumers in vehicles，2008）

一般来说，FMEA 方法只会指出单点失效；但其实它也可以用于检查多点故障。这可以考虑采用层次结构来实现，通过在较高层级设定安全架构的保障措施，从而使较低级别的功能异常、错误、故障或失效不会导致安全目标的违背。我们必须将较低级别的失效视为多点错误，因为较高级别的机制可能会发生故障，这样较低级别的失效就可能会导致安全目标的违背。我们建议，使得更高级别的安全机制的功能异常只能导致安全状态，如断电、使能要素、复位等。否则，更高层级的额外实施的安全机制的失效将成为单点失效。这意味着将要实施额外的关键安全功能。在这种情况下，需要进一步的分析来表明，在两个功能之间没有失效组合会导致安全目标的违背，这种分析在 ISO 26262 中要求对于 ASIL C 和 D 是需要的，叫"相关失效分析"。虽然这些功能的依赖性只是一个附加的分析，但在实现层（像微控制器）和系统层（电池、电源等）上使用的公共资源确实是必须考虑的。

4.4.2.4 演绎安全分析

演绎安全分析被描述为一种自顶向下的方法。它从已知的失效影响开始，并考察未知的失效原因。"事件树分析"的旧标准（DIN 25424）确实定义了在故障树分析中必须采用的逻辑或布尔元素的符号。但是对于分析本身，人们已经开发出了许多不同的方法。可靠性框图用框图来表示逻辑上依赖关系，并对这些框图及其接口进行了分析。其结果甚至可以用布尔代数的等式来表示。

FTA 中的可量化结果通常被计算为事件不发生的概率，但也可以用事件发生的正向概率进行考虑和计算。

对于 ASIL C 和 D 的要素，ISO 26262 中要求除了归纳分析外，还要进行演绎分析。在这样的情形下，目标是有第二种独立的分析方法，即独立地运用自顶向下和自下而上的方法来分析产品。因此，将归纳分析与演绎分析相结合为一个步骤的方法并没有被广泛接受。而假如将一种分析结果自动地转换为另一种说明方式，这么做对安全也没有任何益处。有鉴于此，我们可以考虑使用基于可靠性框图的方法，作为替代方法。

演绎分析的目标，主要是在设计决策之前就检测出可能的失效。因此，演绎分析在需求的制定和细化过程中，例如在 V 模型的下降分支上，就应和设计活动并行进行。

因此，归纳分析将验证设计决策等活动是否充分、恰当或适合。这意味着，在演绎分析的第一轮迭代中，只有部分信息是可用的；这些信息既可以是从更高抽象级别的需求、约束等推导出来的，也可以是对环境条件、系统或操作模式以及架构或设计的决定或假设。对于 ASIL C 和 D，在产品开发的系统层级（ISO 26262 第 4 部分）和硬件层级（ISO 26262 第 5 部分），都需要进行演绎分析。

因为系统可以层级化地进行拆分、解构，或者被分解成子系统，所以还需要在相应的子系统或子组件级别应用此分析。如果系统和组件不是层级结构的，那么分析本身以及其表示就会变得非常复杂。对于错误传播来说，我们往往不可能找到一个很合适的表示方法，因此无法保证其可追溯性，因此其存在也无法被恰当地验证。

大体上，对于可靠性框图，我们还假设会通过不同的抽象层级，对功能块进行系统化的拆分或分解。在第一轮迭代中，使用了车辆及系统层的逻辑功能块，这些功能块在基于其功能相关性的层级得到了分析。我们可以将不同层上的信号链提取出来，这些信号链代表了延续性的功能相关，以及系统中所需的信息或数据流。这种做法既可以应用于对预期功能的分析，也可以在分析安全机制时，用来考虑关联性、效果和影响（图4.48）。

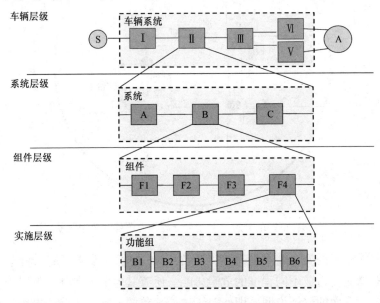

图 4.48　可靠性框图的拆分

在较低的实现层级上，基本的电子元器件，甚至半导体内部的功能组都可以被识别。分析的深度是我们需要考虑的问题，这取决于最低安全机制对产品相关预期功能的影响程度。

下面的简化电路图描绘了较低层级中的实现的情形（图4.49）。

该电路图在逻辑链中"归纳性地"传输（图4.50）。

现在，可以对这个逻辑链进行分析，而分析的目标，则需要从环境、架构甚至经由安全目标来导出。在这种情况下，我们将在以下单一失效的影响下实现线圈 B6 的断电的安全状态：

- 线圈 B6 高阻失效。

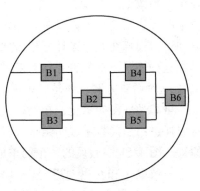

图 4.49　可靠性框图的分解

- 电阻器 B2 的高阻失效。
- 冗余电阻器 B1 及 B3 的高阻失效。
- 冗余晶体管 B4 及 B5 的高阻失效。

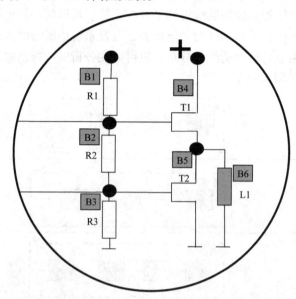

图 4.50　可靠性框图的分解（基于分立硬件元器件的典型驱动器设计）

　　如果现在得到的安全需求是避免感性负载 B6 的意外接通，那么特定的失效模式可能会对功能组造成不同程度的危险影响。所有其他电气元件的低阻失效将被视为多点失效。下面的论证说明，即使对于这样简单的电路，正确的电气元件设计也是多么的重要。取决于不同的设计，不同的失效模式可能会导致单点或多点故障。

　　R1 和 R3 的设计，应确保在单点故障的情况下，两个晶体管不能同时被导通。如果 R2 发生特定数值的漂移，可以导致 T1 和 T2 的错误切换。此外，T1 的低阻故障可能导致电感 L1 的错误激活。这样，危险的单点故障就可以被识别出来。在这种情况下，安全故障以及单点和多点故障都将被识别。如果采用这样的设计，尽管晶体管方面存在冗余设计，T1 的低电阻故障仍然是单点故障。错误设计的电子产品在这种情况下是一种系统性错误，问题是，是采用重新设计组件以实现更高的 ASIL 这种解决方案，还是应该考虑改变总体架构？量化的问题还是其次的。

　　可靠性框图的量化，在对应文献中有精确描述。我们有相应的数学方法，并且可以通过布尔代数来说明结果。以下的基本要素可以说明在不同结构中可能的安全原理。图 4.51 中假设的一个简单的可修正系统描述了其数学推导的过程。

　　失效率 λ 和 μ 由 MTTF（平均故障时间）或 MTTR（平均恢复时间）的倒数得出。标志 "g" 在此表示 "全部"，"$t0$" 表示从 $t=0$（时间 0）开始。

　　因此，基本功能量化如下（图 4.52 ~ 图 4.55）。

可靠性框图可以很好地从架构及其功能上的关联中导出。通过简单的数学关联，将功能及其安全相关特性转换为失效率是相对容易的做法；由此，人们不禁会问，在系统层级，通过失效率来否定设计，是否还有任何意义？毕竟，来自于系统性失效的问题会对系统层级带来更多的影响。那这种否定又有什么额外的好处呢？检查识别出的流经所有要素及功能性的失效模式的信息和数据流，难道不是更重要的举措吗？毕竟上述检查中的问题，可能会对功能造成危险影响。此外，我们将能够识别功能间的相关性，因为我们可以很容易地对数据网

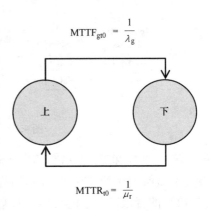

$$MTTF_{gt0} = \frac{1}{\lambda_g}$$

$$MTTR_{t0} = \frac{1}{\mu_r}$$

图 4.51　可修复系统的简单定量模型

络或信号链采用错误注入的方法。不仅可以识别垂直方向上的错误传播，例如安全目标，还可以识别会导致水平层级内的相关失效关键的级联，比如由传感器故障导致的微控制器错误计算等。

ISO 26262 将级联故障的识别作为相关故障分析的一部分，但只在 ASIL C 和 D 中才作要求，尽管级联故障也可能会造成 ASIL A 和 ASIL B 的设计应用违背安全目标。

$$PA_{E1} = \frac{1}{1 + \frac{\lambda_{E1}}{\mu_{E1}}} \approx 1 - \frac{\lambda_{E1}}{\mu_{E1}}$$

图 4.52　单个要素的故障概率

$$PA_g \approx 1 - \left(\frac{\lambda_{E1}}{\mu_{E1}} + \cdots + \frac{\lambda_{En}}{\mu_{En}} \right) \quad \lambda_g = \lambda_{E1} + \cdots + \lambda_{En} \Rightarrow \mu_g = \frac{\lambda_g}{1 - PA_g}$$

图 4.53　串联要素的故障概率

$$PA_g \approx 1 - \frac{\lambda_{E1} \cdot \lambda_{E2}}{\mu_{E1}^2 \cdot \mu_{E2}} \cdot (\mu_{E1}^2 + \mu_{E2}^2)$$

$$MTTF_{gt0} = \frac{1}{\lambda_g} \approx \frac{\mu_{E1} \cdot \mu_{E2}}{\lambda_{E1} \cdot \lambda_{E2} \cdot (\mu_{E1} + \mu_{E2})} \qquad \lambda_g = \frac{\lambda_{E1} \lambda_{E2} \cdot (\mu_{E1} + \mu_{E2})}{\mu_{E1} \cdot \mu_{E2}}$$

图 4.54　并联元件的故障概率

因此，我们有可能使用框图对功能的相关性进行分析。而且，在这些相关性通过技术实现的过程中，将再次通过演绎分析加以考虑。

对失效类型的分析是非常必要的（错误或失效模式、要素特性的可能的错误

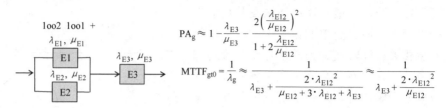

图 4.55　要素组合的故障概率

行为等）。ISO 26262 在第 5 部分（附件 D）和第 6 部分（附件 D）的相关附录中，有关于如何实施所需安全机制的提示。对于演绎分析，我们只能从功能、功能（参数）的特性以及它们与环境的关系来确定可能的故障模式。在这种情况下，错误模式，如无功能、错误功能、功能不足或过度或漂移，都可以用电子元器件的诊断覆盖率（DC）评估。此外，偶发性（间歇性或瞬态）故障、振荡或其他动态失效则可从特定的预期功能及其特性中推导出来。这些错误如何传播以及以何种方式传播，取决于环境条件。因此，在冷的环境中，故障可能会产生与热的环境不同的影响，例如，当电气部件在其顶格限值下使用时。因此，ISO 26262 或其他安全规范均要求健壮的设计，即所谓的"降额"（与电气元件最大或标称设计保持一定的距离）。

至少在验证技术安全概念的过程中，需要综合归纳和演绎分析的结果。当所有验证、集成和确认结果均可用时，哪些技术故障会以何种方式、多大可能性以及以何种强度进一步向上传播至安全目标，将在全面的安全评估中体现出来。

然而对于演绎分析而言，它并不是从 ISO 26262 第一次对其提出要求时才开始，而是在需求分析时就已经开始。第 4、5 和 6 部分的第 6 章都要求对这样的对应要求进行验证。此外，第 8 部分的第 6 章要求，用自然语言及正式或半正式的标记法来指定安全要求。尽管根据 ISO 26262 的术语表，正式标记法是一种语法和语义上完整的标记法，而半正式标记法只是一种在语法上完整的标记法。

语义通常用于处理符号与其意义和相关陈述之间的关系，语法则通常用于定义规则。与语言类似，我们可以用提供的符号（单词）来构建句子。根据这些符号（＝"语法规则"）构建有效句子的规则定义了语法的规则。例如，如果我们给变量分配一个值，或者我们使用归纳性的循环，我们就需要遵守"语法规则"。

错误的语法会导致错误的消息，例如，在编译软件时就可能产生这类的错误。程序设计语言中，有效语句的含义称为语义。语义，可以说完全是关于在计算机中产生的关于符号序列的问题：举例来说，"2 + 4 = 7"在数学语言中语法正确，但语义不正确。因此，尽管描述方式正确，但在使用半正式的方法时，仍有可能产生出错误的内容结果。当人们刚接触时，往往不清楚为什么正式的标记法不是首选方法。如果一个正式的标记在一个错误的上下文中被调用到，它将为错误的上下文提供错误的结果，但在语义和语法上都是完整的。因此，ISO 26262 只提到半正式的标记法，作为自然语言之外的一种可能性来制定需求。充分的完整性和正确性由依据 ISO 26262 的验证决定。

如果我们使用半正式的标记法来描述需求，那么同样地，也可以用它来描述基础模型。因为 ISO 26262 要求在每一步之后都进行验证，所以可以避免系统性失效，并保证工作步骤的连贯性，且每一步的工作结果都可以得到支撑。由于根据 ISO 26262 的要求，模型也会被用作测试参考，如果产品的模型随着开发样本或原型的日益成熟而不断地被验证，模型也会在开发过程中逐渐成熟。模型通常基于逻辑元素或功能组构建，它们对应地描述了元素的结构、功能关联或技术行为。因此，架构、安全分析和模型应具有广泛的共同基础，或者，至少在参考安全相关特性时，它们应该是一致的。

4.4.2.5 定量安全分析

ISO 26262 第 5 部分有两章，涵盖了定量安全分析这一主题。它主要的参考内容，是可靠性分析和电气元器件的故障率，只解决随机硬件故障方面的问题。因此，对浴盆曲线的解读，对所用数据是否充分信任或者置信度是多少，以及所决定结果的重要性，始终影响着分析的目标是什么和如何进行分析。ISO 26262 中的两个度量都有不同的目标。第 5 部分第 8 章描述了以下目标：

ISO 26262，第 5 部分，第 8 条：

> 8.1　目的
>
> 8.1.1　本条款的目的，在于用表征故障处理要求的硬件架构度量来评估相关项的硬件架构。

尽管标准第 5 部分是关于硬件层级的产品开发，但本条款也涉及整个相关项的架构，这意味着，至少我们所关心的是一个完整的车辆系统。它不仅简化了安全架构，还参考了硬件架构。阅读了"目标"以后，问题出现了，什么是系统级的硬件架构？如果我们看一下目标的第二部分，会得到另一种答案，即需要考虑用已定义的架构度量来评估架构。架构度量的目标，似乎是要求将架构中的薄弱的点，通过适当的安全机制来控制。基于失效率的故障模式，和基于百分比的安全或控制机制（意为诊断覆盖率的 DC）及其效率，都应在可量化及可测量的透明度量中进行定义。

ISO 26262，第 5 部分，第 8.2 条：

> 8.2　总则
>
> 8.2.1　本章描述了两种硬件架构的度量，用于评估相关项架构应对随机硬件失效的有效性。
>
> 8.2.2　这些度量和关联的目标值适用于相关项的整体硬件，并与第 9 章描述的对随机硬件失效导致违背安全目标的评估互为补充。
>
> 8.2.3　这些度量所针对的随机硬件失效仅限于相关项中某些安全相关电子

和电气硬件元器件，即那些能对安全目标的违背或实现有显著影响的元器件，并限于这些元器件的单点故障、残余故障和潜伏故障。对于机电硬件元器件，则仅考虑电气失效模式和失效率。

注：计算中可忽略阶次高于2的多点故障硬件要素，除非它们与技术安全概念相关。

8.2.4 硬件架构度量可在硬件架构设计和硬件详细设计过程中迭代使用。

8.2.5 硬件架构度量取决于相关项的整体硬件。对相关项涉及的每个安全目标，都应符合规定的硬件架构度量的目标值。

8.2.6 定义这些硬件架构度量以实现下列目标：

– 客观上可评估：度量是可核实的，并且足够精确以区分不同的架构。

– 支持最终设计的评估（基于详细的硬件设计完成精确计算）。

– 为硬件架构提供基于 ASIL 等级的合格/不合格准则。

– 显示用于防止硬件架构中单点或残余故障风险的安全机制的覆盖率是否足够（单点故障度量）。

– 显示用于防止硬件架构中潜伏故障风险的安全机制的覆盖率是否足够（潜伏故障度量）。

– 处理单点故障、残余故障和潜伏故障。

– 考虑到硬件失效率的不确定性，确保硬件架构的健壮性。

– 仅限于安全相关要素。

– 支持不同要素层级的应用，例如，可以为供应商的硬件要素分配目标值。

示例：为方便分布式开发，可为微控制器或者 ECU 分配目标值。

条款8.2.2被认为是对第9章要求的审查的补充。主要的差异在标准本身中并不直接明显。

ISO 26262，第5部分，第9条：

本章中要求的目的是制定可用的准则，用于表明相关项随机硬件失效导致违背安全目标的残余风险足够低。

注："足够低"指"与已经在使用的相关项的残余风险相当"。此外，第9条中的度量也对应整个相关项，也就是整个车辆系统。这里关注的不是系统的架构，而是与每个安全目标相关的残余风险的合理化。

通用的要求，主要可以利用两种可能满足本章第9条要求的方法，由对应的目标中导出。

另外，这两种方法都基于随机硬件故障；在第5部分的附录 C 中，标准对它们做出了定义。

ISO 26262，第5部分，附录 C：

　　因此每个安全相关的硬件要素的失效率 λ 都可按以下的方式分解（假设所有的失效都是互相独立的，且按照指数分布）：

a）与硬件要素单点故障相关联的失效率：λ_{SPF}。

b）与硬件要素残余故障相关联的失效率：λ_{RF}。

c）与硬件要素多点故障相关联的失效率：λ_{MPF}。

d）与硬件要素可察觉或者可探测的多点故障相关联的失效率：$\lambda_{MPF\ DP}$。

e）与硬件要素潜伏故障相关联的失效率：$\lambda_{MPF\ L}$。

f）与硬件要素安全故障相关联的失效率：λ_{S}。

　　然后 $\lambda = \lambda_{SPF} + \lambda_{RF} + \lambda_{MPF} + \lambda_{S}$ 及 $\lambda_{MPF} = \lambda_{MPF\ DP} + \lambda_{MPF\ L}$

　　在 ISO 26262 的第 5 部分，附录 C，图 C.2 和图 C.3，其相关性如饼图（图 4.56）及数学公式所示。在 ISO 26262 第 4 部分第 6 章标题为"避免潜在故障"（第 4 部分，6.4.4）的小节中首次提到了这些指标。在这种情况下，条款 6.4.4.3c 给出了顶上失效度量的预算的量化要求，且在条款 7.4.4.3 中，再次重复了这一要求。而条款 7.4.4.4 非常详细地描述了第 5 部分第 8 章（架构度量）和第 9 部分（顶上失效度量）中的度量，并且，失效率和诊断覆盖率的目标值应该得到确定。

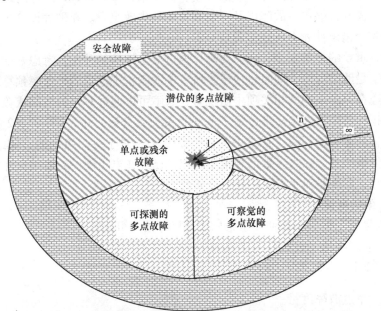

图 4.56　失效分类饼图（Baumkuchen 图）（来源为 ISO 26262，附录 C）

第 7 章第 4 部分论述了系统设计、技术安全概念及其验证，这些内容应该从功能和技术安全要求推导而来。因此，在条款7.4.3.1中，要求进行归纳（针对所有ASIL）和演绎（针对更高ASIL）安全分析。在这种情况下，产品开发的系统层级主要是对系统性失效进行分析。在一个提示（即该条款的注1）中，标准表明，可以利用定量分析来分析上述的结果。

因此，为了分析系统设计，第4部分不要求量化，而只需要对度量的目标进行规划。特别地，我们要考虑"相关失效"是否可能严重影响系统的正确运行，并导致可能违背安全目标的失效。在这种情况下，我们可以基于本质上源于设计和实现中的缺点，来探究它们是否会导致共因或级联失效，由此去探测那些功能失效。挑战在于，在构建失效分析时，我们也需要考虑或者排除组件及系统环境的、各式各样的相关性；我们必须定义"充分独立"或"充分免于干扰"的约束和标准。在这种情况下，我们别无选择，只能主动定义和指定系统架构的分离机制。这不仅适用于软件，例如分区的规划，在硬件中，也有大量无法完全考虑其影响的相关性因素。对于电子硬件的几何距离、隔离等方面的要求，元器件中的接线、线束和印制电路板的布局规则都可以被考虑作为解决方案。

IEC 61508发布了几种相关性因子（Beta因子）量化模型，但是它们并不会被包含在ISO 26262中，这是因为，ISO 26262质疑这种定量模型的普适性。问题在于，如何安全地确保相关性因素能够得到充分的隔离，尤其是硬件上的功能和信号线，另外，又该如何量化可能产生的影响？对于根据ISO 26262进行的量化，在任何情况下都需要排除单一故障以及可信和可能的失效组合。在硬件设计中，只有充分的健壮和容错设计才有可能实现这一点。

因此，重要的事情在于，我们要确保通过安全架构的开发，考虑好如何进行分隔，并指定足够的屏障，同时也便于为所有子元素指定定量的失效率预算。众所周知，当故障在完全不同的相关项中出现时，故障可以通过对相关性的依赖，在所有的功能中正向传播。在第9部分第7章（相关失效分析）中，ISO 26262提供了关于可能存在的影响的列表。在本书的以下章节中，对于更高级别的ASIL，会考虑该列表；但事实上，在大多数的规范中，应该已经在电子硬件的通用设计层级考虑到了这一点，即便是对于QM功能也是如此。

4.4.2.6 架构度量

"架构量度"的目标是使安全架构变得可评估及可比较。

"单点故障度量（SPFM）"定义如下：

ISO 26262，第5部分，附录C：

> C.2 单点故障度量
>
> 这个度量反映了相关项通过安全机制覆盖或通过设计手段（主要为安全故障）实现的、对单点故障和残余故障的健壮性。较高的单点故障度量值，意味着相关项硬件的单点故障和残余故障所占的比例低。

C.2.1　此要求适用于等级为 ASIL（B）、C 和 D 的安全目标。由下式给出定义，并应用于计算单点故障度量：

$$单点故障度量 = 1 - \frac{\sum\limits_{safety-related\ HW\ elements} (\lambda_{SPF} + \lambda_{RF})}{\sum\limits_{safety-related\ HW\ elements} \lambda}$$

$$= \frac{\sum\limits_{safety-related\ HW\ elements} (\lambda_{MPF} + \lambda_{S})}{\sum\limits_{safety-related\ HW\ elements} \lambda}$$

其中，$\sum\limits_{safety-related\ HW\ elements} \lambda_{X}$ 是相关项中，被纳入故障度量的、安全相关的要素的 λ（失效率）的总和（至于那些失效后，并不会给安全目标违背带来潜在显著影响的要素，它们的失效率并不会被纳入到计算之中）。

为了验证要素或组件的质量，或通过蒙特卡罗模拟评估其诊断覆盖率（DC），我们可以考虑以下公式：

ISO 26262，第 5 部分，附录 C：

其中，对于分配给残余故障的失效率，在计算时，可以获取那些用于避免硬件要素单点故障的安全机制，用其对应的诊断覆盖率来进行确定。下式提供了一个关于残余故障的失效率的保守估算：

$$DC_{with\ respect\ to\ residual\ faults}：残余故障诊断覆盖率$$

$$DC_{with\ respect\ to\ residual\ faults} = \left(1 - \frac{\lambda_{RF\ estimated}}{\lambda}\right) \times 100$$

$$\lambda_{RF} \leq \lambda_{RF\ estimated} = \lambda \cdot \left(1 - \frac{DC_{with\ respect\ to\ residual\ faults}}{100}\right)$$

残余故障诊断覆盖率：以百分比表示的诊断覆盖率

"潜伏故障度量（LFM）"定义如下：

C.3　潜伏故障度量

这个度量反映了相关项通过各种手段，诸如利用安全机制覆盖故障，或者由驾驶人在安全目标遭到违背之前识别故障，或通过设计手段消除危险故障（主要是将可能发生故障设计为安全故障）；由此实现的对潜伏故障的健壮性。高的潜伏故障度量值，意味着硬件的潜伏故障所占的比例低。

C.3.1　此要求适用于等级为 ASIL（B）、C 和 D 的安全目标。下式给出的定义应用于计算潜伏故障度量：

$$\text{潜伏故障度量} = 1 - \frac{\sum_{\text{safety-related HW elements}} (\lambda_{\text{MPF Latent}})}{\sum_{\text{safety-related HW elements}} (\lambda - \lambda_{\text{SPF}} - \lambda_{\text{RF}})}$$

$$= \frac{\sum_{\text{safety-related HW elements}} (\lambda_{\text{MPF perceived or detected}} + \lambda_{\text{S}})}{\sum_{\text{safety-related HW elements}} (\lambda - \lambda_{\text{SPF}} - \lambda_{\text{RF}})}$$

式中，$\sum_{\text{safety-related HW elements}} \lambda_{\text{X}}$，是为度量考虑的、项目安全相关硬件要素的 λ_{X} 之和（至于那些失效后，并不会给安全目标违背带来潜在显著影响的要素，它们的失效率并不会被纳入到计算之中）。

为了确定 DC，可考虑如下公式：

分配给潜伏故障的失效率，可以用避免硬件要素潜伏故障的安全机制的诊断覆盖率来确定。下式提供了一个关于潜伏故障的失效率的保守估算。

$$DC_{\text{with respect to latent faults}}：潜伏故障诊断覆盖率$$

$$DC_{\text{with respect to latent faults}} = \left(1 - \frac{\lambda_{\text{MPFL estimated}}}{\lambda}\right) \times 100$$

$$\lambda_{\text{MPFL}} \leqslant \lambda_{\text{MPFL estimated}} = \lambda \cdot \left(1 - \frac{DC_{\text{with respect to latent faults}}}{100}\right)$$

注2：针对这个目的，附录 D 可作为用于声明的、有合适理由支持的诊断覆盖率的基础。

注3：如果上述估算被考虑得过于保守，那么对于硬件要素失效模式进行详细分析时，可以将各个失效模式关联到针对特定安全目标的失效类别（如单点故障、残余故障，以及潜伏故障，与可探测、可感知的多点故障，或安全故障），并确定分摊到各失效模式的失效率。附录 B 描述了用于故障分类的流程图。

这些架构度量，都基于要素的可靠性数据；同时，这些架构度量也能将对应的可靠性数据，与所实施的控制机制、即安全机制之间，建立起关系。所有数据的基础，是电子元件的随机硬件失效率。

一般来说，架构度量可以被视为一种过程度量。以下活动是满足度量要求所必需的：

• 识别用于安全相关功能的所有要素或电气元器件（识别出的非安全相关的要素，在其他标准中也称为不关心的要素或元器件）。

• 识别安全相关信号链（安全相关的信息或数据流，例如从微控制器（逻辑运算器）到执行器的信息或数据流，反之亦然）。

• 识别与指定安全目标相关功能关联的要素或元器件。

● 识别和分析所有"安全"要素或元器件之前的边界，意味着，要素可以发生故障，但不能违背安全目标，至少在其二阶的组合（多点故障）内都不能违背。

● 对于其余所有的要素或元器件，若其有可能以某种方式违反给定的安全目标，则应该被识别出来。若其故障模式可以直接传播到造成安全目标违背的程度，则应确定这些故障模式必须被视为单点故障；如果只是间接或通过高于 2 的阶次对安全目标的违背造成影响，则为多点故障。

● 识别已实施的，可将其视为安全机制的冗余或监控。

● 使用第 5 部分附录 D 中的表格或其他方法（如蒙特卡罗仿真等），识别或评估所有要求的安全机制及其有效性。

● 优化，除非度量的目标已经满足。

● 基于分析的所有已实施（或将要实施）的安全机制的规范。

● 进行测试概念的开发，以证明所有安全机制的充分有效性。

通过量化这一过程，每个安全机制的失效率和有效性都能变得可以比较和评估。在 ISO 26262 中，并没有明确规定评估的下限需要被设置到哪里，或者流程链应该覆盖到哪个层级。如果硬件度量所引用的是某个要素，就意味着通常我们不需要向下追溯到电气元器件的层级。由于对 ASIL B 而言，该要求的 ASIL 是在括号内的，所以对 ASIL B 我们可以考虑更高的要素层级，例如对功能块进行分析，或者从架构和安全机制（如执行器的回读电流）中推导出度量并作为论据。失效率的基础数据，可通过数据手册（如可靠性手册等）中的现有表格、现场数据或专家判断等方式得出。然而，在第 8 章中，我们参考第 5 部分附录 F 的内容，因为在这种情况下，精确的量化并不合适。

架构度量数据评估的重点定义如下：

ISO 26262，第 5 部分，第 8.4.7 条：

> 8.4.7　此要求适用于等级为 ASIL（B）、C 和 D 的安全目标。对于每个安全目标，相关项的整体硬件应符合下列两者之一：
>
> a）满足 8.4.5 中描述的"单点故障度量"目标值。
>
> b）或满足在硬件要素层规定的合适目标，这些目标足以符合分配给相关项整体硬件的单点故障度量的目标值（在 8.4.5 中给出），并有理由说明在硬件要素层符合这些目标。
>
> 注 1：如果相关项包含失效率等级有显著差异的不同种类的硬件要素，就会存在这样的风险，即为了满足硬件架构度量时仅关注具有最高等级失效率的那些硬件要素（一个可能发生此情况的例子，是只考虑线束/熔丝/插接件的失效率，而忽略失效率显著较低的硬件元器件的失效率，就以为实现了对单点故障度量的符合性）。为每一类硬件规定合适的度量目标值有助于规避这种不良影响。

注2：当瞬态故障与所用技术相关时，要考虑这些瞬态故障。可以通过给它们指定并确认一个特定的"单点故障度量"目标值（如注1中所解释的），或通过一个基于对内部安全机制有效性验证的定性理由来处理这类瞬态故障。

注3：如果不满足目标，将按4.1所述评估如何实现安全目标的理由。

注4：可以结合考虑多个或所有适用的安全目标来确定单点故障度量；但在这种情况下，采用最高ASIL等级的安全目标的度量目标。

注1提供的是数据一致性的目标，而不是量化数据的精度。

量化分析最重要的结果，更着眼于找到那些具有普遍性、关联性的"未探测到"的故障模式，而不是查看度量计算的结果和结果本身。因此，电子元件失效模式的详细分布甚至没有那么重要。这就是为什么在架构度量中，使用其他更接近真实情况的失效分布，来替代亚历山大·比奥里尼（Alexandre Birolini）在他书中发表的那些失效分布，是没有太大意义的举动。对于平均低于10%的电子元件失效模式，评估员可能会对此产生怀疑并进行检查，并最终导致这个模式分配到更高的比例。当然，在某些情况下，某个失效模式的分布也可能为0，比如我们可以采用不会产生短路失效的电容器，而对此我们也可以提出可信的论据。安全机制的有效性基于类似第5部分附录D中的表格。诊断覆盖率（DC）显著低于90%完全不是问题，因为只要有任何一种安全机制，那么就至少有一半的故障模式（50%）始终可以被覆盖。但是，一个可以覆盖整个规范中99%甚至更多的所有故障模式的安全机制，则并不容易找到。较为有效的做法，是通过适当的故障注入测试来验证所有诊断的有效性（DC）。

此外，架构评估的目标值，也可以从可比较的其他设计中得到。然而，值得怀疑的是，如果所有的信息都可以从可比较的设计中获得，那我们就需要考虑，两者相关的环境和所有的相关功能，以及技术层级的影响，是否真的完全相同。如果需要额外的开销来证明两个设计和架构之间确实相同或足够等效，那也可能意味着需要进行大量的工作。

ISO 26262对于ASIL B仅推荐计算架构度量；而只有在ASIL D等级下，标准要求计算潜在失效度量。IEC 61508中的定量方法，通常被称为FMEDA（其表格主要采用MS Excel进行计算，并基于亚历山大·比奥里尼所描述的、考虑故障分布的元器件计数法，参见ISO 26262第5部分，附录E）；我们可以推荐使用上述方法，或者根据应用情况，采用更趋向演绎的方法。另外对于演绎法而言，这种方法还能在部分情况下，提供关于系统性故障和非功能性故障的见解，不过这样的做法也会在一定程度上受到质疑。

在标准层级，我们只要求充分地满足需求，并达到标准所要求的度量结果。为了支持电子设计的验证，建议进行归纳性的定量分析，以考虑错误传播对安全目标的影响；但是，这是否就是ISO 262626第5部分第9条所要求的、架构度量或者其他度量的所有目标？对故障原因，可以通过对功能组中的电子元件进行演绎分析来确定，这些电子功能组可以被视为电子要素。通过对于传播到最高层级、导致功能异常（可能违背安全目标的功能异常）的相关失效传播进行定性分析，可以通过计算或蒙特卡罗仿真的量化结果，来对其进行评估和分类。因此，这种分析手段不会被视为纯粹的归纳或演绎分析。它既可以是从电子或功能组的功能错误模式直到安全目标的演绎分析；而对于关键的要素，也可以是对于相关硬件元器件所有故障模式所进行的归纳分析。这样做的好处在于，使得电子功能组不仅考虑了充分健壮的设计，也考虑了据此所需进行的相应测试。例如通过结合设计 FMEA，失效率的应力系数（例如系数 p_i）可以作为设计验证过程的一部分来进行测试，使得第 5 部分第 7 章的要求，在很大的范围内得到了满足。如果假如没有实现第 7 章要求的足够健壮的设计，那么安全架构本身可能也不会具备足够的健壮性。此外我们也能注意到，对附录 D 中的表格和诊断覆盖率进行量化的建议，也涵盖了电子元件及其工作环境中的系统性错误，这是很好的思路。

在电路中，如果我们的设计能够在电阻开路的情况下保证安全，那么印制电路板、连接点和电阻焊点的开路安全也许就能够得到保障。而对于在更高层级产生作用的安全机制，例如系统级的安全机制而言，它们也许还能控制在整个信号链中的系统故障（例如，从传感器到微控制器中的软件接口）。更高系统层级的安全机制，也会有更高的可用性和/或更好的失效容限。这样的安全机制实施以后，只会对电子组件的关键失效行为做出反应；至于任何非关键性的错误，它们都可以被容忍；又或者对于诊断机制而言，其诊断阈值可以精确地调节到对关键性错误产生响应的水平。

如果一个 ASIL A（ASIL A（D））功能是 ASIL D 功能进行 ASIL 分解后的一部分，则在这个 ASIL A 部分中，对应实现的信号链也必须进行量化分析。如果对一个 ASIL B 功能而言，所有可能的失效都有一个诊断覆盖率高于 90% 的安全机制，我们也可以争辩说，即使不量化硬件元器件的详细故障模式，安全失效的百分比也可以达到 90% 以上的目标。架构的度量指标往往也会被放弃，这是因为，第 4 部分要求考虑对所有可能的系统性失效增加相应安全机制。如果对安全相关的执行器而言，所有对应功能都使用电流或电压回读，并在检测所有安全相关的效应是考虑功能冗余；在此基础上，为了防止系统性失效，我们仍然会要求，随机硬件故障被至少优于 90% 的 SPFM 所充分覆盖，这样一来就足以达到 ASIL B 的要求。

如果针对所有可能系统性故障的安全机制都在系统层级实施，那么在电子/电气硬件中，所有的随机失效也就能够得到覆盖。通过依照 ISO 26262 进行适当的验证和集成，我们就能够识别组件中任何更深层次的设计错误。

对于架构度量的分析，其主要目的是使得与安全相关的信号链变得透明，并让我们能够找到弱点并添加适当的安全机制。受鲁泽尔·卢瑟（Robert Lusser，德国工程师，被誉为"可靠性之父"）的启发，我们可以认为，信号链是一个由要素组成的链路，其中最薄弱的部分应该通过添加安全机制来加强。一个典型的安全机制，包括一个可以探测功能异常（例如故障、错误或失效）的部分，以及一个可以控制功能异常的部分。它应该能够将系统降级到安全状态，或将系统切换到不同的、在运行时被识别为不受错误影响的冗余功能状态。因此，整个信号链及其要素（链的各个环节）都需要得到识别。在艾瑞克·皮茹施卡（Erich Pieruschka）提出观点之后，量化分析的主要目的，在于使得链路各个环节的强度具有可比性。重要的事情在于：对安全相关功能进行分析，永远是我们的首要主题。我们必须确保安全相关功能的正确运行。如果这能通过适当的措施来保证，例如实施安全机制和控制措施，我们就将架构升级成了安全架构。

对于安全机制而言，探测故障的质量，以及对故障或错误模式的控制水平，可以被量化为诊断覆盖率（DC）。在这种量化手段下，整个安全架构就变得可以量化；由此，系统安全的程度、与安全相关的有效性，就变得可比较、可测量和可评估。

识别出的安全架构中薄弱的环节，是顶上失效度量的必要输入。现在，我们需要基于已实现的设计，对其薄弱环节进行评估，这应该是下面所介绍的度量的任务。

4.4.2.7 顶上失效度量（随机硬件失效概率度量，PMHF）

ISO 26262 中，对于设计或实现中与安全目标相关的失效，描述了对其影响进行评估的两种可选方法。第一种方法，是对于随机硬件故障违反指定安全目标的概率进行定量评估。而替代的方法，是假设在安全设计及其正确的实现中，可以识别约 100 个有可能违反指定的安全目标的单点或残余故障。这就是为什么对于安全相关系统中的每个单一或剩余故障，每个单点、残余或可能的故障组合的目标值确定为 1%。这是一种有趣的组件开发途径，因为此时其系统集成状况仍然是未知的。对于结果而言，我们往往会采用非常保守的分析方法。如果我们在更高系统层级，对割集进行了更详细的分析，那就能保证大大降低错误传播到安全目标的概率。这种方法可能是一种非常有趣的手段，因为上述度量还需要一个非常可靠的系统才能得到保证。该方法依赖这样一个事实：故障的发生是可以避免的，或者说，其发生的概率是可以大幅降低的。

ISO 26262 中，顶上失效度量的正式名称是 PMHF（随机硬件故障的概率度量）。它代表了一种可比较的度量，类似于 IEC 61508 的 PFH（每小时概率故障）。ISO 26262 的顶上失效度量关注于安全目标可能会被违背的失效概率；而根据 IEC 61508，PFH 完全是关于整个系统发生危险的概率。两个度量的目标值均被指定为每小时发生的故障次数（故障时间，$FIT = 10E-9h$）。与此同时，在这种情况下，我们会假设基础失效率呈指数分布。PFH 和 PMHF 之间的关键区别在于：PMHF 是针对安全目标的，而 PFH 是针对安全相关系统的。PFH 主要考虑的是在系统发生故障时达到断电的安全状态的概率。

根据 ISO 26262，定量目标有三种不同的选择。

ISO 26262，第 5 部分，第 9.4.2.1 条：

> 9.4.2.1　此要求适用于等级为 ASIL（B）、C 和 D 的安全目标。应按照 ISO
> 26262 - 4：—，7.4.4.3 的要求，为随机硬件失效导致违背每个安全目标的最大
> 可能性定义定量目标值，使用来源 a）、b）或 c）的参考目标值，如下所列：
>
> 注 1：这些来源于 a）、b）或 c）的定量目标值没有任何绝对的意义，仅有
> 助于将一个新的设计与已有设计相比较。其目的是生成按照 9.1 描述的可用的设
> 计指导，并获得设计符合安全目标的可用证据。
>
> a）来自表 6。
>
> b）或来自值得信赖的相似设计原则的现场数据。
>
> c）或来自应用于值得信赖的相似设计原则中的定量分析技术（使用按照
> 8.4.3 的失效率）。
>
> 注 2：两个相似的设计拥有相似的功能和分配了相同 ASIL 等级的相似安全
> 目标。

由于 ISO 26262 在汽车工业中还是一个新事物，目前来说，很难从现场数据或
统计的计算方法中得出目标值。在相同的操作条件下，符合 ASIL C 和 D 要求的系
统，并没有出现并稳定使用很长一段时间。如果没有这样的现场经验，对量化提出
任何统计上的假设都是非常耗费精力的。这就是为什么在实践中，我们通常只考虑
表 6 的要求（图 4.57）。

ASIL	随机硬件失效目标值
D	$<10^{-8}\mathrm{h}^{-1}$
C	$<10^{-7}\mathrm{h}^{-1}$
B	$<10^{-7}\mathrm{h}^{-1}$
注：此表中描述的定量目标值可按照4.1的规定进行裁剪以适应相关项的特定使用(例如：若相关项能在比一部乘用车典型使用时间更久的持续时间内才违背安全目标)。	

图 4.57　顶上失效度量的目标值（来源：ISO 26262 第 5 部分，表 6）

由于在标准中，上述度量要求出现在比架构度量后一个条款的地方，所以重点
更多地放在实现的设计而不是架构上。这就是为什么，我们会怀疑，随机硬件失效
度量到底是否可以使用与架构度量相同的值。如果一个项目的 EE 硬件真的有 100
个最小割集或 100 个单点或残余故障、受控的单一故障（剩余故障的百分比）或
可信的阶次大于 2 的错误组合，证明它符合标准将是个非常困难的事情。对所有安
全相关的一阶割集的识别至少应由架构度量及相关故障的分析正式给出。量化通常
是很困难的，因为举例来说，实现所依赖的，是所有环境对设计的健壮性的影响，
而不是随机硬件故障。半导体的系统性错误、电磁抗扰度（EMI）或其电磁兼容性
（EMC）、热相关的错误也可能导致安全目标的违背，但量化本身及其与随机硬件

错误的关系是不可量化的，因为这种关系取决于许多因素。在许多情况下，只有足够的健壮性、保守的设计和专家的判断（例如通过类似例子的类比）才能提供安全的论据。在测试中，能够施加的外界影响应力数量是有限的，所以即便我们进行压力测试以补充统计学上的数据，这种测试也只能产生受限的结果。

至于第二种替代方法，则可以认为是非常保守的方法；它不支持识别误差传播中系统性错误的影响。因此，该方法不能提供进一步的安全性论证。一些与安全相关的失效可以通过相关失效分析来识别，但其分析和度量没有任何关于评估错误传播概率和违背安全目标的可能性的系统性方法。具有多个安全目标的系统，由于其错误传播到安全目标的方式已经千差万别，而且安全目标之间的故障模式又相互重叠，这种结构导致更多的组合，所以只能提供定性参数。

系统的最小割集不仅存在于电子硬件层级，更多的是体现在系统层级。系统级错误传播的概率主要取决于系统错误的影响，而不是定量的随机硬件失效发生概率。这种分析通常也称为敏感性分析或重要度分析（Fussell - Vesely 重要度、Birnbaum 重要度等）。通过分析和定义单个基础事件对顶上事件违背概率的相对影响，量化也是有可能实现的。无论这种重要性分析的结果实际上是以树的形式，还是以更清楚地排列于电子表格中的形式呈现，都应该由具体的分析得出。在这个分析中，我们不去决定在层次结构中的位置，这应该已经在架构度量上考虑过了。此外，在第 9 章，我们不再讨论分析是归纳性的还是演绎性的。关于这一点，重点在于对系统中割集的评估。在这种情况下，需要注意系统性和随机性硬件失效的组合。特别是与设计相关的失效，如信号串扰、EMC 或热影响等，这些失效在本质上改变了重要性并因此改变了失效传播到安全目标的概率。这些影响往往很难被量化。对于较低的 ASIL，ISO 26262 没有明确要求进行相关失效的分析，也没有要求必须有功能冗余的割集。

架构度量主要用于评估架构。顶上失效度量依赖于实现了的设计——最终的产品，因此，其必须对故障率的准确性有更深入的要求。它们的影响因素以及结果之间的关系往往基于不同的数据来源。

ISO 26262 第 5 部分，附件 F

因此，在计算中，不同的失效率来源可以被用于相关项的不同硬件元器件。让 T_a、T_b 和 T_c 作为 PMHF 目标值定义的三个可能来源，F_a、F_b 和 F_c 作为硬件元器件失效率预估的三个可能来源。让 $\pi_{F_i \to F_j}$ 作为介于 F_i 和 F_j 之间的比例因子。该因子可用于换算基于 F_i 的硬件元器件失效率和基于 F_j 的失效率的比例关系。

$$\pi_{F_i \to F_j} \text{可被定义为 } \pi_{Fi \to Fj} = \lambda_{k.Fj} / \lambda_{k.Fi}$$

式中，$\lambda_{k.Fj}$ 是使用 F_j 作为失效率来源的硬件元器件的失效率；$\lambda_{k.Fi}$ 是使用 F_i 作为失效率来源的相同硬件元器件的失效率。

在此情况下，已知的比例因子使基于 F_i 的类似硬件元器件失效率能换算成基于 F_j 的失效率：

$$\lambda_{l,Fj} = \pi_{Fi \to Fj} \times \lambda_{l,Fi}.$$

下表提供了一个概述以及不同系数 P_i 之间关系。

ISO 26262，第 5 部分，附录 F：

表 F.1 表示目标值与失效率之间的可能组合。

注 1：表 6 的目标值基于使用手册数据并且在假设手册数据是非常保守的前提下计算的。

注 2：如果目标值和硬件元器件失效率的数据源是相似的，则不需要比例换算。

表 F.1　目标值和失效率的来源的可能组合产生用于计算的一致失效率

		目标值的数据源		
		表 6 9.4.2.1a	现场数据 9.4.2.1 b	定量分析 9.4.2.1 c
硬件元器件失效率数据来源	标准数据库 8.4.3 a	$\lambda_{k,Fa}$ （1）	$\lambda_{k,Fb} = \pi_{Fa \to Fb} \times \lambda_{k,Fa}$	（2）
	统计 8.4.3b	$\lambda_{k,Fa} = \pi_{Fb \to Fa} \times \lambda_{k,Fb}$	$\lambda_{k,Fb}$	（2）
	专家判断 8.4.3c	$\lambda_{k,Fa} = \pi_{Fc \to Fa} \times \lambda_{k,Fc}$	$\lambda_{k,Fb} = \pi_{Fc \to Fb} \times \lambda_{k,Fc}$	（2）

（1）对某些类型的硬件元器件，不同的手册对这些相同类型的硬件元器件给出不同的失效率预估。因此，比例因子可用不同手册来比例换算硬件元器件的失效率。

（2）为了保持方法的一致性，此失效率和用于计算目标值的失效率有相同的来源。

该表还考虑了与硬件元器件数据相关的车辆层级的目标值。从现场数据中获取的新功能的目标值是非常值得怀疑的，就像已经讨论过的，是否有足够数量的可比较的系统，这点是非常值得怀疑的。因此，似乎仍然很有可能会使用表 6 中的数据。ISO 26262 提供了 2 个重新计算的示例：

ISO 26262，第 5 部分，附录 F，示例 1：

示例 1　可提供证据证明 99% 置信度的 $10^{-8}/h$ 和 70% 置信度的 $10^{-9}/h$ 是相似的。因此，可用比例因子 $\pi_{Fa \to Fb} = \dfrac{10^{-9}/h}{10^{-8}/h} = \dfrac{1}{10}$ 或其他方法，将认为具有 99% 置信度的基于公认的工业资料来源的失效率比例换算为具有 70% 置信度的基于统计学的失效率。

注 3：根据经验，参照 8.4.3，基于公认的工业数据来源的失效率可以被考虑为 99% 的置信度。

ISO 26262，第 5 部分，附录 F，示例 2：

> 示例 2：根据上一个设计，已获得根据数据手册和质保数据计算得到的失效率，我们知道：
>
> $$\lambda_{handbook}/\lambda_{warranty} = \pi_{Fb \to Fa} = 10$$
>
> 式中，$\lambda_{handbook}$ 是根据数据手册计算得到的失效率；$\lambda_{warranty}$ 是根据质保数据计算得到的失效率；$\pi_{Fb \to Fa}$ 是比例换算的结果。
>
> 如果在一个新设计中，除了只有质保数据的硬件元器件（硬件元器件 1）外，使用手册数据来确定失效率，则可以根据下面的比例方法确定该硬件元器件的手册数据：
>
> $$\lambda_{1,handbook} = \pi_{Fb \to Fa} * \lambda_{1,warranty}$$
>
> 式中，$\lambda_{1,handbook}$ 是使用手册数据的硬件元器件 1 的失效率；$\lambda_{1,warranty}$ 是使用质保数据的硬件元器件 1 的失效率。
>
> 例如，如果 $\lambda_{1,warranty} = 9 \times 10^{-9}/h$，则 $\lambda_{1,handbook}$ 可以按 $9 \times 10^{-9} \times 10 = 9 \times 10^{-8}/h$ 计算。
>
> 使用该 $\lambda_{1,handbook}$ 可做到对由随机硬件失效导致违背安全目标的一致评估。

在实际应用中，这些示例提议了表 6 中的顶上失效数据的值，从现场观察得到数据可根据手册中的数据按系数 10 进行缩放。特别是对于现场观察时，影响硬件元器件的实际应力已经不再具有可追溯性时。结果是，对于涉及手册中给出了如何处理热、电压、电流等应力因素指导的数据而言，系数 10 似乎已经是足够保守的估计值。

4.4.2.8 传感器或其他部件的故障指标

所有度量都基于一个至少是车辆系统及其安全目标相关项。在 ISO 26262 中，并未真正考虑如何量化单个传感器或其他组件，这些传感器或组件也可以通过许多不同的方式进行集成。问题是，目标值是什么？基础失效率的典型应力情况又是什么？对于架构指标，基于 ASIL D 组件的单通道系统必须达到 99% 的 DCSPF。这一数值是只能通过组件内的措施来实现，还是可以通过外部措施来实现？这是一个很难回答的问题。

措施或实施的安全机制需要花费金钱、资源和开发时间，如果没有在整个系统开发前进行规划，我们往往难以意识到这些开销。如果这些组件是工作在 ASIL 的分解里，则会更加困难。在这种情况下，可能涉及三方，他们必须就失效控制、冗余的元器件和最可能是一个共同的要素（如表决器、比较器或类似元器件）达成协议。

在一个常见的、实际应用中的 ASIL 分解中，有两个不同的传感器和一个单独的电子控制单元。然而，这并不全是关于如何将措施分配到所涉及的要素；我们有必要弄清楚，哪些措施或安全机制对哪些失效是必要的。为了做到这一点，我们需要对两个传感器的信号链进行失效分析，并细化在要素接口处可能的失效的影响。如果在电子控制单元中需要实现安全机制，对冗余传感器信号链的失效影响而言，其参数将为这些安全机制奠定基础。主要的安全影响基于这样的事实：一个得到确定的失效影响，不太可能在冗余实施的信号链中同时发生。如果信号链中的错误不是同时发生的，比较器就可以检测到不相等的信息，并将其作为信号链的输出。找出并量化此类失效影响，并给出确定性的预测，例如，在何种操作或驾驶情形下，这些影响会发生，会是一个具有挑战性的任务。如果没有失效影响的详细行为，就无法评估比较器是否能够安全及可靠地探测到失效。这种方法的优点是，比较器实际上可以这么设置：只有在发生的失效将传播到安全目标时，才关闭对应的功能。

　　如果 ASIL 分解（参见图 4.58）由这两个传感器链（S1 和 S2）以及电子控制单元（ECU）组成，所有的错误（MFxx、功能异常）都需要根据 ASIL 进行充分控制。

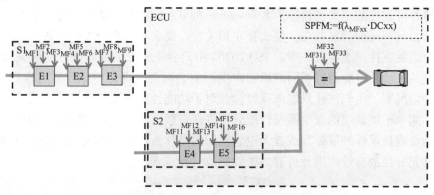

图 4.58　边界内外的传感器组成的冗余信号链中的错误

　　架构度量［单点故障度量（SPFM）和潜在故障度量（LFM）］将来自安全架构，并将是故障率（MFxx）和所实施的安全机制（DCxx）的数学函数。

　　顶上失效度量（PMHF）必须以多种不同的方式进行预算和分配。在上述条件下，根据传感器接口处的安全需求，通常为每个传感器提供 1 FIT 的预算。在 ASIL D 的情况下，1 FIT 占相关项总失效度量比例的10%，以此作为传感器的预算。通常这也表明，不可能存在任何超过相关项总体目标值的1%的单一故障。这将是 ASIL D 的安全目标 10 FIT 的1%，因此是 0.1FIT。这些目标值的设定，源自于 ISO 26262 第 5 部分第 9 章中，第二种方法的度量。鉴于这可能导致较低的冗余目标值，因此是非常保守的量化手段。不过，由于在指定的应用范围里，并非所有比较器都设为99%的可检测度，或者甚至无法覆盖某些失效情形。即使对于此类应用，上述的 FIT 率仍然是保守的。ASIL 分解的定量分析只能由系统集成商执行，因为对于安全机制的有效性，以及会到达安全目标层级的错误传播，我们只能通过更高架构层级的俯视图来进行分析和透明化；这类架构至少会由冗余信号链和比较器组成。

4.4.2.9 相关故障分析（ADF）

ISO 26262 将共因、共模和级联定义为相关故障。相关故障定义如下：

ISO 26262，第 1 部分，第 1.22 条：

1.22 相关失效

失效（1.39）同时或相继发生的概率不能表示为每个失效无条件发生概率的简单乘积的失效。

注 1：失效 A 和失效 B 可被定义为相关失效，当：

$$PAB \neq PA \cdot PB$$

式中，PAB 是失效 A 和失效 B 同时发生的概率；PA 是失效 A 发生的概率；PB 是失效 B 发生的概率。

注 2：相关失效包含共因失效（1.14）和级联失效（1.13）。

这种可靠性的定义也被称为 Kolmogorov 的 0 – 1 定律。这是大数定律之一，根据定义，只有两种情况存在，要么存在相关性，要么不存在相关性。我们已经了解到完全的独立性很难实现，所以 ISO 26262 中只会说充分的独立性。共因失效或相关功能的失效，可能通过不同的机制产生影响，通常不再使用经典方法进行分析。在这种情况下，我们往往只能依靠经验。对于功能性的相关，我们可以从功能链及其在不同水平抽象层的派生系统性地分析许多东西。一个独立的屏障，如果它是一个功能性或技术性的屏障，或者无论它使用的是什么技术，都只能在特定的情形下评估其充分性或有效性以及可能的失效影响（图 4.59）。

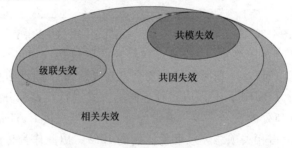

图 4.59　相关失效的类别

ISO 26262 中定义了两种定义或两种类型。

ISO 26262，第 1 部分，第 1.13 条：

1.13 级联失效

同一个相关项（1.69）中，一个要素（1.32）的失效（1.39）引起另一个或多个要素的失效。

注：级联失效是非共因失效（1.14）的相关失效（1.22），见图 2，失效 A。

级联失效是一种会导致进一步失效的失效。级联故障不是共因的失效。如果两个级联失效中的一个是单一故障，取决于操作的方向，则另一个相关失效也将是单一故障（图 4.60）。

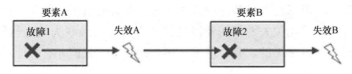

图 4.60　故障级联示意图（来源：ISO 26262，第 1 部分）

ISO 26262，第 1 部分，第 1.14 条：

> 1.14　共因失效
> 一个相关项（1.69）中，由一个单一特定事件或根本原因引起的两个或多个要素（2.32）的失效。
> 注：共因失效是非级联失效（1.13）的相关失效（1.22）（见图 3）。

共因失效（CCF），是在两个或多个要素中引起的、可以追溯到一个原因或单个事件的失效。其中一种特殊形式是共模失效（CMF）。这种失效通常可追溯到相同的要素，在两个冗余的路径中引起单一事件的相同失效行为。当然，也有对应两个不同要素的情况，例如，在过热的情况下，两个要素会朝相同的失效方向漂移。因此，这种冗余设计不应该是毫无响应的，也很难保证充分独立，例如在进行 ASIL 分解时就是如此（图 4.61）。

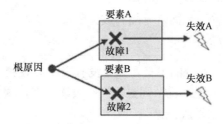

图 4.61　共因失效示意图（来源：ISO 26262，第 1 部分）

根据 ISO 26262 第 9 部分第 7 章，相关故障分析（ADF）的目标是识别可能导致失效、超越安全机制或不希望的安全相关行为的独立事件或原因。遵循 ISO 26262 中描述的相关故障分析的要求，将识别出许多和安全相关的关键级联事件，或识别出可能导致安全目标违背的系统性故障。例如，由于电磁兼容方面的原因，集成在晶体管栅极通道中的电解电容会发生老化，并导致电容量损失时，会对晶体管产生负面影响，将使其被过高的电压瞬变或过低的电流所控制。结果就是，晶体管可能发生与典型的失效行为相反的失效，并导致漏极和源极之间的通道短路。这种短路可能导致功能异常，从而违反安全目标。在这种情况下，即使电容器的容量损失也是一个单一故障；但是，并不存在任何明确的要求，指明两个要素（电容器、晶体管）之间必须独立或不能互相干扰。基于 PSPICE 的仿真（见本书第 6 章）可以支持关于失效级联以及任何电子功能的失效反应的失效分析。PSPICE 或类似的仿真工具，可以在各种各样的条件下仿真所有的电子元件及其特性。这意味着所有与设计相关的相关失效都需要以这样的方式，对级联失效进行研究。然而，通常来说，只有通过多年的、有时甚至是痛苦的经历，我们才有可能对级联失效进行有效的检测。

ISO 26262 规定了相关失效分析的以下目标：

ISO 26262，第 9 部分，第 7.1.1 条：

> 7.1.1 相关失效分析旨在识别出可绕开给定要素间所要求的独立性、绕开免于干扰、使独立性无效或使免于干扰无效，并违背安全要求或安全目标的单一事件或原因。

标准建议调查以下架构的结构：

ISO 26262，第 9 部分，第 7.1.2 条：

> 相关失效分析考虑架构特征，例如：
> - 相似的和不相似的冗余要素。
> - 由相同的软件或硬件要素实现的不同功能。
> - 功能及其相关安全机制。
> - 功能的分割或软件要素的分隔。
> - 硬件要素间的物理距离，有隔离或无隔离。
> - 共同的外部资源。

根据 ISO 26262 第 1 部分的定义，如果没有级联失效和共因失效，就可以实现充分的独立性。而为了避免干扰，则只需没有级联故障。这在标准中是一个有趣的指示，但它与如下要求相矛盾：

ISO 26262 第 4 部分第 7.4.2.4 条

> 7.4.2.4 应定义安全相关要素的内部和外部接口，以避免其他要素对安全相关要素有不利于安全的影响。

这是对要素的一般性处理，上述手段，并不受列表中相关失效分析的直接限制。我们可能会要求定义安全相关要素的内部和外部接口，以避免对其他安全相关元件产生不利的安全相关影响。然而，不经过分析，这一要求就无法满足。这个要求可以在标准的第 4 部分，关于系统开发的章节中找到。然而，在标准中并没有提及，上述要求应该限于什么要素。一方面，这一要求参考了前面电容器和晶体管的例子，因为根据 ISO 26262，电子元件也是要素。另一方面，这意味着所有的电子元件，甚至是最小的软件单元，都需要检查是否存在其他要素所带来的问题，是否存在可能产生危害的影响。对预期功能及其安全机制而言，在预期功能失效时需要存在有相关性以保证设计有效；但如果安全机制对预期功能会产生负面的影响，那么安全机制也就会削弱整个系统。但这又是一个关于设计和实现的问题了；因此，普遍而言，为什么只要求对 ASIL C 和 ASIL D 功能或元件才要求进行相关失效分析呢？

ISO 26262 定义了以下要求，以提供一些指示，说明如何识别相关故障：

ISO 26262，第 9 部分，第 7.4.4 条：

7.4.4　此评估应考虑以下适用的内容：

a）随机硬件失效；

示例 1：共用模块，例如大规模集成电路（微控制器、ASIC 等）的时钟、测试逻辑和内部电压调节器的失效。

b）开发错误；

示例 2：要求错误、设计错误、实施错误、因使用新技术导致的错误和做更改时引入的错误。

c）生产错误；

示例 3：过程、流程和培训相关的错误；控制计划和特殊特性监控中的错误；软件刷新和下线刷新相关的错误。

d）安装错误；

示例 4：线束布置相关的错误；元器件间互换性相关的错误；相邻的相关项或要素的失效。

e）维修错误；

示例 5：过程、流程和培训相关的错误；问题处理相关的错误；元器件间互换性相关的错误和由于反向的不兼容性导致的错误。

f）环境因素；

示例 6：温度、振动、压力、湿度/冷凝、污染、腐蚀、毒害、电磁兼容性。

g）共同外部资源失效；

示例 7：供电、输入数据、系统间数据总线和通信。

h）特定工况下的压力。

示例 8：磨损和老化。

注 1：合适的检查清单，例如基于现场经验的检查清单，可支持对潜在相关失效合理性的评估。检查清单为分析员提供了根本原因和耦合因素，例如：相同的设计、相同的过程、相同的组件、相同的接口、近似度的代表性示例。IEC61508 中提供的信息可作为建立此类检查清单的基础。

注 2：也可由是否遵守了旨在防止引入可导致相关失效的根本原因和耦合因素的过程指南来支持此评估。

在这种情况下，ISO 26262 推荐使用检查清单的形式来进行检查，因为经验往往只能指出这些失效及其影响而已。尽管 ISO 26262 也参考了 IEC 61508，但在制定这些检查清单时的考虑不可能做到尽善尽美，所以，这些检查清单也不能被视为完整的。一个更严重的问题是：这些检查清单是基于经验的，所以我们无法评估不同的环境条件对相关失效的影响差异，而且也没有关于其有效性假设的要求。

此外，ISO 26262 还提到了一些提升避免相关失效能力的关注点：

ISO 26262，第 9 部分，第 7.4.7 条：

> 7.4.7　用于解决合理相关失效的措施应包括用于预防其根本原因的措施、控制其影响的措施或减少耦合因素的措施。
>
> 示例：多样性是可用于预防、降低或探测共因失效的一种措施。

在这种情况下，需要对元件的功能的相关性和安全机制有深入的了解，才能进行对应的实现活动。此外，ISO 26262 还指出，故障树分析或 FMEA 也可以提供相关失效的信息。如果系统的内部结构未知，则可以用 Kolmogorov - Smirnov 测试来证明相关性。借助随机样本，我们可以测试两个随机变量是否具有相同的分布，或者一个随机变量是否遵循先前采用的概率分布。利用随机数，可以对系统性失效进行仿真。上述的手段，在医学技术或生物学中扮演着重要的角色；而将其应用于离散电路时，我们可以借此认识到为什么相关失效会发生，由此寻找指引。如果系统已经有多个存在相关性的功能，或者在使用复杂半导体甚至微控制器的情况下，这样的测试也是有用的；然而，必需的测试用例的数量，可能会使得我们不得不测试巨量的用例组合。在这种情况下，我们可以注入某些参数，例如过电压、EMC 等，并根据测试结果，考虑可能存在的相关性。根据 ISO 26262，Beta 系数不应被量化，除非失效的相关性是基于单点或多点随机硬件失效而产生的。上述失效对相关性的影响不大，特别是基于系统性故障及其随机硬件故障平均水平而考虑的"充分性"，其标准是非常低的。此外，相关性往往依赖于工作温度和其他环境噪声因素，因此仅仅一个因素就很容易带来庞大的数据阵列。

对于公共资源，尤其是由于温度或其他应力等噪声因素引起的、对相关性的识别，只能通过对最终实现的产品进行测试才能确定。图 4.62 表明，即使在较低的层级，特别是在实现中，使用了公共的功能、资源、能源或物理上接近的实现要素，在较高层级的架构中不会发现相关的迹象。我们所需要的信息，无法从更高层级的功能中推导出来，因此演绎的分析方法将会导致失败。这一结论，也适用于由同一逻辑处理单元或核心在同一任务中处理的软件，以及两个电子部件，它们可能由于比如热而导致相同的失效行为。例如，如果参考信号与测量信号由于热以相同的方式增加，则比较的结果仍然为"真"。因此，在这种情况下，这样简单的比较并不是一个有用的措施。对于大多数的实现，可以排除两个不同电子元件的信息同时被不正确地更改，以至于它们提供相同的错误的值。错误传播的概率并不是基于随机硬件故障，它更多的是基于在相同的时间间隔内，共同情况影响朝向同一方向的事实。因此，通过缩短时间间隔，可以降低错误传播的概率（图 4.63 和图 4.64）。

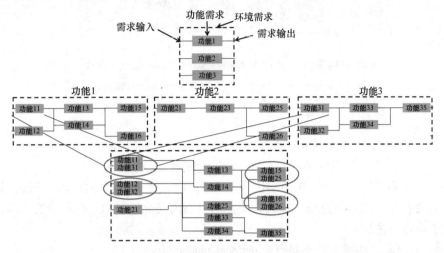

图 4.62　通过把公共要素分配给衍生的功能导致较低抽象层中的相关性

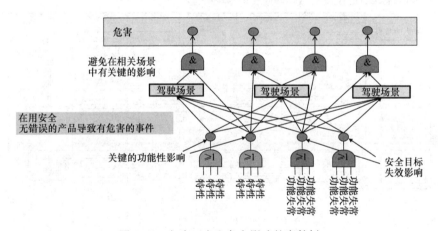

图 4.63　包含正向和负向影响的事件树

4.4.2.10　安全生命周期中的安全分析

在根据 ISO 26262 对车辆系统（相关项）的定义，在进行功能概念开发过程中，已经需要进行第一次分析（见图 4.65 分析阶段）了，因为它们有助于描绘无风险的预期功能。不过，对于相关项的定义而言，这唯一不会验证的工作成果。

这意味着我们在寻找一种可以分析功能和操作安全的方法，这使得标准道路车辆的正常运行条件和基本功能可以得到很好的确立。此外，道路交通法规和关于人车共处的考虑也已经在世界范围内确立。它们在细节上有所不同，但主要的基础是一致的，例如"维也纳公约"中关于驾驶人必须对其控制的车辆负责的规定。鉴于现今出现了关于"自动驾驶"或者甚至是"自主驾驶"的讨论，我们也要考虑

与IEC 61508第6部分（2011年版）的架构类似的单一2oo4d架构

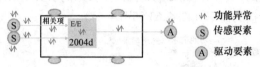

与IEC 61508第6部分(2011年版)的架构类似的双独立实现的1oo2d架构

在航空工业中，这样的结构也被称为双重-双重架构(Dual-Dual Architecture)

图4.64　安全相关预期功能的独立冗余架构

其他一些重要的内容。ISO 26262 中并没有对功能表现提出具体要求；不过，如果我们需要在安全档案中论证，如何在规定的限制内安全地制动正在行驶的汽车，就必须考虑以下主题：

　　– 如何避免功能上的不足（Functional inadequacy）。

　　– 如何保证在用安全（Safety–in–use）。

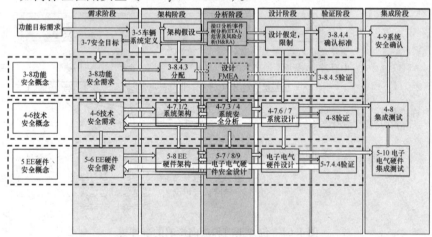

图4.65　在产品开发安全生命周期中系统及硬件层级安全分析的阶段

　　因此，我们需要考虑设计出故障下依然能够运行的系统。

　　进行关于在用安全的分析时，我们只考虑预期的功能，因为只要所分析的对象正确地运转和动作，就不会导致任何损害。经典的失效分析不能用于该分析。因此，我们依赖于正向分析。特别是预期功能在其典型环境中的行为，必须作为一种正向的方法来进行分析。一般来说，在这种情况下，我们会使用经典的事件树分析（ETA），根据演绎来确定在相关的关键驾驶场景下，功能异常对预期功能的影响。这与 ISO 26262 规定的一般危害和风险（Hazard & Risk Analysis）分析是恰好相反的。

　　因此，作为危害分析和风险评估的一部分，我们还需要对与功能失效类似的预期功能进行详细的分析。与通过参数 S、E 和 C 评估的功能异常不同，预期功能的关键特性需要被迭代更新，除非它们可以被认为是足够无风险或安全的。在相关项定义的验证中，我们可以分析和确认安全预期功能。如果预期功能本身与安全相关，如"转向"和"制动"，法律上的要求如 ECE R13（或 FMVSS 135）或 R79（或 FMVSS 203、204）会对其提出有约束性的认证要求。特别是在 ECE R13 的要求涵盖了整个制动系统（即相关项），而且定义了系统的冗余度。到目前为止，对于高度自动化的辅助驾驶功能、遥控车辆甚至自动驾驶车辆，相关的认证标准尚未发布。因此，如果预期功能与安全相关，且应考虑符合 ISO 26262 的安全档案，则必须对所有预期功能进行分析，当然也包括其他的技术元素，比如车轮、转向柱等。故障模式，所有执行器和传感器的功能异常和功能异常行为也必须由适当的安全机制所控制。因而，有必要安装完全独立（甚至比 ASIL 的分解更加独立）的冗余系统。

　　如果根据各种必要的影响和风险进行分析，冗余系统必须满足与原系统相同的性能要求，那我们就必须考虑到在这样的降级模式下，可能存在的风险。由此许多现今采用的跛行回家模式（limp - home - mode）都可以被接受，并构建出可接受的功能性降级行为。为了确定和分析相关项的边界，可以考虑使用福特 FMEA 手册中描述的边界分析方法。在相关项或车辆的层级，预期功能可以在 P 图的背景下被定义为"理想功能"。

　　在整个产品开发过程中，我们需要持续地检查事件树分析或改进的危害分析，因为所有新的功能异常、所有环境条件的变化以及所有功能和设计的变化都会在一定的驾驶场景下产生新的影响（见第 4.2.1 小节）。即使这些形式的事件树分析允许考虑来自车辆系统正确行为的危害，它也不是一个可以充分体现系统在用安全的方法。

　　这种系统性分析的好处在于，它展示了直接转换到系统安全分析（例如 RBD、FTA、FMEA）的方法。为了验证功能安全概念（ISO 26262 第 3 - 8.4.5 部分的要求），应从更深入的故障树分析、可靠性框图或基于功能异常的系统 FMEA 的草稿等着手。在系统 FMEA 的草稿中，可以从逻辑元件的所有潜在故障、所考虑的逻辑元件之间的相互影响以及超差的环境影响（来自边界分析）等方面对其违反安全目标的可能性进行调查。对于这种情况下的功能异常，我们可以基于故障树的顶上故障或 FMEA 的顶上故障，对安全目标覆盖的完整性提出异议。关于功能安全需求正确和充分的规范及其验证可以通过演绎的正向分析来实现。分析可以一直应用到最低层级（软件或硬件设计），相应的功能异常在相应的层上得到补偿。安全分析的计划，应使在其所有层级都是可理解、并能够保持系统一致性的，从最顶层的安全目标，一直到到最低的硬件或软件实现层级上，相关的失效原因都能得到补偿（比较图 4.65）。如果所有问题都得到充分和完整的回答，则可以着手对技术安全概念进行分析。因此，演绎分析（ISO 26262 第 4 – 7.4.3 部分要求 ASIL C 和 D 采用，推荐 ASIL B 采用）支持关于系统性失效及其在技术要素上的分配的技术安全要求（ISO 26262 第 4 – 6.4.6 部分的要求）的验证，这为系统设计奠定了基础。可以从以下几个方面进行评估：

- 技术安全机制是否完全从功能安全机制推导而来？
- 是否考虑了所有可能的技术要素的功能异常，以及技术要素相互影响引起的功能异常？
- 是否考虑了与功能、功能异常和失效行为有关的所有功能相关性以及技术相关性（例如，需要支持多个功能的共同的资源、能源、技术要素）？
- 是否所有的安全机制都完全由技术要素来描述？（关于水平抽象层的安全机制的完整描述，包括所有技术接口）
- 是否完整描述了关于输入、输出、输入和输出之间的关系、环境条件、允许的环境条件、变量和配置的技术要素？
- 通过故障模拟（故障注入）的错误传播是否可理解？
- 所述确认标准是否适用于展现安全目标的达成？

如果所有问题都得到充分和完整的回答，那么系统设计就可以被视为实现了完全和充分的定制。由此，系统就需要能够充分实施必要的安全机制。技术安全分析（ISO 26262 第 4 – 7.4.3 部分的要求）应视为基于其集成环境（车辆环境）中技术要素的特性的归纳分析。作为建议，逻辑、功能和技术要素的所有要求都需要进行演绎分析。在上述情况下，正向分析就显得已经足够充分了。演绎分析的目的是识别必要的特征，而不是验证它们的值（或参数）。根据 VDA 或 AIAG，FMEA 方法中也确定了"特殊特性"（因为这些方法也不被视为 FMEA 纯粹的归纳分析）。ISO 26262 还涉及了与生产相关的安全活动或机械（或其他技术）要素的安全要求的"安全相关特殊特性"。根据 ASIL 为一个 ASIL B 的信号开发一款连接器插头，这一信息对于开发人员来说不是足够的。对应插头的特性，必须明确地被宣称为安全特性，并具有足够的容错性、可靠性和健壮性。一般来说，在汽车 FMEA 标准中，"特殊特性"或其他产品或过程的特性在设计 FMEA 的较低层级中被识别。过程特性是指在生产过程中需要保护的特性。而产品特性是指通过构造来保证但需要在生产中检查的特性。这些产品或过程特性将传递给过程 FMEA（进而传递给生产控制计划）。从而我们可以确保所要求的特性足以避免建设上的失效和生产上的失效，或者进行充分健壮的设计。

对于演绎分析，只有潜在的失效可以考虑通过这些（重要）的特性来识别——这些特征可能对安全相关功能的实现或实施产生负面影响。上述手段也适用于功能上的限制，这些限制来源于功能设计和在更高的抽象层级或集成环境中规定的设计限制。此外，约束条件也必须得到分解，从项目定义，一直下沉到半导体结构，都可以按类似的要求来执行。技术特性及其错误传播的验证则只能通过归纳分析来进行。相比之下，约束条件的验证则更难操作，因为对此我们只能假设已知的负面影响。这意味着，在演绎分析中，实现所研究系统的功能（在其所要求的功能性行为中考虑的逻辑和技术要素）所必需的特性和约束，都需要受到质疑。在完成这一切之后，这些特性才被认为具有需要的特征。而对于归纳分析，我们从所有技术要素开始，来确定系统执行功能所要求的特性。至于其他的特性，以及由技术要素彼此间的行为所产生的特性，我们需要保证，它们对进一步衍生出来的特性所产生的影响，不能导致无法实现所要求的功能。

在正向分析中，我们可以通过多个水平层的推导，确定所有实现功能（或安全机制）的重要特性，以及该功能与别的功能的相关性（图 4.66）。

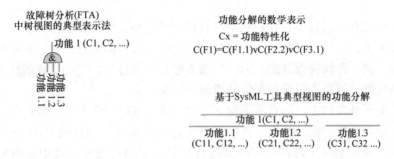

图 4.66   正向功能分析或分解；功能相关性的树状图、线形图或逻辑/数学视图

如果从负向的角度，简单地按照德·摩根定律（DeMorgan's law）转换，将会导致高度复杂的逻辑关联。从正向的角度说明，三个子功能就可以共同构成主要功能。然而，从负向的角度来看，部分功能的失效就可以导致主要功能的失效，这包括所有可能的失效和失效行为的组合。对于降级概念的规划，应该只考虑功能中的失效，因为降级不一定能做到只把失效单独撤除。这一点在我们谈论高可用性的安全系统时尤其重要。在这种情况下，我们的目的，在于一定程度上保留该功能。然而，如果没有技术层面上的实现，我们甚至对错误的传播进行评估也无法做到。由电感和电容引起的振动和振荡，需要有足够的能量，才能显著地扰乱系统。这同样也适用于信号的漂移：向外的漂移需要获取能量。如果没有能量，就不会导致信号的漂移。信号的能量可以通过产品的实现（例如串扰）而产生出来；在某些情况下，甚至可能会使信号漂移到负值，而这在设计中可能根本没有被考虑过。ISO 26262 没有规定必须采用哪种方法进行分析或验证，但其他行业将需求开发过程中伴随的演绎分析视为最面向目标的方法。

一个层次化的功能分解，可应用于类似于正向的"故障树分析"方法中，如果应用最小功能的"德·摩根定律"，则可以对最小功能故障的完整子集进行评估。如果我们可以自下而上地分析这些故障（潜在的对安全目标的违背），则可以很好地表明完整性的验证。这种自下而上的方法可以依靠 FMEA 来实现，因此额外的安全机制可以被定义为 FMEA 的措施（图 4.67）。

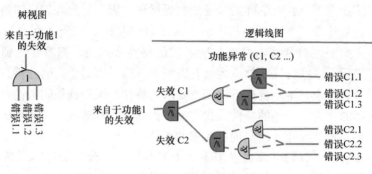

图 4.67　图 4.66 功能分析的反向

　　在组件的开发过程中，我们也可以发现同样的相关性。在软件中，即使是在需求开发过程中，进行演绎和功能的分析，从而确定要素的关键特性，是正确实现功能的必需步骤。而软件设计完成后，应接着进行归纳分析。它需要证明软件中仍然存在的系统性故障是否已经被足够的措施所覆盖。

　　用于电子开发的方法则有所不同。不过，即使在电子开发中，我们仍然会演绎地确定实现功能所必需的特性。许多 FMEA 标准也推荐了同样的方法。一般来说，这将发生在设计 FMEA 时，而这些关键特性将在中间的失效层级中被确定，并对设计或生产中的原因进行检验。如果我们的想法还停留在经典的三个"失效原因 – 失效类型 – 失效影响顺序"中，往往会因此而忽略某个层级。因此，关键特性通常也在原因层级上被定义。在这种情况下，过程 FMEA 将从设计 FMEA 的原因层之下开始。设计 FMEA 主要满足 ISO 26262 第 5 部分第 7 章的要求，但对于单个故障、多个故障及安全故障的识别，还需要考虑组件层级的系统 FMEA。实施的安全机制就是在使用中（或运行期间）的措施。ISO 26262 第 5 部分第 8 章要求的架构度量，即使用失效模式的量化和安全机制的效率（针对单个故障或潜在故障的诊断覆盖率）作为安全架构评估的标准。

　　ISO 26262 第 5 部分第 9 章中所要求的、在计算 PMHF 时（由于随机硬件故障造成的安全目标损害的概率）所进行的割集分析，只能基于已实现的设计来进行。由于此时可以得到架构度量和相关失效分析（ADF）的信息，所以对于两点失效，我们已经可以对其进行量化，并核查它们是否能够导致安全目标的违背。如果两点失效会导致一个独立的随机硬件失效，那么对安全目标的影响，是通过两个失效率（拟合值）的乘积来计算的，其结果将会是非常小的值。而如果这两个故障互相之间并不独立（这在汽车电子中是非常常见的），其相关程度（见 Kolmogorov 公理）决定了这两个故障同时发生并有可能违背安全目标的概率。这将符合 Beta 系数的量化。如果相关性涉及技术性的电子要素，ISO 26262 要求以耦合影响程度足够低的方式进行设计。该电子元素的失效比例将作为单点故障纳入度量。然而，由于经常存在与设计相关的系统相关性，而这些相关性通常基于非常复杂的影响因素组合

（割集），ISO 26262 不要求对 Beta 系数进行量化，只要求识别影响因素和制定相应的措施，以控制这些相关性。被分配给 ISO 26262 中不同需求的，是架构度量的失效率，而不是 PMHF 的失效率。对于架构度量，重点在于数据之间的平衡，因此我们无法证明功能异常、故障、错误、失效、安全失效或已诊断失效等基本功能要素（或功能）的覆盖率。为了用电气元件的失效率来量化故障模式，我们只需使用数据手册中的失效率，并假设一个通用的失效分布（例如 Birolini）。对于 PMHF，重点在于失效传播和必要的影响因素。在这种情况下，我们还需要确定基于实现情况的失效率，并评估割集的影响。

4.4.3　安全和安保的错误传播

安全性和可靠性遵循相似的失效分析原则。特别地，相关失效及其分析表明，像故障－错误－失效或失效原因－失效模式－失效影响这样的典型顺序并不总是适用。类似的挑战，也在影响安保分析。控制安保不同的方面（如完整性、一致性和可用性）的措施，显示了其可能的效果和有效性间的不同关系。

迪普·麦迪提供了一个关键的注释，他提出了一个通用的"可靠性和安保模型"。

可能的威胁（主要是安保方面的）已经在故障层级被定义，它的进一步传播将会导致错误、失效和事故。在这种情况下，对数据进行未经授权的访问，以及数据本身不可用也会被视为事故。

安全以及可用性、保密性、完整性、性能、可靠性、生存性和维护性等都被定义为"属性"。在铁路标准中也有类似的考虑，其采用了"RAMS"方法（可靠性、可用性、可维护性、安全性），并且其中展现了类似（图 4.28 FMEA 基本原理）关于误差传播原理的章节中的想法。在这种方法中，可能的措施被称为方式（means），也与 FMEA 中的可能措施（另请参见图 4.41）类似：

－故障/入侵防护。

－容错/入侵容忍度。

－故障/入侵排除。

－断层/侵入预测。

这表明，对于安全和安保分析可以采用类似的方法，但我们不能预期会存在一一对应的关系。

安保分析类似于安全分析，可靠性分析也一样。通过采用这些久经考验的分析原则，可以对系统或产品的各种威胁、关键影响或任何其他不希望发生的事件进行检验。

4.5　开发过程中的验证

在产品开发过程中，ISO 26262 经常要求验证。如果一个开发活动依赖于前一个开发步骤的输入，则最有可能被要求验证。在 V 模型的下降分支中，我们总会需要对水平抽象层接口的验证。

在这种情况下，验证被视为更高层级活动的完成，而较低层级的活动通常从需求分析开始。ISO 26262 还将测试也视为验证，特别是在较低水平抽象级别，尤其是在组件设计期间。然而，在方法上，从更高层次正确推导的方法需要验证。重要的是，关于正确性、完整性和一致性的确认，是基于相同的方法。很有可能的情况是，在验证之前，把需求被分配给底层元素的过程就已经完成了。在这种情况下，需要分析这两个层次之间的关系。只有当验证结果完全是正面时，才不会启动过程迭代。根据在验证过程中对偏差的评估，以及为重启验证采取了哪些措施，我们需要回到相应的先前活动。这些可能是需求、架构、设计或是同一水平层级上的测试用例规范，也可能是跳回另一个水平层级（例如从组件跳回到系统，甚至是车辆层级，如果是这样，安全目标可能会受到变化的影响）。需求验证过程中的第一个活动应该是需求分析。因此，问题是：下级的需求是来自上级的需求还是来自于上级的约束、架构或设计？如 ISO 26262 第 10 部分第 4 章导言所述（图 7 和图 8，另见第 4 章，图 4.1 和图 4.2）放弃了成熟度级别的描述（系统设计 V1.0 等）。图中最初想要描述的是信息经过不同的层级的变化，设计总是包含越来越详细的信息，尤其是相关的设计特性在每一次迭代中总是变得越来越合理。但是，在将这些信息传递给其他用户之前，应对其进行测试或验证。这表明，有不同的方式来产出工作成果。一般情况下，我们要区分需求规范和设计规范。然而，这两种规范类型的结构可以有不同的表现形式和定义。在这一点上，需求规范应提供通用的条件，这是设计的基础。设计规范则描述了可以由产品测量、需要实现的特性。需求规范定义了"应该怎样"，而设计规范定义了"如何设计"。我们现在也达到了流程模型的性能极限。

验证真的只发生在需求开发过程中吗？需求开发是否在实现之前完成？显然不是！即使结果得到验证，并且所有的需求都在产品中得到了正确的实现，在使用阶段总会出现一些新的问题，而这些问题是此前还没有得到充分考虑的。

并且，在现今的环境下，总会持续地出现迭代循环，而且由于现今的创新周期很短，产品通常只有在使用多年后才会变得成熟；而产品的每个变更，也都会成为对其他特性而言的风险。当涉及产品的安全特性时，这当然是不可接受的。事实上，一个缺乏经验的开发团队固然往往不知道影响安全的因素，但即便是一个经验丰富的团队，也有可能做出错误的假设。不幸的是，即便是方法本身也存在一定的风险。如果需求是根据过程系统地开发并正确地导出的，就应该包括了已知的影响因素。如果有经验的人进行这些分析，一些超出了设计师的要求和经验的方面也会包含在分析中。在验证时，也可以通过测试计划的制定者将某些层级的经验纳入其中。此外，通过独立分析或验证的方法，可以系统性考虑到互补的影响因素。然而，很难说所有的影响因素都会被考虑到，或者说这样的假设根本就是不可能的，甚至不可能把所有的应用场景和相关条件都考虑到。如果我们现在对每一个需求都有一个测试用例（根据从 SPICE 导出的过程模型），这表明需求得到了正确的实现，那么对于测试的重要性肯定会有疑问。有多少测试是必需的，这将取决于各种因素，甚至取决于在抽象层处理的开始进行需求分析时的努力程度。需求和设计规范的正式存储方式应该是：确保需求中实际上只有一个参数，但通过对设计信息的进一步推导，可以得到更多派生的参数。否则，就无法为较低层级提供充分的信息。最简单明了的例子出现在软硬件接口上。是微控制器的设计，而不是来自上层的需求，提供了最基本的软件要求。因此，ISO 26262 要求验证所有软件需求，但这些需求不可能直接从分配给软件的系统需求中导出。微控制器的所有基本结构都必须包含在软硬件接口（HSI）的要求中，但软硬件接口通常无法满足软件组件的相关系统要求。这是一个非常简单明了的例子，但肯定不是一个特例。

除了安全分析及测试外，更多的验证对于确定正在开发的产品的安全成熟度是必要的。在每个架构组织的接口和所有水平方向的接口以及中间要素中，所有的特性都应在开发结束时得到验证。一般来说，验证可以显示要求的达成度；从方法论的角度来看，目标或目的是否达成，只有通过确认活动才能获得答案。通过评估更高级别的要求或其正确推导至较低级别要求的约束，验证要求的正确性的活动，我们称之为 ISO 26262 的"验证"。

4.6　系统级产品开发

从市场的角度来看，产品是能够满足客户需求并因此产生效益的手段。这种好处可以是物质性的或非物质性的，也可以是功能性的或非功能性的。例如，如果产品的核心是技术上的优势，那么客户自己就能感知到额外的好处（例如，质量特性——多么漂亮、令人印象深刻等）。此外，一个技术性系统的用户还需要面对一些负担，例如，产品需要能量或散热才能实现其用途。因此，不可能仅仅从上到下分层级地查看。我们现在要处理我们希望用来组成系统的组件的特性，以及检查哪些特性和要求符合功能概念、利益相关者以及技术安全概念的要求，哪些附加特性创造了正面的益处（尤其是关于性能要求），哪些是不期望的负面的负担。

一般来说，关于架构和设计之间的边界总是有一定的讨论。一种观点或另一种观点都有其优点和缺点，但如果不作定义，则产品开发将更加困难。这就是为什么要使用以下原则和类比。

架构决定了所考虑要素的结构，因此，也决定了其接口。要素可以是功能性的、逻辑的或者技术的要素，它们之间的行为产生了所需的功能。系统是一个有限数量功能性的、逻辑的或技术的要素的组合，它们通过相互作用实现所需的功能或机能。系统还应通过水平抽象层加以限制，在水平抽象层中，特性和所描述的技术行为可以用自然语言以及半正式标记法和正式标记法来指定。因此，模型主要是对架构所考虑的要素中指定特性和行为的描述。设计也是从不同的视角对技术特性的说明。以下的类比就是根据这些水平层级的规范做出的：

• 因此，系统设计是对构成系统的技术特性和组件的说明。系统设计规范描述了组件接口产生的特性。组件也可以由功能性的、逻辑的或技术的要素构成，并具有由这些要素的接口产生的特性。这些要素也需要明确指定。

一般来说，这些内容将包含在组件的规范里。技术组件由机械的、电气的或软件的要素组成，而其组合和选择，哪些要素属于哪个组件，代表了一个设计决策。因此，组件是系统的子系统，它在与其他组件的交互中形成了不同的特性。

• 因此，机械设计是组成机械系统的机械要素（组件）技术特性的说明。机械设计规范描述了机械要素相互作用所产生的特性。机械的要素可以由逻辑的或技术的要素组成，并具有这些要素相互作用所产生的特性。这些机械元件也需要明确指定。一般来说，这将包含在组件规范内。机械组件由机械要素组成，而其组合和选择，哪些要素属于哪个组件，则代表了一个设计决策（图4.68）。

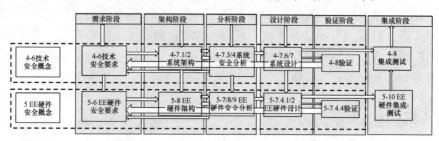

图4.68　从技术安全概念（TSC）推导出的系统和EE硬件开发中的信息流

• 因此，电子设计是对电子要素（组件、电子元器件），包括电子系统的技术特性的说明。电子设计规范描述了电子要素相互作用所产生的特性。电子元件可以由功能的、逻辑的或技术的要素组成，并具有由这些要素相互作用而产生的特性来进行定义。这些电子要素也需要具体指定规格。这些规格，通常包含在组件的规范里。电子组件由电子要素组成（元器件是分立电子组件中的最小要素，对于半导体而言，子元器件被定义为逻辑的或功能的单元，以充分描述其行为和相关特性），而其组合和选择，哪些要素属于组件，则代表了一个设计决策（图4.69）。

• 因此，软件设计是对软件要素（在软件中实现的要素）的技术特性的说明，软件要素包含了一个软件系统（仅基于软件的系统）。软件组件规范描述了软件要素接口产生的特性。软件要素可以由功能的、逻辑的或技术的要素组成，并具有由这些要素的接口产生的特性。这些软件要素也需要具体指定。这通常被称为软件设

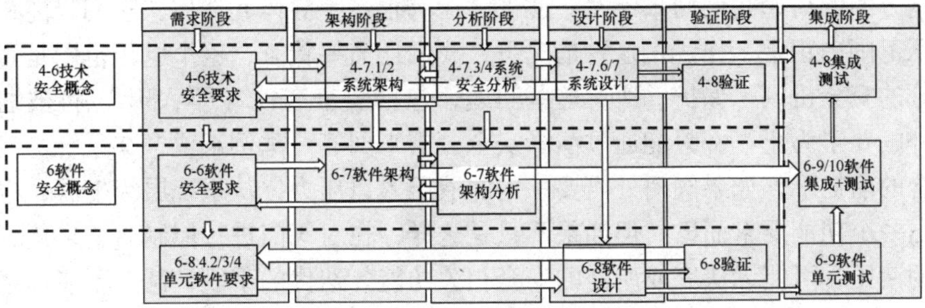

需求阶段　架构阶段　分析阶段　设计阶段　验证阶段　集成阶段

4-6技术安全概念　4-6技术安全要求　4-7.1/2系统架构　4-7.3/4系统安全分析　4-7.6/7系统设计　4-8验证　4-8集成测试

6软件安全概念　6-6软件安全要求　6-7软件架构　6-7软件架构分析　6-9/10软件集成+测试

6-8.4.2/3/4单元软件要求　6-8软件设计　6-8验证　6-9软件单元测试

图 4.69　从技术安全概念（TSC）推导出的系统信息流和软件开发过程

计规范。软件组件由软件要素组成（软件单元是所考虑的最小元素），而其组合和选择（哪些要素属于哪些组件），则代表了一个设计决策。

验证的结果，揭示了每个设计中所指定的特性，被实现得有多好。因此，每个设计决策都应该被验证，以便指定的特性及所实施的要求能够被正确地描述。可追溯性是正确验证的结果，如果完整性、正确性和一致性的论据是透明的，那么在任何情况下都应该有充分的可追溯性。一般情况下，正确性的验证只能通过证伪来实现，尤其是当约束与性能要求相矛盾时。

在演绎安全性分析中，分析应该要覆盖所有可能的变化，因此包括整个可指定的空间。在归纳安全分析中，仅在各自水平抽象层级上考虑指定的要素，并评估其可能的错误影响。因此，即使是在给定空间内发生的系统性的错误，也可能导致完整的错误行为。对于那些开发人员无法预期的或者无法进行系统分析的影响及其组合，同样也无法进行验证。在水平层级的开发活动得到验证以后，我们应继续确保产品的特性得到应用。

要素之间的接口总是由电子系统的本质决定的。为了确保系统能够实现预期的功能，必须对这些接口进行具体说明。一个纯粹的软件组件之所以存在，是因为它是这样得到定义的。低级驱动程序（例如 MCAL；微控制器抽象层）从微控制器硬件读取信息并为进一步的软件组件提供数据接口，这些软件要素构成硬件－软件接口（HSI）。如果没有与机械要素（如 PCB、连接器等）的接口，就不能仅仅考虑电子部件。这意味着，无论在何种水平抽象层级上考虑电子部件，都会存在与机械的交集。即便是微控制器或 ASIC 中的绑定（bonding，硅片和引脚之间的连接）主要取决于制造过程，也产生了机械连接。软硬件接口的例子表明我们必须深入了解组件的细节，以确保足够的覆盖率和足够的规范专属性。

所有电子元件都需要能量（通常是由一个电源来提供）；如果不提供能量，这将是功能失效的首要原因之一。然而，这还不足以把电源定义为应该继承安全要求的要素。如果一个与安全相关的组件，在断电的情况下可以无限制地达到所分配的安全状态，则我们可以假设这是一个安全故障。不过，当这一故障与其他错误结合时，是否还能满足这一条件？而我们是否必须假定两点错误下系统依然能够安全？

关于这方面的讨论我们尚未涉及。此外，还有很多半导体元器件，它们只能在一定的电压范围内正常工作。在这种情况下，我们还需要检查，这个电压范围是否必须由充分的安全机制来保护。所有这些问题，包括安全属性（即 ASIL）将被继承至哪个外围要素为止，都只能通过演绎安全分析来回答。举例来说，在系统与液压技术结合的前提下，如果阀门处需要一定的液压入口压力，从系统层级上看，也只需要提出一个功能要求而已。但如果不只是这样，在对阀门进行控制后，未达到所需压力的液压，可能无法完成所需的安全相关功能。迭代的手段，甚至不能让系统在信息流的图示中变得透明。在第一轮迭代中，传感器将被视为逻辑要素，更多的部分要素（电源、支架、外壳、接线以及控制单元里用于读取传感器信息的计数器）将依次补充，直到我们做出设计决定为止。然后，我们必须对系统进行测试，以确保技术要素是否真的符合所有要求，测试作为验证的一部分，应该能够确认这一点。

归纳安全分析的结果，将会表明是否会有更多的特性导致失效，进而影响或违背某些安全要求或安全目标。除了功能特性外，接口还将包括一些其他的技术信息［几何形状、材料特性、温度特性、应力行为（健壮性）］。因此，在设计阶段，一个逻辑要素将依次转变为技术要素。图示（布局、图形、草图等）、零件清单及设计规范中记录的设计特性，将随每次验证和迭代得到进一步的确认，直到保留一个清晰的要素，而这对于应用来说已经足够。从过程的角度来看，在设计的最后阶段，V 模型将颠倒过来。较低层级的设计决策需要再次验证和分析，以便能够基于安全和正确的规范执行测试，为在较高的层级进行集成奠定基础。由于在设计中，我们通常会为应用指定一个保守的假设，因此微小的变更不会对上层的设计规范产生重大影响。一般来说，在早期设计阶段考虑足够健壮的接口是很重要的，这样在发生变更的情况下，对其他元素的相关性和影响可以受到限制。这一点在计划为产品推出不同的变种时也很重要。在这种情况下，需要为可变的要素规划接口，这样可以解耦该要素对其他要素的关联和影响。

4.7　组件层级的产品开发

为了满足层次化设计的要求，我们会需要在组件开发中也尽量采用系统开发的方法。因为在实现的过程中，我们还必须考虑软件、电子和机械以及相关工具之间的交集，所以也应该像在系统级一样，继续采用这种方法。通常，在这种情况下，我们会把技术要素描述为逻辑要素，直到最后一个设计决策。微控制器永远不会被完全描述为技术要素，因为硅片中独立晶体管的功能更多的是通过概率分布而不是通过技术功能来定义的，我们可以将其想象为螺栓和螺母的相互作用。几乎所有的技术行为都是或多或少通过固化模型来进行描述的。

在力学中，有牛顿定律；在电子学中，我们依赖欧姆定律，直到在高频领域，我们不得不用麦克斯韦方程作为新的描述基础。

因此，在将系统要素的要求导出为逻辑要素的同时，还要进行演绎分析，用于测试当定义的特性不能被满足时，系统要素如何根据环境改变其特性和行为，如图 4.70 所示。在第二步中，这些逻辑要素被映射到技术要素上，从而获取设计决策。现在，这些设计决策，及其可能的故障，将通过归纳分析（从设计要素的已知特性到可能的错误传播等）经过质疑和测试；通过分析对应的影响或作用后，如果分析得出，不存在我们不希望看到的影响，并且所需特性可以得到保障，那么我们就确认现有的设计已经（或任何其他质量目标）具备足够的健壮性；如果不是如此的话，我们就要通过变更实现设计迭代来进行改善。由于在这一阶段中，我们考虑到了技术要素（它可能被破坏），现在可以通过分析、模拟、计算和测试（这些都是设计 FMEA 的典型措施）来评估个体的特性和行为。

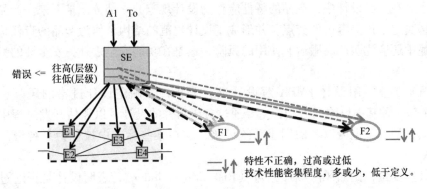

图 4.70 功能需求的推导和演绎法失效分析

如果我们现在将逻辑要素转换为技术要素（与图 4.71 相比较），我们就会意识到，如果没有找到 1 对 1 的分配，接口的数量可能会呈指数级增长。

所有技术接口

- 环境和技术要素之间。
- 技术要素和功能接口之间。
- 在环境和逻辑要素之间。
- 逻辑要素之间。
- 技术要素之间。
- 在逻辑和技术要素之间。

所有这些接口都需要考虑，因为这些接口上的所有特性及其可能的失效，以及彼此之间所有要素的预期行为都可能导致系统要素的失效、不稳定或偏差。对可能的失效或偏差的容忍，并使其不会导致对叠加的需求造成损害，这可以被视为安全健壮性。

图样、电路板布局、零件清单、数据表和设计规范描述了将要实现的产品预期

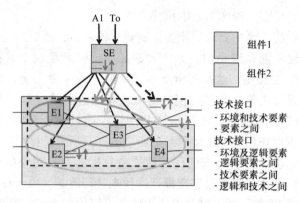

图 4.71　垂直功能的分解，技术接口及其潜在的功能异常

的样子。在产品设计中，产品的特性应作为设计规范的一部分记录下来。产品架构的结构决定了这些考虑的交点，并形成了设计规范的结构。作为产品的责任，在产品描述中还应注明产品搬运或使用的风险，这是在功能安全之外，安全性的另一个方面。

汽车工业采用设计 FMEA 对设计进行分析，并确定设计过错的风险。设计 FMEA 是一种基于风险的方法，主要通过分析组件的设计，以评估开发过程中的措施。同样的方法也可以考虑用于系统层级，这在某些标准中被称为系统级的设计 FMEA。

某些度量，比如风险顺序指数（Risk Priority Index），表明设计是否通过充分的措施得到保证。系统 FMEA（被视为方法论）主要分析架构，因此首要分析的是接口。这就是为什么设计 FMEA 往往会进入更深的抽象层级。

福特的 FMEA 手册还要求在系统层级进行设计 FMEA，以确保组件接口被正确地设计。飞机的标准要求采用类似的方法；根据 VDA 标准的产品 FMEA 也有类似的说明。失效接口的管理通常是具有挑战性的，因为往往需要在原始设备制造商（OEM）的指导下协调多个供应商。ISO 26262 要求将协调作为安全活动纳入开发接口协议（DIA）。

设计 FMEA 用于识别产品和过程特性，需要与工厂在接口处进行沟通。如果它们是与法律相关、与安全相关或者在经济上具有重要意义，则称为"特殊特性"。应该明确控制这些"特殊特性"的有效措施，以便可以在产品责任案例中予以证明。同时，还必须对其进行记录，并且归档或将记录保持至比预计的产品寿命更长的时间。

这样的系统工程方法，应该成为每个软件密集型产品开发的基础。产品开发与系统，这两个术语之间的关系是什么？一个系统通常被认为包括工程和功能。一般来说，系统中包括要素，这些要素以特定的方式组合在一起，以便实现想要的功能。如果我们着眼于系统和产品中包含的元素和组件，并牢记相同的原则，我们也可以独立于它们所基于的技术，来分析其技术行为的一致性以及与组件特性间的关系。在航空航天标准和信息技术中，技术行为，特别是组件或其他元素之间的信息流，被称为"过程"。这是除了结构化的层级分类和设计限制之外，系统安全和产品功能性正确的一个重要方面。一个产品更像是一个合同的对象，功能、特性和设计属性都在其中被定义或指定了。

4.7.1　机械开发

ISO 26262 没有明确地提及机械相关的内容。大多数纯粹的机械产品都是通过图样明确定义的，因此并不能在规格书中完全定义机械产品的信息。SAP 中的数据档案参考了设计图样，并在这些图样上附上了进一步的文件，如规范。量产产品，如制动卡钳，都有产品数据表，这些数据表被认为是充分和完整的集成。"特殊特性"列表也可参考这些图样。即使如此，在与电子相关的问题上，我们也不能完全忽视机械。

插头、外壳和电路板都是机械元件。在阀门或发动机中，对于电气元件和机械元件之间的边界到底在哪里进行了深入和细致的讨论。对于线圈和绕组，我们可以看到将其称为电气元件的趋势。对于机电系统，我们别无选择，只能考虑系统开发的方法，因为有大量不同技术要素的接口需要协调。而对于单纯的液压或气动系统，正确的相互作用或元素的技术行为扮演了重要的角色。一个功能不能仅仅通过要素的特性来定义。只有根据相应的要求对要素的特性进行优化，才能有效地实现功能需要的特性。机械元件和电子元件一样，也会因随机硬件和系统失效而失灵。但是，我们并不建议参考 ISO 26262 的度量来考虑这些随机硬件故障。诚然，纯机械系统可以通过电子的方式进行监控，但已知的适用于电子元器件的数据库，仍然与机械系统的实际情况存在很大差异，无法用于修正机电的功能参数，或提供可比较的故障率。

传统的制动助力器既可以作为制动系统中的逻辑要素进行规划，也可以根据特定的集成环境分解对阀门、弹簧或其他逻辑要素的可能要求，而不将这些要素视为技术要素。机械模型中的弹簧可以单纯通过弹簧常数来描述，并且可以对典型的弹簧参数做出充分的声明。然而，如果我们必须对弹簧的使用、老化行为、应力或弹性做出声明，我们将需要将弹簧视为一个技术要素。为了确保安全功能，例如满足 ISO 26262 对电子要素和组件的要求，是否有必要对整个组件或部分要素采用自然语言及数据表进行规范，这点仍存在争议。从弹簧对制动助力器的影响上来说，当然需要几何数据上的一致性，才能保证助力器的正常工作，但对其他技术要素的影响，特别是对软件的影响，只能用功能性的方式来加以描述。

特别是对于液压和气动功能，有标准化的描述或规范，可以提供比用自然语言描述的要求显著精确的信息。尽管如此，我们仍将会针对系统故障对机械部件进行分析，以质疑设计的充分性（例如通过设计 FMEA），并使用诸如系统 FMEA 这样的工具分析接口及其在客户环境中的正确行为。当然，需求和设计决策的推导可以采用演绎分析的方法。特别是在选择合适的外围元件上，可以用演绎分析来支持。一般来说，功能性的关联比软件密集型组件更容易分析和说明。通过实验（如DoE、实验设计）或其他测试方法会更容易观察到细节，并且，汽车行业在验证机械组件方面经验丰富。

4.7.2　电子开发

使用系统开发的方法开发电子元件并不一定遵循传统的方式。在这种情况下，数字总线的电缆被视为电子连接，而电源的电缆及其插头等被视为电气连接。由于讨论中，无论是电气的还是电子的，都不会引起任何要求上的变化或安全上的益处，我们通常使用术语"电子"作为总括术语。这不应被误认为是电气安全和功能安全的区别，因为电组件的失效也会导致与电气安全相关的危害。尤其是对于电压范围超过 60V 的电力电子设备。对于高于 DC 60V 或 AC 25V 的电压，由于有接触保护的需要，必须考虑法律方面的要求。然而，对于电子方面要求的描述，ISO 26262 仍然选择 V 模型作为参考。对于水平抽象层，现在的问题是：电子开发从哪里开始，而系统开发在哪里结束？

硬件–软件接口（HSI）已经是一个要求非常详细的抽象层，所以在这个层级上，很难看到涵盖整个相关项功能或车辆层级的其他功能的完整信号链。HSI 是一个典型的例子，说明了我们不可能在一个水平抽象层上拥有一个完整的系统工程。在像 HSI 这样的接口中，功能和安全机制会在如此深的抽象层级上对系统产生影响，所以需要对一些接口进行更详细的分析，例如传感器与离散电子元器件之间的接口。此外，问题还包括，需要使用一个 100Ω 电阻器之类的要求，是否需要用自然语言指定，以确保必要的功能安全或者确保数据表中的信息是充分的。在安全工程中，用于电流采样的与用于上拉的电阻器需要采取不同的考虑方式。在这种情况下，离散电子组件不会被视为安全相关的要素，安全相关的功能只有通过与其他相应电子元器件或组件的正确交互才能实现。这就是为什么必须仔细测试，如果电子设备的功能要求还不足以作为安全要求。如果一个由 RC 组成的要素应该要实现滤波器的功能，或者更具体地被指定为具有安全相关特性的低通滤波器，则滤波器的功能或所需的低通性能和必要的时间常数（T），而不是单独的电阻器或电容器的数据，需要被指定为安全要求或者安全相关功能。

在第一轮迭代中，我们应该把系统需求、设计限制、架构假设和其他的约束导出为电子设备的功能或逻辑要素。符合系统限制的电子架构假设（图 4.72）是这一分解的基础。基于对其他具有影响的规范的新的见解，要素的规格在后续的迭代中变得越来越成熟。在这些迭代及其验证过程中，功能要求和对机械设备（如插头、外壳、电路板和熔丝等）的要求必须充分一致。

电路板的概念通常基于以前开发的产品，内部电源的概念也很可能是从其他设计中保留下来的。此外，我们需要考虑较高电压和电流的导体路径管理。由于需要尽早选择外壳，因此需要对热平衡、功率负载（允许的短路电流等）、空间要求［外壳体积、尺寸和距离，例如引脚之间、导体路径、机械支撑（插头、印制电路板）］或能量平衡等特性进行分析。由此产生的规范会涵盖大多数在电子组件的设计中需要考虑的设计限制。

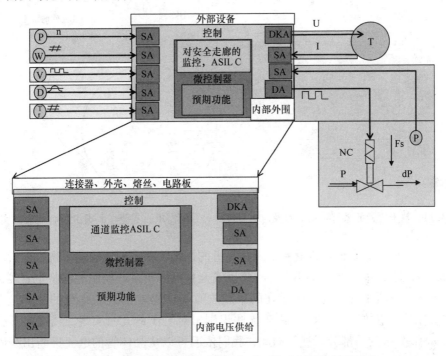

图 4.72　基于要素的系统要素分解及对电子硬件的分配要求

对于电子设计，我们需要定义电子组件（图 4.73），而且，这些组件应该能在功能要素的限制下分解，以使得电子元器件及其特性可以被识别。推荐的实现方式表明，两个功能要素可以分配在一个电路组中。从物理上说，电机绕组（I61）不在控制单元中，而是在电机中，但作为一个电气组件，它需要满足电子方面的要求。这只是一个简化的电路组，与真正的安全电子的实现可能会有所不同。如果这个电路组（图 4.74）工作正常，通过对 R64 的回读应该可以在一定范围内测量线圈（I61）中的电流。然而，如果电容器（C61）发生故障，则无法直接区分是电容器的故障还是线圈的故障。这个例子表明，在以后的安全分析或相关失效分析中，在实现中需要计划或考虑逻辑要素的分离。

作为一个架构层面的决策，对于计划中需要实现的想法，存在两种不同的可能性。我们可以将这些电路组视为一种 ASIL 分解的结果；这是因为，导致线圈安全相关故障的错误，可以通过两种不同的方式进行控制。我们可以直接控制到线圈的电流，通过关断电流达到安全状态；或者在发送和接收电流出现偏差时读回电流并

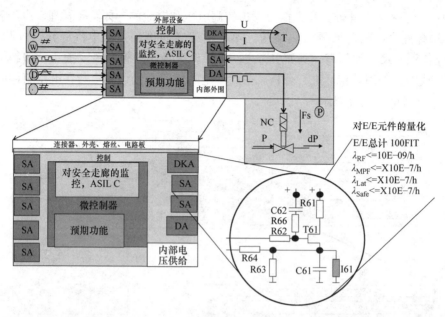

图 4.73 基于要素的系统要素分解及对电子硬件的分配需求，直至在 E/E 元器件层级的实现

做出反应。或者，我们可以看到功能路径上的控件，并将回读的功率视为度量。在这两种情况下，单一故障都不会导致违反安全目标。不过，我们能够将电容器 C61 在相关故障分析中确定为一个潜在的单点故障（SPF）。而线圈本身的故障，也可以被看作是单点故障（SPF）。由于无法识别出对 C61 的冗余实现，线圈将不会被作为 ASIL 分解的一部分。尽管如此，我们依旧可以从晶体管的电流推断出线圈中的电流。对于这个解决方案，需要考虑两个要求。

x.1 对于驱动级的止电压控制，线圈需要产生一个磁场，安全地打开阀门。

x.2 阀线圈中的电流，需要在微控制器中通过驱动级作为模拟值进行回读。

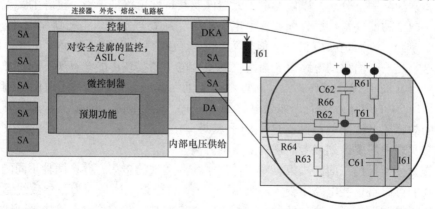

图 4.74 由系统分解导出的 E/E 硬件功能组的定义

在这个例子中，通过进一步分解自然语言的要求，我们在安全性方面得到了什么益处或改进？对于设计，一些计算可以确保可以选择合格的电容器、电阻器和晶体管。但是，只有依据从要求推导而来的结果，这些元件才能恰当地选择。原则上，可以用"试错"决定一个有效的组合，使得我们能够根据寿命跨度的要求，合适地实现功率优化。

我们可以从系统开发中获得需求、架构（即行为、结构）、约束、分析结果［失效描述、失效评估（FMEA 中的严重性评级）］和设计（图样、几何指南）（图 4.75）。根据这个例子，现在分配给 EE 组件的需求将映射到系统架构上。这意味着，系统架构已经为需求提供了结构化的解决方案；而现在，整个架构将会根据需求进行分解，落实到具体的电子组件上。上述动作，可以在第一轮迭代中体现出来；而通过随之而来的安全分析，我们也就能够保证可能产生的失效、对应的架构，都能在进一步的分析中保持一致。基于架构分析，我们已经可以对从架构导出的信息是否一致、完整以及透明做出可靠的声明。有了这个结果，我们现在可以对需求进行验证，也就意味着，我们可以测试对于所有的元素输入（信息和配置输入）、所有的输出以及所有可能的输入－输出关系，是否都有足够的需求信息。下一步则是从系统中导出设计。此时，需求、架构和分析结果应该都已应具备。此刻，特别重要的是将已经确认了的信息、假设以及未确认的或不安全的信息传达给设计师，以便他们能够评估他们的设计决策及变量的可能选项。除了这些水平方向的信息外，设计师将从系统中接收信息（设计限制、几何形状），这些信息指出了在制定设计决策时的限制。对于导出的设计决策，我们现在可以开始验证。在这个阶段，所有的水平方向的信息都会受到质疑，尤其是分析的结果需要通过测试或类似的方法进行确认。以下验证方法可供考虑：

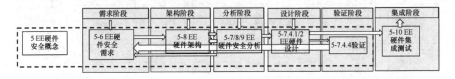

图 4.75　硬件层级的产品开发活动中的信息流和阶段

正向测试（基于需求的测试）：由于通过分析，基于导出结构的需求规范的完整性已经可以得到确认，所以在验证中，我们现在可以测试需求在设计中是否得到正确的实现。由于技术要素及允许的相互作用产生的所有相关参数在设计规范中都是已知的，因此我们现在也可以参考计指南，确认它们是否得到正确的实施。几乎所有关于设计验证的质量标准都建议采用设计 FMEA。在设计 FMEA 中，我们会审视设计的特性及其组合，以及产品应用的环境。在汽车工业中，我们称之为设计验证（满足要求）或设计确认［满足来自上层（也包括客户或更高层级）的要求］。至于验证活动，它们也是非常常见的，如果需求是正确的，那么问题应该可以通过确认活动得到答案。如果确认活动表示产品可以满足所有需求及其更高层次的要求，那么在某种程度上，可以认为设计是正确的。通常，设计验证（Design Verification）和设计确认（Design Validation）都用缩写"DV"来表示。

除此之外，还有"PV"（产品验证、产品确认），它应确保供应部件的生产公差也满足使用寿命要求。设计 FMEA 正式质疑如果特性偏离规定范围，会出现哪些错误序列。这些故障如何传播到上层，直至可能违反安全目标，可以从分析和高层架构中进行评估。

负向测试［失效注入、极限测试、公差链测试、压力测试（包括 EMC）］主要显示组件的健壮性。故障注入显示了安全机制的正确功能、错误传播的正确假设、足够的健壮性、不可接受配置下的行为以及功能和技术限制的合规性。

对负向和正向测试的分配应被视为绝对的，尤其是 EMC 专家还将测试是否符合正确设计的允许值，并且公差链也将通过给定的预算进行积极评估。如果使用实际使用的技术元素计划测试，或者是否基于模型进行计算，则由验证计划（测试计划）决定。如果验证通过模型或计算进行逻辑推理，则可以避免昂贵的测试设置。在这种情况下，通常会选择一个组合，因为没有测试，就无法证明模型或计算实际上符合实现的要求。一般模型正确性的测试可以在文献中称为"模型确认"。

4.7.3 软件开发

对于软件开发，V 模型方法（图 4.76）非常常见。但是，我们真的只是简单地分解需求，还是在这种情况下不需要考虑其他因素，这些因素是由于环境条件和软件使用环境中的系统的交互作用造成的？

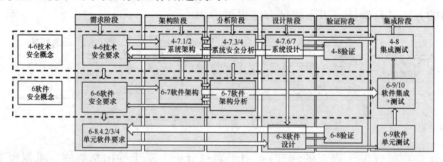

图 4.76 软件级产品开发活动的信息流和阶段以及软件安全概念（SSC）的范围

诸如编译器、测试工具、编辑器和所选编程语言（包括其使用限制）等工具将是框架条件，这些条件也会影响软件开发过程。

软件组件的需求并非直接从系统分配的安全需求的功能派生而来，而是主要来自于软件架构（architecture）草案，该草案来自于所有需求和约束，而不仅仅是功能需求。

功能限制和设计限制，需要从环境条件和更高抽象层的设计决策中导出。所有这些非功能性的要求大多来自于架构草案，而不是从需求导出，然后我们才需要参考需求，对其进行分析和验证的信息。这就是为什么与 ISO 26262 相比，需求和架构开发在这种情况下也将被视为软件安全概念（图 4.76）。对于软件和微控制器来说，以下问题将更为合理：功能要素和技术要素之间有什么区别？我们是否要将微控制器的算术逻辑单元（ALU）描述为功能或技术要素？可能微控制器的几乎所有元件都可以被描述为逻辑要素，从而我们只需要讨论要素的详细程度及其需要具体说明和描述的特性。这也适用于所有要素和软件本身，因为这些要素只能通过它们的功能性行为来描述。如果我们认为一个软件单元属于实现，那么我们就是将其视为一个技术单元。诚然，ISO 26262 提供了硬件设计规范和方法指南（来自外部来源），作为软件安全要求规范的进一步支持信息（ISO 26262，第 6 部分，第 6.3.2 章），但只有在 ISO 26262 的第 6 部分第 7.4.5 章，关于软件架构设计的描述中，我们才能找到需要从静态和动态两个方面对架构进行考虑的指示。在这种情况下，不会存在一个按照顺序进行的过程，这是由于我们需要一个架构草案，以便能够导出软件安全要求。此外，参考 ISO 26262 第 4 部分图 B1 的说明，我们可以看到存在许多完全来自 HSI（硬件 – 软件接口）的影响因素（图 4.77）。

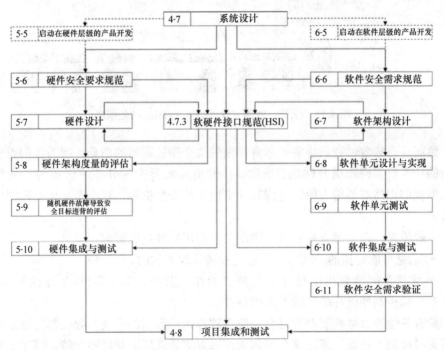

图 4.77　硬件 – 软件接口（HSI）与标准其他部分的相互关系（来源：ISO 26262，第 4 部分）

这意味着除了计算机的影响外，我们还增加了编码指南、工具以及来自基础软件的架构决策，这些都是软件安全需求开发需要考虑的因素。

软件架构分析的挑战是将微控制器对软件架构的影响标准化。

我们需要为应用软件创建一个标准化的环境，该环境不受微控制器技术的影响。如果试图用软件架构来分析微控制器对软件的、所有实际可能产生的错误，我们将需要对微控制器的每个特性进行测试。这将会在我们更换微控制器时产生直接的影响。并且当微控制器的制造商改变生产技术或使用不同的材料时，也可能会带来问题。如果软件是为不同的计算机而设计的，那么基础软件的开发目标，应该是为应用软件创造一个不变的环境，以防应用软件的变化造成严重安全问题（图 4.78）。

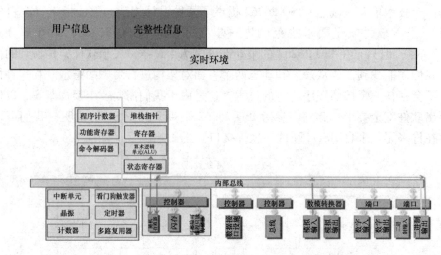

图 4.78 示例：硬件 – 软件接口（HSI）的数据流

然而这意味着，我们将需要非常详细的关于微控制器的信息，因为我们希望通过新的计算机架构来提升性能；所以，"变更后无影响"并不应该成为开发的目的，但我们仍然需要努力保证应用软件中使用的安全机制，在不断变化的环境中保持有效。

一般说来，以下源自控制器的错误会对应用软件造成影响：

● 信息可能是错的。或者，信息是被错误地产生的。

● 无法及时地获得信息（信息被"卡在"某处，基于调度/程序流等功能，或是基于微控制器硬件故障的原因而导致）。

所有其他源自微控制器并且会对应用软件造成影响的可能失效，都需要由基础软件进行控制。然而，解决这个问题的首选方案是选用那些能够让特定错误类型得到保护的软件架构。如果选用这样的架构，将错误控制在基础软件中是可能的。特别地，与来自外围设备、传感器及微控制器本身的系统错误相比，对于那些用于数据校正、实现控制机制或实施安全机制的场景而言，在基础软件中有效地实施上述机制，就可以简化应用层软件及其中对应的安全机制。如果可能的话，在应用软件中，就只需要设置针对自身系统故障的安全机制；或者说，在软件中实现的安全机制，只在系统层级对系统性失效进行控制，这样就可以大大简化所需的架构及相关的数据流。由于安全目标也经常会发生变化，因此，针对系统层级的、系统性失效的安全机制，应在独立的区域内实现。

为了符合 Autosar 标准，所有在 RTE（实时环境）中的数据，都需要在虚拟功能总线上进行资格审查，也就是说，对所有的数据，都要有安全资格审查机制或者诊断机制。对于 Autosar，一般可以考虑硬件（HAL）抽象层和微控制器（MCAL）抽象层的实现。我们可以引入一个额外的系统或传感器抽象层，这样的话，在应用软件根据功能性的系统设计获得物理数据之后，可以使输入的数据和应用程序中的功能变得可跟踪、更透明。特别地，可以让应用软件中的软件安全机制及其降级可以更容易地映射到系统层级。

为了实现这一目标，除了所有与应用相关的信息外，所有的应用软件也需要提供完整性信息（图 4.79）。这些完整性信息，为应用软件提供了关于信息正确度及有效性方面的证据。诊断信息需要到达的深度，取决于最高的 ASIL。对于流向执行器的信息流，在应用软件中需要对其提供内部诊断，以便启动执行器的安全相关功能（图 4.80）。

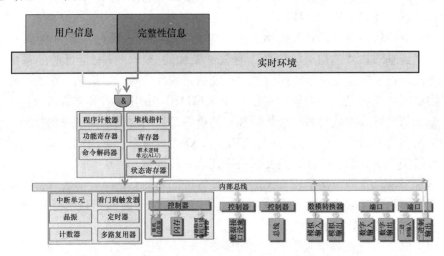

图 4.79　安全软件中应用软件之外的安全相关数据流

微控制器的输出（或者甚至是输出寄存器及其对应引脚）可以通过监控功能加以控制，以保证安全相关的功能，只被允许在数据输出及时、正确的情况下才动作，并基于完整性信息来决定是否在执行器中激活某些信息的必要诊断。对于产生输出信息的软件要素而言，其诊断属于内部安全机制，通过完整性信息将信息传递给执行器。此完整性信息应独立于应用信息进行处理。当使用了电子签名、模式或者加密时，这在应用数据、诊断数据和安全机制中都有可能发生。即使对于 ASIL

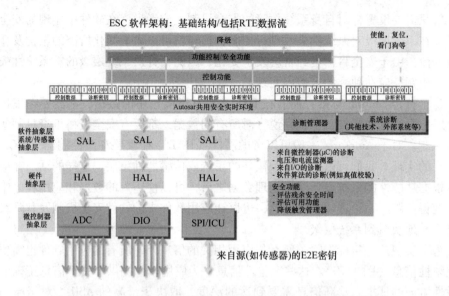

图 4.80 基于 Autosar 原则和三层（多层）安全架构的软件架构

D 的情形，一般也不需要进行编码处理，对于预期功能在应用软件和安全软件中的不对称状态，我们必须加以控制。

对于应用软件而言，对数据格式进行定义就已足够。硬件 - 软件接口（HSI）将被分配到基础软件的层级。因此，对软件架构的分析，仅限于可能的系统性失效，更确切地说，是仅限于应用软件中可能的系统性失效。如果在一个充分独立的水平抽象层（例如已经在系统级层级已经有 EGAS）中引入了相应的冗余功能监视和诊断，那么可以就从对系统层级的独立约束中，导出对系统性失效的控制。至于这种做法在特定的情形中是否有用，特别地，是否具有系统可用性，或者这种架构是否可以实现更高的容错性，则要取决于其他一些因素。

通常来说，软件中甚至还有无法被上述方法涵盖的其他风险源。软件可能会调用在其覆盖硬件区域之外运行的子程序，从而导致执行时间错误和数据错误。因此，我们很难确定软件的独立程度。

用于操作函数或者作为处理单元的核心代码，或者生成函数的编译器设置或函数，都必须作为编码指南的一部分，进行充分独立的规定。例如，如果缓存没有得到充分的控制，则不应将其用于与安全相关的功能。在基础软件、微控制器专用软件部分，甚至硬件当中，在有足够安全机制的情况下，这种实现方式可以减少应用软件的工作量。在 ISO26262 的软件设计层级，所要求的覆盖率测试并不能防止或揭示这种潜在的风险。我们只能通过集成测试和足够的故障注入来测试已知的故障场景。

这就是为什么我们需要持续进行功能监控（比较图 4.81 中的内容）及通过安全相关软件功能来达到更高的 ASIL 等级。在这种情况下，功能监控对几种方法都

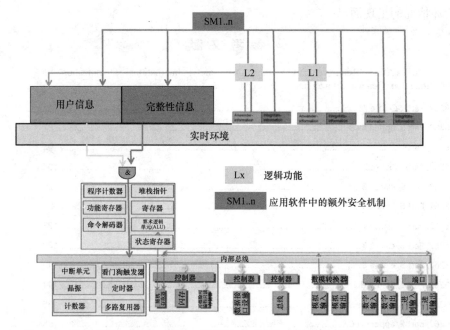

图 4.81　软件架构，示例：硬件 – 软件接口（HSI）中的数据流和通过运行环境
（RTE）接口的数据流

确实有效。功能监控可以保护以下三个功能组：

- 应用软件的软件功能。
- 应用软件和基础软件。
- 整个嵌入式软件和微控制器的数据接口。

在分布式开发中使用混合架构是很困难的，因为这种情况下，功能开发和失效
分析的接口数量会激增。

如果确定接口的方式，是将整个硬件安全地控制在 RTE 之下，并且在 RTE 中
为应用软件提供对应用数据及其完整性的确认，那么我们就能够找到一个单独的接
口来完成对应的工作。

如果基础软件以及最终需要实现的、关于硬件完整性的措施，都需要通过功能
监控得到保障，系统的容错性确实会得到提高，但安全分析将变得非常复杂。要想
真正说明 ASIL D 功能中，所有针对双点失效的控制，这将是一件非常困难的工作：
穷举庞大的错误组合甚至是不可能完成的任务。而如果存在多个安全目标，还需要
在不同方向上做出失效反应（举例来说，某个值不管是过高或还是过低，都会违
背不同的安全目标），由此，降级策略的规划将变得不再可能实现。由于只有在系
统发生故障时我们才有可能关闭系统，在某种程度上可以说，增加容错率，也将意
味着限制系统的可靠性。安全性、可用性、可靠性和性能之间的平衡，对软件架构
来说可能是一个巨大的挑战。对此，软件的设计师通常很可能只会考虑去限制或避

免最坏情况的出现而已。

参 考 文 献

1. ISO 26262 (2011): Road vehicles – Functional safety. International Organization for Standardization, Geneva, Switzerland.

ISO 26262, Part3, Clause 7 81
ISO 26262, Part 3, appendix B: 87
ISO 26262, Part3 94
ISO 26262, Part4, Clause6 104
ISO 26262, Part 9, clause 8: 120
ISO 26262, Part 6, Clause 7.1 123
ISO 26262, Part 6, clause 7: 123
ISO 26262, Part 6, clause 7 123
ISO 26262, Part 5, clause 8: 143
ISO 26262, Part 5, Clause 8.2: 144
ISO 26262, Part 5, Clause 9: 155
ISO 26262, part 5, appendix C: 155
ISO 26262, Part 5, Annex C 147
ISO 26262, Part 5, Annex C: 147
ISO 26262, Part 5, clause 8.4.7: 151
ISO 26262, Part 5, Clause 9.4.2.1 154
ISO 26262, Part 5, Annex F 156
ISO 26262, Part 5, Annex F, Example 1 158
ISO 26262, Part 5, Annex F, Example 2 158
ISO 26262, Part 1, Clause 1.22 161
ISO 26262, Part 1, Clause 1.13: 162
ISO 26262, Part 1, Clause 1.14: 162
ISO 26262, Part 9, Clause 7.1.1 163
ISO 26262, Part 9, Clause 7.1.2: 163
ISO26262, Part 4, Clause 7.4.2.4 164
ISO 26262, Part 9, Clause 7.44: 165
ISO 26262, Part 9, Clause 7.4.7: 166

2. Marcus Abele, Modeling and assessment of highly reliable energy and vehicle electric system architecture for safety relevant consumers in vehicles, 2008.
3. *Deep Medhi. Proceedings of 7th International Workshop on the Design of Reliable Communication Networks (DRCN 2009), Washington, DC, October 2009.*
4. VDA (1996), Volume 4 FMEA, Frankfurt.
5. SAE J2980, Considerations for ISO 26262, ASIL Hazard Classification, Prop Draft F: 2011ff.

第 5 章　产品开发中的系统工程

对于所有的系统工程标准而言，通用的做法是基于产品的规格书（specification）来进行实现。在使用 V 模型的前提下，规格书其实就位于 V 字的底端；这里正好是 V 字下降段的底部，以及上升段的开头。在这里，需要实现的要素是软硬件的技术要素。对于硬件而言，不论是电子部分还是机械部分，都需要为之提供一套生产流程；而对软件而言，则主要是要建立起配套的工具链，并准备好某种实现方式、生产流程，以便有效地建立起软件。在这一阶段，假如此前的分析和验证都十分成功、正确而充分，那么需要进行集成的要素，截至此时应该都能够按照规划进行工作；同时，所有可观测的特征，其对应的性能也应当能够符合预期；此外，所有其他质量因素、预期功能也都应当可以达到了。上述的要求生成于 V 模型下降分支的活动中，基于它们，我们就能够得知需要哪些和安全相关的结果，比如何时进行安全活动，以及需要进行何种安全活动。组件或产品的实现，都应该被视为 V 模型底端的活动，而任何类型的集成，从最小的部件或单元开始，都应当遵循 V 模型上升分支所提及的要求。

5.1　产品实现

一个设计上的描述，还不能算作是被实现的产品。进行设计时，我们将元件放到印制电路板上，连接起不同的机械组件，或者是生成、实现或者集成各式各样的软件要素，又或者集成、连接起基于不同技术的各个组件；所有这些活动都会对产品正确的技术行为或功能产生影响。特别需要注意的是，关于利用不同技术的要素或者组件，其实现与集成的相关内容，在 ISO 26262 中仅得到了部分描述。而绝大多数安全标准中，甚至不会对产品实现本身施加任何要求。同时，如何基于规格来进行产品的实现，对此人们往往有各式各样的自由解释。参考对设计进行验证的解释，ISO 26262 要求对于产品或是组件，在进行其他活动之外，同时保证获得完整而持续的定义。这一点可以通过提出要求、建立架构（框图、行为图、模型等）或是编写设计文档（设计规格、部件列表、图样等）等手段来达成。

5.1.1 为开发而进行的产品设计

现今，几乎所有关于开发的标准中，都假定一个产品是基于规格来进行开发的。然而我们还要考虑到，必须保证规格中至少包括两种工作产物，即所谓的要求（requirement）和设计规格（design specifications）。在经典的机械产品开发中，结构图要等到开发流程走到末端时才能取得。在经历过几轮测试（验证），并且生产设备准备完成之后，产品才会获得生产许可。如果我们假定，涉及开发时基于要求，而要求也得到了验证和确认的话，我们依然可以上述经典的开发模式，依然可以适用于基于软件的系统或产品。一直到开发阶段为止的流程，可以被描述为一个或多个 V 模型的下降分支，或者螺旋模型（汽车工业所使用的模型周期）、瀑布模型的下降分支；这一段流程被视为产品、项目或成熟度评估的基础。而假如在产品开发中，沿着流程走向的产品或流程不够完备，或者不具有一致性或透明度，那么在产品上就会出现系统性的失效。至于这样在产品或者流程层面的失效，将会如何影响一个产品的特征，通常是非常难于进行评估或预测的。对于硬件组件（无论是机械的、液压的、电子或电气的）的开发，非常依赖于对应量产阶段的生产资源及其成熟度。至于软件，相比之下则更像是开发于实验室环境中。相比于硬件产品或组件，软件要素的开发，以及非安全要求（如安保、质量和可靠性）的实现，都可以被视为由所谓的"软件工厂"（software factory）来完成。而保证软件要素正确开发的必要活动，大体来说也和硬件非常相似。

5.1.2 机械

在开发中，基于要求，对应的特征（特性、性能、属性）需要得到辨识。由此，技术要素就可以通过应用标准部件（螺栓、螺母、插头）或者机械部件，根据预期的应用进行开发。在任何情况下，保证辨识出的特征能够完全处在规定的环境中是非常重要的。这意味着，对于螺栓和螺母的适配，螺栓很重要，但也有其他一些特征同样重要。举例来说，缺乏特定的工具，例如适配螺栓的扳手，将会被视为一件关乎安全的事情。

此外，假如螺栓的拧紧力矩也被辨识为一个重要的特征，那么对于工具的选择，或者对于工作用工具的管控，也可能会成为一项安全相关的活动。生产（举例来说，对于如何拧紧螺栓这一活动，在开发中的关联关系）需要得到管控，这主要是为了展示，对应的要求能够被开发出来（通常是在第一个原型中），而这些要求也能够被正确地应用到产品上。那些属于顶层产品的、和安全相关的特征，通常会被定义为"特别特征"。对于这些特征，我们通常会在量产环境中、对每个产品进行测试，而测试的结果将会存档。

按照传统，在汽车工业中，我们会看到典型的开发模式下会具备四个样品阶段。对于机械部件的样品而言，我们会考虑到以下的目标：

对于 A 样品：展示几何结构（形状）、适配性和功能的完成性。

对于 B 样品：保证样品原型及其测试台测试中的功能和耐久度。

对于 C 样品：保证样品在目标应用（发动机，车辆等）中的功能、耐久度、兼容性和可集成性。

对于 D 样品：（初始的）发布的样品，用于量产。

通常来说，开发流程也会以多个阶段的方式进行描述，这些阶段都源于产品经历的样品阶段。

A 样品（概念阶段）通常已经考虑到了很早期的开发活动，而该样品也应和供应商报价单一起提供。

B 样品（设计阶段）则通常是进行了验证和确认活动（DV，设计确认）的样品。这意味着，所有的产品特性此时应该已经得到了保障。由此，所有的要求应该得到验证、保证可用，而架构和设计也需要得到分析和验证。产品的生产概念应当具备足够的细节，过程 FMEA 和生产中和安全相关的活动也可以被辨识出来。所有的安全特性或者安全机制与相关的特征，都要得到正确的应用、测试与验证。

C 样品（工业化生产阶段）应当能够被应用到目标环境中，并保持对该环境的兼容性；举例来说，该样品应该能够对供应商的部件保有一定的公差，或者可以容忍产品部件的一定误差。对于被组装的部件对应的生产活动，对应的公差或者公差链应该被控制在规定的限制之内。因此，通常我们会要求 C 样品已经属于量产机器制造的产品，或者至少应该使用量产所使用的工具被生产出来。

对于新产品而言，用于生产的机器与相应的工具，都应根据目标中的生产流程进行适配。假如做不到这一点的话，机器端的接口与整个生产链路都无法完整鉴定流程；此外，制造过程的接口，也会因此进一步产生无法接受的公差；必需的机器与过程能力都无法得到展示。

D 样品（准备好用于量产阶段）应当在经过鉴定的生产流程下被制造出来。该流程包括了控制计划和 PPAP（生产件批准程序）中所定义的所有机器和测试设施。在生产节拍之内，应当生产出所定义数量的样品，以便于在量产开发环境下，依然能够保证产品的质量特征和生产流程所对应的性能要求。由此，生产出的样品才会被视为客户（如整车制造商）用于其自身量产发布的基础材料。

由此，所有被辨识为安全相关的产品特征，都已经在 B 样品阶段中得到了保障。在现今的开发周期中，我们几乎没有办法来辨识出电子和软件要素中所有的安全相关特征。不过，关于电子和软件的要求和特征，仍然可以从机械部件的特征中衍生出来。我们强烈推荐将这样的方法应用于电子电气要素的机械部件中，如连接器、外壳、印制电路板等。

5.1.3 电子件

大体上，电子件开发的方式和机械件非常相似；两者都是基于设计文档进行开发，也需要经历不同的样品迭代周期来进行生产，这使得对于两者样品阶段的描述可以相互进行比较。正如已经在关于机械件的内容中所描述的一样，对于电子件，大量的设计参数依赖于机械部件的情况，这对于印制电路板、连接器或者外壳而言都是成立的。这意味着，上述涉及机械件的公差或者容差，都会成为设计电子件的基础。尤其需要注意的是几何特征，对于这一方面，我们需要考虑大量的特性。

产品的外壳构造，应当能够保证其能适配安装到整车上；同时还要提供针对潮湿和尘土的保护，以保证线缆能够安装牢固；另外，外壳也要符合 EMC 要求，并允许热量被散发出去。直到此时，对电子件的开发才能体现出和机械件开发的不同之处。这也是为什么针对样品和量产件的测试，会成为安全活动的必要内容。

5.1.4　软件

相比之下，软件并不是在一个设施中被制造出来，而是在一个环境中被适配出来，在这一点上两者是截然相反的。ISO 26262 中假定软件单元（SW unit）是架构中最小的要素，举例来说，一个 C 语言文件，代表了代码生成器或编译器中最小的一个单元。在进行链接之后，二进制的代码会被转移（闪存录入到）微控制器中的（或对应微控制器的）存储（闪存）器里。在这一过程中，随机失效可能会发生，并导致写入的代码和源代码出现不一致。

对于安全的编译器，存在大量的要求需要满足；不过，对于整个软件代码链和任何编译器所要求的配置而言，和烧写相关的活动，无疑都会导致无法探测的系统错误。进一步来说，对基于模型的软件开发，通常都会通过某个软件模块中的代码生成器生成一段二进制代码，而这个软件模块中，又包括了多个软件的单元。在这个时刻，就会出现一个问题：软件单元之间如何互动？这些软件单元之间的互动，又是否会对计算机的环境产生负面的影响（图 5.1）？

能够导致系统错误的活动，并不仅仅限于代码生成、编译或者烧写过程，函数库（头文件、静态或者动态代码库）的集成，也可以成为系统错误的源头或起因。

此外，支持上述活动的工具，也并不总是经过了充分的鉴定并保证能够避免可能的错误。关于如何实现对一个工具的鉴定工作，主要在 ISO 26262 的第 8 部分第12 章 "软件工具的鉴定" 中进行了说明。在这之后，我们会发现，几乎所有的工具都可能影响到一个基于软件的产品的安全性。同时，V 模型过程的主要理念，也可以在软件开发中支持对上述工具影响的改进工作。假如在开发过程中，我们沿着 V 模型的路径一路向下直到软件单元，并通过覆盖性测试，保证对应的软件单元经过彻底的测试，那么也就能够排除掉工具带来的负面影响了。

而在系统集成流程中，工具的负面影响，则可以在集成的过程中或者至少在集成的验证过程中被识别出来。在使用上述手段的情况下，即便是那些系统中潜藏的、对硬件的负面影响（如来自微控制器功能单元的影响），也能够被识别出来。通过分析集成测试中的正面和负面结果，我们甚至有可能去追踪工具影响当中错误的起因——这种起因，只有通过应用特定的机制才能够得到控制。

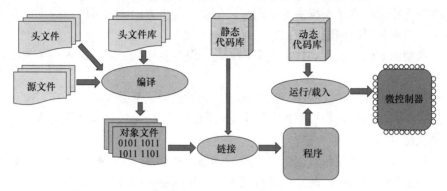

图 5.1　C 代码的工具链原则

　　在现实中，硬件层面存在一些缺失，举例来说，对工具的错误使用、测试不足以覆盖所有可能性，都会成为这类缺失的成因。

　　对于 ASIL C 和 ASIL D 的软件而言，在 ISO 26262 第 6 部分的表 4 中，还额外加入了真值校验（plausibility check）以及控制流监控；而对于 ASIL D，软件中的差异化设计，以及针对数据和控制流的分析也需要有所要求（参见标准第 6 部分的表 6）。特别地，在表 4 中，对应用的安全机制（如冗余）进行了要求，这类机制应该保证能够应对软件开发过程中所产生的系统性错误。而即便安全机制在架构和设计层中显示出了充足的有效性，这些机制也依旧需要在实现和应用中得到验证。

　　对于得到应用的代码而言，它们不仅会在设计和编译的过程中受到系统故障的影响，也可能在嵌入式软件的后期处理或者操作过程中，受到任何相关活动的影响。

5.2　功能安全和时序约束

5.2.1　与错误响应时间间隔相关的安全领域

　　汽车安全系统，会考虑诸如"实时约束"这样的实时问题。举例来说，我们需要考虑从一个事件发生，一直到系统做出响应所需的运行截止点。对 ASIL D 的分解会带来一些要求，诸如避免软件要素间的相互干扰；类似地，对于如何设计或者应用实时约束，标准中在系统要求方面没有给出具体的指导。而在验证中，特别是在压力测试、故障注入、超限测试或者最不利状况测试中，这样的约束则有可能得到分析，而潜在的、对安全目标的违背也能够被辨识出来。举例来说，对于实时程序，我们必须保证其响应能够严格处于实时约束之内，这通常就被称为所谓的

"截止点"。

在安全相关的汽车系统中，我们可以将以下各个方面纳入考虑，保证对其的处理处于定义下的时间间隔之内：

– 典型的失效安全系统，在安全相关的错误发生之后，需要进入一个关闭或断开能量的状态。

– 对应的计算活动、功能、嵌入式仿真或者进程，都必须被终止，以便开始进一步的、失效对应的动作。假如在定义的时间间隔内，无法提供正确的数据，那么整个系统都可能会失效。

– 闭环控制及其控制数据（如死机时间造成的影响），都可能产生错误的时序行为，进而导致控制手段的介入显得过慢、过快或者受到延迟，如此等等。

– 在数据得到过滤时，它们应当被进行比较，以免过滤器本身出现错误的时序行为（例如，对安全相关的事件），并进一步避免安全相关的效应，如过冲或者噪声等。

– 在比较两个驱动器的数据集时（如比较传感器的信号），要考虑数据可能会具备不同的执行时间（信号的"年龄"），该时间需要参考数据的检测和处理情况而定（举例来说，转向的角速度需要 200ms 才能传递到处理器，而转向角则能够做到每 10ms 就提供，这样才能保证检测到驾驶人对行车方向的改变）。

– 通信系统应能保证提供数据。数据应当具备安全时间戳（safe time – stamp），它能够帮助我们考量单一数据的生存时间，或者在需要记录时序、事件、进行检测时提供信息。如果没有安全时间戳的话，我们就无法判定哪个事件是第一个发生的。

– 对于数据接口，诸如一个虚拟的功能总线而言，它应当保持不断更新，以免在一个通用的运行环境中出现数据的"年龄"不一致的情况。假如出现了不一致，那么这些数据就不能被进一步用于安全相关的动作和指令等行为中。

对于列举的这些功能而言，其中有一些，也并不总是和安全相关。另一方面，在需要进行精确控制，或者需要对数据、事件进行同步时，时间约束也必须得到考虑。尤其是在嵌入式系统中，我们可能在多个方面需要考虑多个时间约束的情况，并在单个微控制器上应用多任务处理的原则。而在多核处理器的应用场景中，上述的要求至少也会适用于管理多核共有资源的情况下，诸如处理外围要素、数据打包、电源管理等场景。

5.2.2　安全领域和实时系统

实时性的要求，并不总是针对较短的时间间隔，在某些情况下，这样的一个间隔可能意味着几秒甚至几分钟的时间。举例来说，在发动汽车时，点亮车灯就需要几秒的时间。当车灯被点亮时，驾驶人应该能意识到这一点，而在驾驶人发动车辆或者开始驾驶之前，车辆就应该能够提供正确的车灯功能了。即便是在车辆开动的过程当中，当驾驶人要打开车灯时，假如车灯功能出现了几秒钟的延迟，也不会因此就导致安全相关的影响，毕竟在世界上的绝大多数地区，天色也不会在如此短的时间里突然变暗。在这个例子中，关闭和打开车灯，确实是和安全相关的动作，但从提出请求，到出现光照，也只不过需要 1s 左右而已。唯一的例外在于远光灯，对其状态变换的动作应当能够在 1s 之内完成，以免远光影响到对向交通参与者的视线。

通常，对于实时系统，我们能够找到以下的定义：

"假如对一个系统而言，一项操作的正确性，不仅依赖于逻辑上的正确，同时也需要保证执行时间方面的正确性，那么这个系统就要被考虑为一个实时系统。"

对于车辆实时系统而言，是否被视为和安全相关，其分类主要取决于措施截止点的结果：

硬实时系统—错过一个截止点，将会导致系统彻底失效。对于一个安全相关的实时系统而言，错过一个硬截止点，将会导致某个安全目标的违背。车辆的电控转向系统和制动系统，都可以被考虑归入这一类别。

稳固实时系统—错过一个截止点可以被容忍，这或许会导致系统的质量或性能遭到降级，但并不会使得系统违背相关的安全要求。一个电机管理系统，可以被视为非常典型的例子。

软实时系统—在这样的系统中，确实定义了截止点，但容差非常之高，以至于不太可能出现可信的、对安全的影响，甚至也不可能出现对安全要求或安全目标的违背。整车的车灯系统可以被作为一个例子，这是因为，通常驾驶人自己就可以在错过截止点之后保证控制。

当然，我们不能简单地认为，底盘系统就是硬实时系统，动力总成系统就是稳固实时系统，而车身内部的电子系统就是软实时系统。ISO 26262 定义了故障容错时间间隔，并将其作为详细评判安全相关的、对时间的特定要求的准则。故障容错时间间隔定义了一段时间，在这段时间之内，故障必须得到系统的控制（同时也可以参见本书的第 3 章）。错过一个截止点的后果，只能通过分析失效 - 错误传播的结果才能得出。对于错误而言，还要进一步考虑因为导致故障，而可能出现的危害所产生的后果。

以上关于车灯系统的例子显示出，我们通常会记录系统完成工作所需平均时间距离截止点的距离，以及最不利情况下所需时间到截止点的距离，并将这两者作为判定软/硬实时系统的判据。上述的时间距离，能够显示系统错过一个给定截止点的可能性有多大，或者说频率有多高（参见图 5.2 和图 5.3）。假如一个实时截止点被部署给了一个安全相关的功能，那么不论系统的负荷情况如何，这个截止点都必须能够达到。这样的要求，就会对软件的架构、设计、实现和应用产生非常大的影响。我们可以考虑以下的几种效应，用以区分硬实时/稳固实时/软实时应用：

- 突破截止点所导致的结果。

－平均执行时间和最不利情况下执行时间的关系。

－导致系统失效的容错时间间隔。

所有以上三条影响，都可能会使得在应用软件时，所使用的设计准则有所变化。

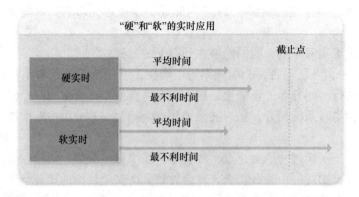

图 5.2 硬实时系统和软实时系统，针对某一个截止点，在平均执行时间与
最不利情况下执行时间之间的比较

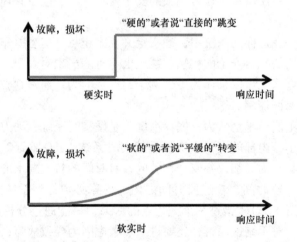

图 5.3 硬实时系统和软实时系统在典型计算机应用中的响应对比

5.2.3 时序与确定性

在实时系统中，确定性是设计中的一个关键特征。一个系统或者一条通信，只有当其响应时间可以得到预测时，才能被称作是具有确定性的。这意味着，不论是系统性的错误，还是随机硬件故障或者其他类型的效应，其影响都不会导致系统违背既定的最大响应时间、数据刷新时间或者其他类型的周期性效果。在这里，所谓周期、数据刷新时间或者响应时间，并不是针对某个固定的小段的时间。这里的概

念类似于平均执行时间和最不利情况下执行时间的关系，可预测性才是最关键的理念所在。任何时间周期，只要是可预测的，既可以很快，也可以很慢。串行数据通信通常就能够带来确定性的行为。举例来说，标准的以太网（Ethernet）并不具备实时能力，因为它并不具备确定性。这种缺乏确定性的情况，是基于传统载波监听多点接入/碰撞检测（CSMA/CD）技术的原则：这种技术进行碰撞检测，但并不会去避免数据碰撞的出现。而在点对点通信中，使用交换以太网（Switched Ethernet）的全双工传输方式则大大降低数据碰撞的可能性。此外，重复传输数据的方式，也可以提高数据的可用性。依赖于安全、高可用性通信的系统，需要具备独立性和冗余性的通信线路。假如以太网的设计是基于一个具备冗余度的环状架构的话，那么这样一个通信系统的安全可用性就得到了提升。

以太网的确定性得到了充分的讨论；但与此同时，我们也需要讨论一个系统中，针对算法、传感器或其他要素的确定性。典型的例子如下：一个传感器必须每5ms 提供一组新的数据，一个嵌入式系统中的仿真模型需要每 50ms 提供一次更新后的参数值，而一个无刷电机中的位置传感器，则需要在一个固定的时间帧之内，持续提供电机位置的信息。

至于车辆的转向角信息，则只需要在其发生变化时被传输出来。当车辆处于停放状态，或者甚至是车辆在直线向前行驶时，这种数据传输并不是必须进行的。在一个安全相关的系统中，使用一个转向角传感器，将会使得我们对系统提出实时性的要求，并需要系统具备必要的确定性控制算法与通信系统。假如驾驶人纠正转向的动作没有被检测到，或者获取检测信息太慢，那么我们就需要考虑此时是否会出现和安全相关的效应或者失效。因此，现今的车辆系统中，会应用一个具备确定性的、周期性传输数据的转向角信息通信，让车身系统得以获取诸如主动转向或者电控制动相关的信息。如果所定义的最大传输时间无法被满足，那么传感器的参数就应该被禁止传输。否则，系统应该基于一个具有冗余度的模型来设计，又或者能够利用一个虚拟传感器来保证正确的数据能够在最大容错时间间隔之内得到发送，才能保证安全。

像 Flexray 这样的同步数据通信系统，则能够精确地按照周期进行工作，举例来说，以 1ms 为时间间隔进行工作。总线的周期性抖动很低，通常远低于 1ms。而我们需要小心对待的则是数据的传输抖动，这完全是另一种类型的效应。比特的周期性抖动，或者说周期性的传输抖动，可能会导致不同的功能效应，因此，抖动效应需要被考虑为另一种不同的故障特征或者说错误模式。

同步通信和控制算法要得到协调，保证输入数据能够被获取，然后在通信中传输，接下来输出数据得到计算，然后也在通信中传输，最后，信息得到相应的执行。

许多通信系统事实上处于"自由运转"的状态。诸如时序监控器、信息计数器这样的机制，会保证提供充足的证据，让系统不至于违背设定的"软"截止点。

而在硬实时系统中情况则有所不同，假如执行时间越过了截止点，就一定会导致系统的失效。在底盘系统中，假如一个制动指令、一个转向干预命令或者一个行车路线弯曲的信息没有在规定的时间间隔内被系统接收到的话，后果就是可能导致某一个安全目标的违背。更糟糕的情况，则是上述情况将会导致一场事故。

通信系统的同步工作，可以经由不同的方式实现。我们可以考虑应用以下的各项原则：

• 通过应用单时段的方法，我们可以通过循环日志实现同步。同步的基础，在于发送一个同步信号，这个信号会周期性地被所有网络中的参与者接收并分析。为了实现可能达到的最佳同步，我们要求这个信号在一个固定的时间间隔内，必须在最短的时间容差内得到发送和接收。

• 对于基于分布式时钟原则（参见 IEC 61588，高精度时间同步协议 – PTP）的系统而言，其时序精确度和同步度都有所提升，特别是对于以太网更是如此。在这样的系统中，时钟之间根据合适的报文进行同步。分布式时钟提供了一个精确的时基，它能够独立于通信媒介的成熟度和波动之外。鉴于时基本身不能为数据传输提供确定性，信息在传输时需要保证足够的提前量，以此保证有足够的视角进行同步处理。实时以太网分布式时钟设计，被作为协议来使用，以减少循环发送中的抖动情况。这样，即便通信系统本身并不是确定性的，但数据传输依然能得到控制，使得发送者和接收者都能获得确定性的数据交换。

那么，到底什么样的原则能够提供更好的安全性、更高的精确度或者更强的可用性呢？这要基于应用、数据量、数据帧大小，以及通信系统的复杂度等因素来确定。以上提及的两条原则，需要通过场景分析的方式来进行评估，其中也要涉及安全相关的评估才能更好地了解情况。

5.2.4 和控制流与数据流监控有关的时序领域

实时的嵌入式系统，其设计应当保证尽可能地精确覆盖到实时相关的领域，同时也要保证尽量高质量地实现系统的性能和时序响应方面的要求。

这样的原则，会和使用微控制器资源的实际情况相冲突。对于微控制器的可用资源，其使用需要得到规划，同时，我们也要运用诸如周期化这样的合适的原则来进行管理。

关于如何管理资源，有两个通用的原则：

• 非抢占式的：举例来说，处理器或外围要素的资源，被安排给了各个功能或进程；而每个功能或进程会通过其自身的机制，将资源释放给其他功能或进程。只有当被安排资源的要素释放资源之后，其他的功能或者进程才能使用这些资源。

• 抢占式的：资源会被抢走，并由其他功能或进程使用；只有在使用结束后，资源才会被返还。

操作系统会对资源使用两种不同的决策：

● 分配："决定什么样的进程或功能获得什么样的资源"。这样做的挑战在于，资源并不是那么容易就能被抢占的。

● 安排："决定各个进程或功能，能够在多长时间内拥有资源"。假如这样做的话，如果收到了太多对资源的请求，以至于无法马上满足，那么应该以什么顺序来安排资源呢？一个处理器如何将资源分享给多个进程，如何分配存储端口，或者是动态的内存存取呢？这样做的挑战，就是保证资源是可以进行预先抢占的。

对于硬实时系统而言，特别是需要保证任何适时性响应都不会导致高 ASIL 安全目标违背的前提下，系统应当基于高度优先级化（或者固定优先级）的循环原则来进行设计。

硬实时系统中的混合关键度应用

在新式的整车控制单元中，我们需要在单个控制单元上提供解决方案，适用于多个不同的 ASIL。假如其中一个安全相关的功能还需要提供时间约束的话，那么我们就很难来解释如何来保证充分的独立性了。关于如何在单个微控制器上允许使用不同的 ASIL，有以下两个原则：

进行多重任务处理。

使用多核处理器。

多重任务处理，通常基于单核或单核锁步的控制器来实现。对于利用单核锁步控制器的多数实现方法而言，其唯一的优势在于，控制核心功能所发生的随机硬件故障，不需要额外的软件机制，即便是对于 ASIL D 的要求也是如此。不过，单核锁步的实现方式，依然无法避免嵌入式软件中的系统故障或错误。鉴于我们需要在系统中将软件安全机制和预期功能分离开来，或者至少保证两者之间充足的独立性，任务层面的分隔是非常有必要的。另一方面，在一个单核处理器上运行多个不同的任务，显然需要共享资源。对于较高的 ASIL 而言，相关失效分析变得复杂而无休止。而即便是决定使用哪些资源，也要取决于编译器的设定和编程的风格。即便是很优秀的软件编程指导，也需要经过质疑，以免未经考虑就给微控制器核心新增指令集。而改变编译器，甚至是改变微控制器本身的型号，则可能会给安全领域带来巨大的影响。

下面的一个例子，考虑了需要每 1ms 进行重复的一个安全任务。毫秒级的协同对于同步输入/输出数据非常重要，特别是对于没有时间戳的数据更是如此。另外，这样的协同也被用于触发看门狗，或者触发系统中的其他降级机制。在示例中，我们考虑了 3 个基本功能，它们运行在同一个微控制器上，每个任务的耗时分别是 3ms/5ms/7ms（净任务时间）。于是，单纯叠加起来的运行时间就达到了 15ms。考虑到每 1ms 就要进行一次中断，用于执行更高等级的安全任务，总的进程时间就加倍并达到了 30ms（图 5.4）。

由于任务本身并没有附带任何时间约束，所以上述的解决方案是可以被接受的。

对于车身控制而言，典型的主动安全功能，会要求进行典型的应用软件循环，并在更高层级进行时序安排。如果安全任务要求更高等级的 ASIL，而应用本身只要求较低等级的 ASIL 甚至 QM（如旧的遗留代码），那么时序上的约束，就可能对具有不同 ASIL 的任务进行场景切换时遭到违背。根据功能应用复杂度的不同，以及微控制器和运行系统能力的不同，上述的场景切换，可能会导致系统长时间暴露在风险下。程序的常规中断可能以纳秒量级进行工作，但场景切换所需的最低时间，却长达毫秒量级。这就会导致应用任务所处的时间段受到很大的限制。

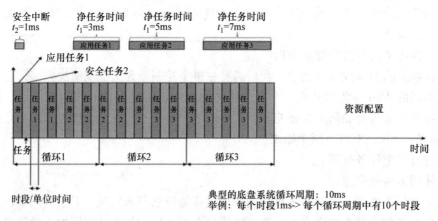

图 5.4　多任务解决方案下，基于混合关键度的时序图

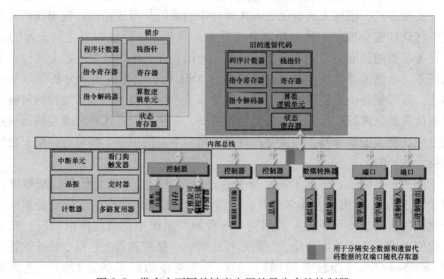

图 5.5　带多个不同关键度应用的异步多核控制器

在现今的多核处理器方案中，微控制器所提供的部署方式，是将安全相关的功能部署在一个核心上，然后使用第二个核心去处理低 ASIL 的功能应用。即便是在

这里，对于控制系统故障或错误，锁步的解决方案也并没有提供任何解决手段，因此我们还是需要在和安全相关的核心中，保证建立起一个具有足够独立性的监管层（图 5.5）。

在使用多核控制器时，相关性故障或错误所带来的影响将成为一个挑战；这是因为，在这种控制器中，编译器与运行环境会决定公用资源如何在内部得到分配（核心功能会使用到不同的资源）。至于在完成设计之后，改变微控制器的型号、变更运行系统和/或编译器（甚至只是它的设定），都几乎是无法完成的任务。假如必须要这么做的话，这将会带来巨大的安全隐患。为了避免外围要素、公有记忆资源交换数据时所产生的干扰，我们需要使用一个双端口的随机存取器（RAM）；或者在信息传输时设置规则，并将其置于更高等级 ASIL 核心的控制之下。这样的一个 RAM 接口将会像一个通信接口一样得到管理。同时，任何其他的外部外围要素，都必须由具备更高 ASIL 等级的核心来控制。

5.2.5　安全的处理环境

一个为安全相关应用而设立的、安全的运行环境，需要安全鉴定器，以展示其相关数据确实已经获得了充分的安全完整性，然后才可以用于安全的用户应用上。

对于任何安全相关的、绝对化的/频繁出现的时间约束，我们至少需要应用一个安全相关的时间监控器。这个时间监控器，可以被用于触发看门狗，并由此让系统关闭控制器，继而降级进入安全状态。假如关闭控制器不是安全状态的话，举例来说，在故障后依然需要维持运作的系统中，上述降级就不能被视为安全响应。

在软实时系统条件下，上述监控器可能会改变时序调度的周期，以便让关乎安全的关键任务能得到处理。而在面对确定性的数据更新，例如传感器数据更新时，运行环境中的信息能够被用于辨识出那些遭到延迟的信息。在这种情况下，应用能够提供和安全相关的合适功能，以便于保证和安全相关的要求不会遭到违背。相对应地，在硬实时系统的条件下，和安全要求相关的时序则必须得到控制。在许多应用中，这是关乎安全架构的问题，即低层级的时间间隔，到底是否需要控制器的"硬"响应？对于故障后依然需要维持运作的系统而言，即便某些控制下的确定性时序会导致安全目标的违背，关闭控制器这样的动作也并不能为整个系统提供一个安全的响应。在上述情况下，唯一的解决方案，就是让微控制器依旧保持运转。在飞机上的应用中，TMR（三重模块化冗余）系统被强制要求装备。这样的系统并不会基于诊断和比较来做出响应；它们主要是基于一个 3 选 2（2oo3）的多数票投票机制来运作。假如 3 个结果中有 2 个相同，那么这 2 个输出就会为执行器或者其他任何终端要素提供输入。为了保证系统的持续运作，系统确实不能停下，即便是检测到了故障之后也是如此。所以，那些被辨识出出现故障的要素，可以运行在恢复模式下（控制器重置）。在恢复之后，所有的 3 个投票要素就可以继续控制安全相关的执行器了。这里的挑战在于，这样的一个 2oo3 系统需要良好的同步。假如出现延时的话，投票器就会得到太多不相等的结果，这通常并不会导致系统彻底停机，但也会使得系统的性能出现下降。

因此，一个安全的硬实时环境，一方面需要对应的标称输入信息（如来自传感器的信息），同时也需要一个鉴定器，用于提供关于输入信号的完整性信息。另外，这个环境还需要第二个额外的鉴定器，来提供时序信息。第二个鉴定器所提供的信息，可以用于提示信号处于所需的时间间隔之内，但另一方面，这个信息也可以是关于同步性的，比如提示信号是否遭到了延迟，或者是抵达得太早。在面对安全相关的车辆方向控制时，即便是传感器（提供原始电信号）的时间戳，也可能是需要提供的信息。

上述原则，也可以在任务层级进行应用，即要求 3 个不同的任务来提供合适的、安全相关的控制信息，然后通过 2oo3 的投票机制执行器（或者任何类型的输出）来提供控制信息。在适用于单个微控制器的应用中，这样基于软件的投票机制，并不能为整个控制器层面的影响提供解决方案。举例来说，一次闪电击穿就可能使得整个系统停机。不过从另一方面来说，在硬件层面到底需要何种冗余度，需要对整个相关项进行系统性的分析才能确定（需要考虑整车系统在其道路交通环境之下的情况），所以这个问题也无法仅仅对软件或是微控制器的架构来提出。

第6章　系统集成

系统集成经由最小要素开始，直至开发目标的确认而结束。当组件或零件被布置到印制电路板上，而诸如连接器、外壳、冷却装置及线束等机械硬件也完成组装之后，系统的电子硬件部分就被视为已经就绪了。

至于软件的集成活动，也可根据生成文件和偏好，经由最小单元来起始，直到整个嵌入式软件能够得到集成并被闪存到微处理器中为止。在软硬件的集成完成之后，进一步得到的组件、子系统或系统要素将根据 V 模型下降分支中层级架构所获得的定义进行进一步的集成，由此与 V 模型的上升分支中的各水平抽象层互相匹配。在较低层级的抽象层中，对单一的技术要素实现或集成之后，这些要素应与其接口进行适配。如果接口无法适配，则接口规格或其他系统层面的错误将导致此类的不匹配。对于上述错误，必须根据变更管理流程进行修正，以便在进一步的集成步骤中，促使接口达成一致性。

对于产品或组件而言，在进行不同类型的实现活动或低层级的集成活动时，其安全性可能无法得到充分保证。直到系统要素的集成完成之后，许多安全特性才能得到验证与认可。

对于系统要素交互所要求的所有特性和性能数据而言，这些信息已经在不同的水平层级上进行过安全分析和验证，所以理论上而言，在这一阶段我们不会得到任何新的内容。由于系统要素已经在不同样品阶段进行过测试，所以在先前样品阶段未得到考虑的变更通常是最大的风险。根据 ISO 26262[1] 的要求，一个拥有完整软件的系统，至少要满足以下 3 个系统集成层级：

- 整车集成。
- 组件集成（系统集成）。
- 将软件嵌入硬件的集成。

同样地，完整的嵌入式软件通常不会通过单个步骤完成集成。我们通常会考虑使用一个多步骤的集成策略来实现。在进行集成时，需要考虑到以下的软件要素（或者要素集、组件）：

低级别驱动（MCAL，微处理抽象层）。

- 操作系统。
- 调度程序（程序序列，控制，监控，数据流监控）。

- 运行环境。
- 应用软件。
- 不同 ASIL 级别的软件组件。
- 降解矩阵。
- 硬件或系统抽象层。
- 通信接口，总线。
- 错误存储器。
- 诊断或事件存储器。
- 系统，软硬件中防止系统性故障的安全机制。

至于上述这些要素应该如何集成、集成顺序又是如何，这主要由其架构化的接口情况，以及各个要素的可用性来决定，技术方面的因素则较为次要。集成活动应伴随持续性的验证以及充分的测试，由此来确认在相关的水平抽象层面上，产品能够满足既定的要求。

6.1　验证和测试

进行验证活动的目标，在于为正确性、一致性和完整性提供证据支撑，如此，才能保证产品的各利益相关方对于需求透明度、功能追溯性，以及各功能在特征、逻辑和技术要素方面的需求。如果所有这些对于功能安全方面的准则都可得到充分满足，那么我们就能够为产品的安全性确认提供充分的基础支撑。验证活动不应只在集成中完成（这对应了 V 模型中的上升分支）；与此同时，验证活动也应当在产品开发阶段（或者说，在 V 模型下降分支中的需求开发阶段）扮演重要的角色。无论何时，当任何工作产出被作为架构层面进一步决策的基础时，我们都会推荐在前一步工作中对其进行验证；假如无法做到这一点，那么接下来的工作产出，会仅仅被视为对低层级的需求有效。

ISO 26262，第 4 部分，第 5 章

> 5　总则
>
> 5.2.1　图 2 给出了在系统开发过程中的必要活动。在启动产品开发并定义技术安全要求后，需要着手进行系统设计。在系统设计过程中，系统架构得到了建立，而技术安全要求则被分配给硬件和软件，如果适用的话，上述要求也可以被分配给其他技术来实现。与此同时，技术安全要求得到了细化，并添加了来自系统架构中的要求，包括软硬件接口的要求。根据架构的复杂性，我们可以逐步迭代出子系统的要求。在完成相关开发活动之后，硬件和软件要素得到集成与测试以形成一个相关项，并在此后被集成到整车层级上。在整车层级完成系统集成之后，需要进行安全确认，以提供与安全目标相关的功能安全证据。

图 2 和 3 展示了如何利用适当的多层次结构，在需求开发阶段的 V 模型下降分

支中规划各个集成活动层级。

ISO 26262，第4部分，图2 – 安全相关项目开发的阶段性参考模型

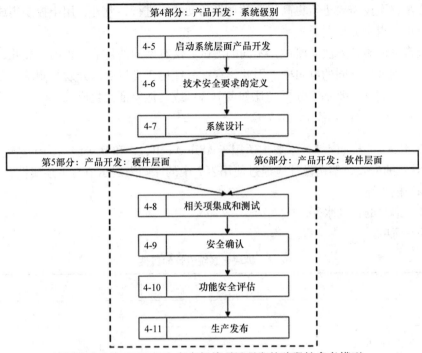

图片来自 ISO 26262：安全相关项目开发的阶段性参考模型

（来源：ISO 26262，第4部分，图2）

ISO 26262，第4部分，图3 – 系统层面产品开发示例

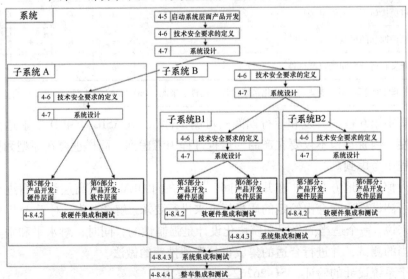

图片来自 ISO 26262：系统层面产品开发示例（来源：ISO 26262，第4部分，图3）

图 3 显示了集成工作不仅取决于定义的水平层级，同样也取决于在水平层级中的要素，举例来说，不同的软件组件应通过多个步骤实施集成。类似于持续集成这样的方法，至少需要进行更高程度的计划活动才能进行，此外，用于控制集成步骤的工具也显得十分重要。

最常见的验证方法是测试。不同的测试方法有不同的目的，正因为如此，这些方法也被划分到不同的群组中。因此，存在一些用于支持需求开发的测试。在需求开发期间的测试主要基于分析（比如 FMEA）或其他验证而生成。

ISO 26262，第 4 部分，第 7 章

7.4.3.7　按照 4.3，本要求适用于 ASIL A、B、C 和 D 等级：为了避免高复杂性导致的失效，架构设计应通过使用表 2 中的原则来展示所有下述属性：

a）模块性。

b）适当的粒度水平。

c）简单。

表 2　模块化系统设计的属性

属性		ASIL			
		A	B	C	D
1	分层的设计	+	+	+ +	+ +
2	精确定义的接口	+	+	+	+
3	避免硬件组件和软件组件不必要的复杂性	+	+	+	+
4	避免接口不必要的复杂性	+	+	+	+
5	维护期间的可维护性	+	+	+	+
6	开发和运行期间的可测试性	+	+	+ +	+ +

图片来自 ISO 26262：表 2 – 模块化系统设计的属性（来源：ISO 26262 第 4 部分，表 2）

表 2 中第 6 行"开发和运行期间的可测试性"，对 ASIL C 和 D 要求达到连续可测试性。内置自检不仅要在产品的运行过程中考虑到，同样也要在原型和样品的测试过程中考虑到。

令人惊讶的地方在于，在开发期间，以及在向 OEM 或更高层级厂商进行交样之前，可测试性通常会由给定的质量标准来进行要求。解读此表，对于 ASIL C 和 D 的应用来说，一个适当的分层和模块化设计是强制性的，同时，对水平和垂直接口进行恰当的测试，并进行合适的集成也是强烈推荐的做法。

对于系统设计的验证，ISO 26262 有以下要求：

ISO 26262，第 4 部分，第 7.4.8.1 章：

7.4.8.1 应使用表3列出的方法验证系统设计对于技术安全概念的符合性和完备性

图：ISO 26262，第4部分，表3 - 系统设计验证

方法		ASIL			
		A	B	C	D
1a	系统设计检查	+	+ +	+ +	+ +
1b	系统设计走查	+ +	+	○	○
2a	仿真	+	+	+ +	+ +
2b	系统原型和车辆测试	+	+	+ +	+ +
3	系统设计分析	见表1			

a 方法1a和1b用于检查技术安全要求是否得到完整和正确的实施。

b 方法2a和2b可作为故障注入技术有效地使用。

c 对于如何实施安全分析，参见ISO 26262 – 9：2011 第8章。

图片来自ISO 26262：表3 – 系统设计验证（来源：ISO 26262，第4部分，表3）

注：根据ISO 26262 – 第2部分 – 5.4.2章（安全文化），报告系统设计中识别的关于技术安全概念的异常和不完备。

上述备注所指的是第2部分，这里提到的验证，是"确认评审"的主要输入，此"确认评审"是对整个"相关项"功能安全确认的重要输入。

这些表格所要求进行的活动中，许多已经由APQP、SPICE等质量标准提出过要求。因此，从ISO 26262的角度而言，在预期中这些活动都应该已经完成了；不过需要特别指出的地方在于，其他标准并不一定会像ISO 26262这样一个安全标准那样严格。

同样地，对于系统，我们可以在第6部分的表6中找到"软件架构设计验证方法"，在这个表格中，对于要求的说明就像在第4部分中一样。除此之外，表里还包括了关于控制流和和数据流分析的内容。第5部分中的表3（硬件验证）说明了电子硬件的模拟要求。这个例子所体现出的推论确认了一件事，那就是在ISO 26262中，对于类似软件和硬件这样的组件开发，同样考虑了系统化的开发流程。

在第7章中我们可以看到，整个验证活动都需要进行计划，由此我们就能在这些要求下看到标准的多层次应用。

在标准中有很多关于集成测试的表格，在相应水平层级的环境中，这些表格应在计划阶段提供支持。

以下表格在第4部分中有提及：

- 表4——导出集成测试案例的方法。
- 表5——技术安全要求在软硬件层的正确执行。
- 表6——安全机制在软硬件层的正确功能表现、准确性和时序。

- 表 7——外部和内部接口在软硬件层执行的一致性和正确性。
- 表 8——安全机制在软硬件层的诊断覆盖率的有效性。
- 表 9——在软硬件层的鲁棒性水平。
- 表 10 ~ 表 14 表示的是系统层面对于方法的要求，表 15 ~ 表 19 表示的是整车级别对于方法的要求。参考相应的水平层级，这些要求和方法都有实例和参考文献上的支持，并且在细节上各有不同。

第 5 部分"硬件"（表 10 ~ 表 12）和第 6 部分"软件"（表 9 ~ 表 16）中也存在类似的表格。这些表格也包含了除了在相应水平层级上的调整以外的软件和硬件开发的特殊特征。对于它们的软件部分，表格中推荐了数据和控制流（用于 ASIIL C 和 D 的要求）。这些分析并不一定具有典型验证目的（完整性、正确性和一致性），它们相当于是在安全分析所要求的架构开发之外需要进行的并行工作。

通常情况下表格中的方法可按以下方式分组：

- 测试案例开发的方法。
- 确认各对应要求正确执行的测试方法。
- 各性能、公差以及计时行为的测试方法。
- 内外接口的测试方法。
- 质量措施有效性（例如设计特性的保证）以及错误控制机制（例如安全机制）的方法。
- 稳健性测试的方法。
- 要素特定的分析及测试的方法。

测试通常被区分为要素（组件、模块、单元等）测试或集成测试。对于大多数测试而言，即便从它们的名字中就能够得出相关的信息。

典型的要素测试会考验输入与输出的关系，以及在不同环境条件、假定中不同配置下的表现。

集成测试总是与指定的环境和操作或应用条件下，那些需要得到集成的要素之间的交互有关。

验证活动将在 ISO 26262 的开发周期中反复被调用；这些活动之间仅仅改变了其所在的抽象层，但基本的活动内容和方法的原则是相似的。ISO 26262 描述了不同抽象层级中流程的迭代和应用，如下所示：

ISO 26262，第 8 部分，第 9 章：

9.2　总则

9.2.1　验证适用于以下安全生命周期阶段：

－在概念阶段，验证确保了概念的正确、完整并符合相关项的边界条件，同时确保了定义的边界条件本身是正确、完整和一致的，如此概念才可以得到实现。

— 在产品开发阶段，以不同的方式执行验证，描述如下：在设计阶段，验证是对工作成果的评估，例如：需求规范、架构设计、模型或软件编码，从而确保它们与之前建立的要求在正确性、完整性和一致性方面相符合。评估可通过评审、模拟或分析技术开展，并以系统化方式计划、定义、执行和记录。

注1：设计阶段是指 ISO 26262 第4部分，第7章（系统设计）；ISO 26262 第5部分，第7章（硬件设计）；ISO 26262 第6部分第7章（软件架构设计）和 ISO 26262 第6部分第8章（软件单元设计和实现）。

— 在测试阶段，验证是在测试环境下对工作成果的评估，以确保其满足要求。测试以系统化的方式进行计划、定义、执行、评估和记录。

— 在生产和运行阶段，验证确保了：安全要求在生产流程、用户手册、维修和维护指导中得到了恰当发布；通过在生产流程中应用控制措施，相关项的安全相关特性得到了满足。

注2：这是一般性验证流程，ISO 26262 第3部分、ISO 26262 第4部分、ISO 26262 第5部分、ISO 26262 第6部分和 ISO 26262 第7部分中安全生命周期的各阶段给出了示例。该流程并不针对安全确认。参见 ISO 26262 第4部分第9章（安全确认），以获取更多细节。

只有把已经验证的要素集成起来，一个系统化的集成活动才能取得成功。这并非总是能够实现，所以当验证结果可用时，集成活动总是不断地在迭代中进行。因此，测试的递归策略不应只涉及组件或要素测试，还应至少在下一个更高的层级上进行规划（图6.1）。

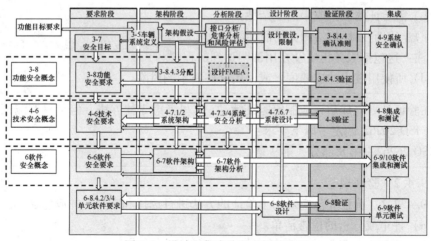

图6.1 设计和集成阶段之间的验证

6.1.1 验证和测试的基本原则

所有的验证活动都应该进行计划。根据 ISO 26262 的要求，至少在完成任何一个开发周期的阶段后，都要进行验证活动。在图 6.1 中的信息流显示了验证如何适应一个典型的多层次设计。

ISO 26262，第 8 部分，第 9 章：

9.4.1　验证计划

9.4.1.1　对安全生命周期的每个阶段及子阶段，应制定验证计划，并应涵盖以下方面：

a) 需验证的工作成果内容。

b) 用于验证的方法。

注 1：验证方法包括：评审、走查、检查、模型检查、模拟、工程分析、证明和测试。典型的验证会使用这些方法和其他方法的组合。

c) 验证通过和不通过的准则。

d) 如果适用，验证环境。

注 2：验证环境可以是测试或模拟环境。

e) 如果适用，用于验证的工具。

f) 当探测出异常时需采取的行动。

g) 回归策略。

注 3：回归策略定义了在相关项或要素变更后如何重复进行验证。验证可以被全部或部分重复，并可包含其他能影响验证结果的相关项或要素。

9.4.1.2　制定验证计划宜考虑以下方面：

a) 所使用验证方法的充分性。

b) 需验证的工作成果的复杂性。

c) 与验证目标材料相关的前期经验。

注：这包括服务历史及在用证明达到的程度。

d) 所使用技术的成熟度，或使用这些技术的风险。

在验证计划完成后，应制定验证活动。这里考虑 3 种方法，但是只有测试需要细分。ISO 26262 制定了以下要求：

ISO 26262，第 8 部分，第 9 章：

9.4.2　验证规范

9.4.2.1　验证规范应对用于验证的方法进行选择和定义，并应包含：

a) 评审或分析的检查清单。

b) 或仿真场景。

c) 或测试用例、测试数据和测试目标。

9.4.2.2　对于测试，每个测试案例的定义应包含：

a) 唯一的识别。

b）需验证的相关工作成果的版本。

c）前提条件和配置。

注1：如果对工作成果的可能配置（例如：系统变型）进行完整验证是不可行的，可选择一个合理的子集（例如：系统的最小或最大功能性配置）。

d）如果适用，环境条件。

注2：环境条件与周围物理属性（例如：温度）有关，测试在该环境进行或仿真部分测试。

e）输入数据及其时序、量值。

f）期望的表现，包括：输出数据、输出量值的可接受范围、时间表现和公差表现。

注3：当定义期望的表现时，对初始输出数据的定义可能是必要的，以探测变化。

注4：为避免重复定义和存储不同测试用例用到的前提条件、配置及环境条件，推荐使用这些数据的明确的参考。

这些要求显示，大多数测试活动的基础都基于验证。这些要求中，关于评审和检查表则没有进一步的提及。甚至关于仿真场景的要求，也并没有进一步提及。至少对那些基于仿真的验证而言，应该考虑与测试类似的要求。建立 ISO 26262 标准的意图，并不是将其变成另一个测试标准，但是在测试场景和测试案例的开发过程中，我们依然可以将许多其他标准中的方法论考虑进来。

在 ISO 26262 中，同样可以发现有 3 种分组方式，但在这份标准中更多的考虑还是将这些分组应用到相同的抽象层级中，并依据组织接口来进行。ISO 26262 定义了以下要求：

ISO 26262，第 8 部分，第 9 章：

9.4.2.3　对于测试，应按使用的测试方法对测试用例进行分组。对每种测试方法，作为测试用例的补充，应定义以下内容：

a）测试环境。

b）逻辑和时间的依赖性。

c）资源。

所有的验证都必须按计划进行，同时这些活动也要获取一个专用的结果，并且在测试执行过程中，要定义一种面向目标的方法。在完成验证后，也需要进行一定的评估活动（这或多或少可以被视为是对验证活动的验证）。ISO 26262 定义了以下要求：

ISO 26262，第 8 部分，第 9 章：

9.4.3 验证的执行和评估

9.4.3.1 应按照9.4.1所做的计划及按照9.4.2所做的规范执行验证。

9.4.3.2 对验证结果的评估应包含以下信息：

d）所验证工作成果的唯一识别。

e）验证计划和验证规范的参考。

f）如果适用，评估中用到的验证环境配置、验证工具及标定数据。

g）验证结果与期望结果的一致性水平。

h）验证通过或不通过的明确的陈述，如果验证不通过，陈述应包含不通过的理由和对所验证工作成果进行修改的建议。

注：按照验证的完成和结束准则（参见9.4.1.1c）和预期的验证结果，对验证进行评估。

i）每个验证步骤未执行的理由。

所有的工具设置以及验证的环境，都必须作为验证手段的一部分进行记录。这些要求不仅适用于测试，特别地，当仿真被用于验证时同样适用；这样的记录对于追溯结果是非常重要的。

更为重要的内容，在于对要求g）的追踪，即合规程度的评估。这是ISO 26262第2部分中，对于认可评审的一个隐藏要求。甚至存在这样一个问题，即对合规程度的评估到底是否依然是"功能安全评估"的一个话题。要求h）决定了整个验证活动的结果以及影响。对于是否要依照定义的变更管理流程考虑迭代，或者其结果是否足以接受迭代，我们必须做出决策，而这也是一个典型的评估主题。

这些源自ISO 26262的要求涉及验证工作的计划、执行和评估。在整个验证和测试的过程中，如果能将这些要求作为验证流程性步骤的主要方法加以考虑，就能为验证活动带来正面的影响。如果我们已经把ISO 26262考虑为一个流程的话，那么就经常需要进行验证活动，在进行分布式开发、产品具备许多系统层级的情况下尤其如此。存在疑问的地方在于，通过定义一个单独的验证流程，是否真的可以减少工作量的投入，并产生协同增幅效应。

6.1.2 基于安全分析的验证

安全分析大体上不过是一类用于验证的特殊方法。特别需要提到的是，这其中包括不同类型的FMEA方法，它们可以用于支持对系统、组件或任何其他要素类型的验证。

一个系统FMEA主要用于支持对架构和功能的验证；间接来说，对于某些功能或者逻辑、技术要素的需求和分配，系统FMEA也可以在验证方面提供支持。一个设计FMEA则用于考验设计是否正确或要素是否实现。这种情况下，我们通常从设计草稿开始，在随后的不断迭代中，开发活动将进行越来越多次的集成，而要素特性成熟度则会随着其中每一次迭代而不断增加。因此，设计 FMEA 主要用于支持设计验证，并且通常经由设计评审而完结（特别是所谓的丰田 FMEA，DRBFM – 基于失效模式的设计评审，这种活动重点在于由专家进行的设计评审）。至于一个过程 FMEA，它通常用于分析生产过程。除了以上的种种例子，从技术上讲，FMEA 用这种方法可以用于分析任何随机过程。我们可以从本书的第 7 章（功能安全过程分析）中找到指示。

每一版的 FMEA 标准中都包含了额外的要求，即 FMEA 的结果都需要二次检查，以达到分析的目的。FMEA 的最终评审是每一版 FMEA 方法的正式要求。以下验证可由安全分析所支持：

相关安全目标的完整性

安全目标主要以如下的方式来规定："避免一个可能的异常违反一个安全目标"。对于所有可能存在的异常，只要它们存在潜在违背安全目标的可能，就可以进行系统化的分析。在整车系统层级上，相关项的所有功能都可以对潜在异常进行分析。这里的异常，可以被考虑为一个失效或一个错误。对安全目标的违背，可被视为 FMEA 中的最高等级失效，并由此将其作为失效效应进行处理。如果将技术安全概念中的技术错误考虑为失效原因，并将功能安全概念中的异常、错误或失效考虑为失效类型，那么就可以考虑使用典型的 3 级 FMEA 进行分析。FMEA 可以用于证明以下内容的完整性：

– 技术和功能安全概念。

– 考虑到可能违反安全目标的异常。

与此同时，FMEA 也是对功能和技术安全目标进行验证的主要输入。

安全机制功能规范或其他任何安全相关功能的完整性

该分析基于 VDA – FMEA 的功能网实现。在具备可视效果的 SysML 工具中，VDA – FMEA 的功能网甚至可以得到更高效的使用。在 VDA – FMEA 的结构网中，相关功能需要被分解并分配到结构要素中。这样的结构网，可以是基于技术、功能或逻辑模块的架构上的任何形式的分解。至于功能分解，则仅应在所定义的水平抽象层上执行。

在系统 FMEA 上的功能分解也非常类似。它可以在硬软件以及任何系统级别的组件级别上进行。我甚至推荐在半导体结构上执行这种分析。这种分析的基本原则是对信号链的识别，这在 80 多年前由 Robert Lusser 提出。此外，也有另一种称为 "FAST 技术" 即 "功能安全系统技术" 存在，它描述了在更低层级要素结构下，对功能的推导及其归纳分析的方法。

基于功能分解，高层级要求对低层级要求的完整性

对于之前所说的分析，我们考虑的是纯粹的功能，而不会考虑将功能分配到各个要素出现的情况。而本段所说的分析，或许可以在先前描述的分析之前执行，如果它可以被独立完成的话，就能避免因系统性错误而导致常见的失效了。为此，在较高的水平抽象层级上已经得到验证的功能，必须完全导出到较低层级上（例如，从整车层级到系统层级或从较高层级到较低层级或组件层级）。在 VDA – FMEA 中，我们可以再次通过功能网进行测试，无论低层级中的功能（例如，软件或硬件中的组件）在系统层级中是否能够完全显现都是如此［如果你可以展示在系统层级上的所有信号链，那么就可以分析硬件 – 软件接口（HIS）规范的完整性］。上述分析也支持对相关失效进行分析，这是因为，在参考较高层次相关性的条件下，低层次的相关性也可以由此得到展示。这种做法不仅可以用于分析功能相关性，也可以用于分析物理相关性（例如，温度影响，EMC）或能量相关性。信号链是数据流，而能量、温度等也是物理流，它甚至可以通过能量守恒定律，或电压、电流的基尔霍夫定律等物理定律来进行验证。功能分解可自上而下［在这个情况下，它更多的是一个正向的故障树分析（FTA）］或是自下而上进行的分析，在更大程度上往往被视为一种归纳式分析。与 VDA – FMEA 相比，使用带有适当可视效果或测试算法的 SysML 工具，可以进行更详细且更自动化的分析，并获取更详细的结果。这些算法也可用于系统化功能分解，而其透明建模的风格则利用了"SAFT，结构化设计技术分析"方法。

接口的一致性测试（产品分解）

在 VDA – FMEA 中，使用结构网描述了所考虑的产品结构的接口。功能网代表了在结构网各个要素之间的功能接口。一个 VDA – FMEA 可由不同要素类型构成，由此，其结构可以基于功能、逻辑或技术进行分解。这就导致对于所有上述 3 种结构，需要运用不同的 FMEA，因为这是不同类型的 3 种分析。诸如 RTE（实时运行环境）这样的虚拟接口，可将其考虑为逻辑接口，由此也就可以分析软件中超级监督者、优先级管理和调度功能方面的各类错误。通过比较功能结构的结果，我们可以分析它们的相关性和它们在不同架构视图上的一致性，也可以区分不同的水平抽象层级。如果系统中的接口或者相关性与更低层级中的接口或相关性存在差异（比如在组件层级），那么就需要解决此类不一致性的问题。对存在于这种不同视图和不同抽象层级的问题，我建议使用 SysML 工具，这样自动化的检查机就可以用于对此类不一致性进行检查。假如使用的是典型 FMEA 模板甚至是纯 FMEA 工具，那就会使得人工评审将变得相当复杂。

考虑失效可能性时的完整性

即使对于一个演绎分析而言，对于所有错误所产生影响的完整性分析，也是一个重要的论据。当然，被发现的每一个可能的错误、故障或异常，都会有助于提高产品质量；而对安全来说，完整性则是必需的内容。

这就是为什么在 VDA – FMEA 中，失效分析是在产品分解和功能分解之后，直到第三步才得到执行的原因。这意味着，对于结构要素的每个功能，都需要识别出可能发生的异常。为了进行安全相关要求的验证，重要的工作在于，首先要进行分析，对于可能导致功能异常行为的可能异常，确认它们全部已经得到了识别。对于一个纯功能性的分析而言，数据流、信号或信息只可能存在两种错误状态：

    – 功能缺失。

    – 功能不正确。

基于事实，可以对一个分析的基本完整性等级进行论证。在更深入的分析中，我们可以检查以下异常功能是否得到考虑并被作为完整性论据：

- 功能缺失。
- 意外功能（来自其他系统的串扰）。
- 系统性的伪造功能或信息（即信号漂移）。
- 偶发或意外的不正确功能或信息。
- 没有执行、处理或考虑模块或要素。
- 按照指定的功能或要素持续运行，如无中断地运行、无振荡、中间错误、随机或偶发故障等。
- 不正确的时间表现。

对于类似危害与可操作性分析（HAZOP）或故障树分析（FTA）这样的演绎方法而言，上述内容也都是典型的问题。这些异常（或错误模式）也表述在 ISO 26262 第 5 部分附录 D 的表中，代表了考虑诊断覆盖率时的基础。在实践中，这些错误模式中有哪些被涉及，要取决于需求与功能所涉及的环境要求。这就是为什么在这样一个深层次的水平上，我们不仅要对架构进行分析，而且也要对设计和实现进行分析。因此，此类分析常常会被应用在较低层级的组件层上，通过设计 FMEA 执行，并由此定义出设计验证和设计确认（DV）的基础。

得到考量的单点故障的完整性

小标题中的内容，是 FMEA 的经典领域。在考虑这一点的时候，所有相应层级的可能异常都已得到评估，确认它们是否可以扩展到给定的安全目标上，又或者它们是否可能是导致一个违背安全目标的失效模式的成因。在这里，经典 FMEA 可以在所考虑的分析范围内对完整性进行要求。

双点故障的完整考虑

对于多点故障而言，往往要根据其影响因素建立起一个全排列才能进行分析。这就是为什么即使对于简单的系统，多点失效分析也是相当大的挑战。然而，如果安全机制被设计为安全屏障，它就应该能防止故障扩散并穿透屏障，于是，对独立屏障的分析就变成了单点故障分析。所以说，对整个安全概念的设计，必须基于多层级的安全屏障来进行。如此一来，就能使得一个安全相关系统中的故障，在水平和垂直方向上的扩散都能得到系统性的阻止。因此对于 ASIL C 和 D 的系统，至少存在双重屏障的安全架构成了强制要求。对于任何一个可能的故障而言，都需要在安全相关系统中至少突破 2 重安全屏障，才有可能违反安全目标。因此，这更多的是一种架构性的设计方式，要求用这样的安全屏障来开发足够安全的架构，这并不是分析或验证方面的问题。这样的分析应能识别出缺失，其验证应显示安全架构的完整性、正确性以及一致性，并提供对所应用的安全措施有效性的信心。

安全目标的正确性

对于安全目标，只能针对预期功能、预期用途和预期环境中可能出现的异常进行验证。为了验证或达成安全目标的正确性，必须验证输入的正确性。基于不完整、不正确或者不一致的输入，任何由此产生的活动都不能带来恰当的正确输出。通过危害和风险分析，还必须评估任何可能的危害，以及与驾驶场景的关联、可能的操作模式和可能的瞬态变化之间的相关性。考虑到危害和风险分析的结果，和得到评估的安全目标，以及其基于完整输入作为演绎方式的 ASIL 等级，归纳验证可以生成一个正确性陈述。在论证中，可能的异常发生之前涉及的内容，不能用于验证。一个典型的事件树分析（ETA），可以用于展示预期环境中正常或异常功能与涉及驾驶、系统或操作模式之间的关系，这样的话，安全目标是否得到正确实现，就能通过回答如下问题来进行评估，即：通过达成安全目标，是否所有可能的异常都得到了充分的控制。

6.1.3 对安全和安保等不同目标的验证

在开发周期的不同阶段，产品的设计、架构乃至要求都应保证与产品的特性、特征保持一致。完整性和正确性通常是评估一致性的基础。如果设计、架构或要求不正确或不完整，由此导致在特性方面产生任何更正或新增项，都可能违反一致性要求。

完整性或正确性的验证是否可以一步到位完成，以实现例如安全和安保等不同目标，这确实是一件值得怀疑的事情。因此，在做共同一致性验证之前，我们必须保证这两者的完整和正确。如果安全和安保机制相互阻碍，那么就会使得实现后的机制既不安全也不受保护；另外，这一过程还可能会伴随着一些妥协，并导致系统经常性地违反性能、可用性或根据其他特性所设立的目标。

以下表 6.1 可作为一个多概念开发流程的范例。

表 6.1 安全和安保的验证

流程步骤	安全活动	安保活动	常用活动
工具认证	根据 ISO 26262	安保影响的分析	措施协议
开发环境中的安保	遵守和计划基于开发和生产安保限制的安全活动	开发和生产安保概念的开发	检查措施充分性
相关项定义	系统边界分析	授权概念	
危害分析和风险评估	风险识别和 ASIL	威胁识别	
功能安全概念	安全措施和分配	措施定义	
功能安全概念验证	措施验证	措施验证	评估两组措施的共存能力

（续）

流程步骤	安全活动	安保活动	常用活动
系统规范/架构	定义要求、架构、表现和内部接口	要求，实施概念	在产品架构上分配安保机制
分析	归纳/演绎	有效性分析	分析 - 所有功能及机制的错误表现
系统 - 设计	定义系统参数，组件要求	安保机制的推导和分配	验证两组措施的共存能力
组件要求的验证	验证组件可行性、完整性、正确性、一致性的标准	验证组件要求的可行性、完整性、正确性、一致性	分析两组要求的一致性
组件规范/架构	定义要求、架构、表现和内部接口	要求，实施概念	在组件架构上分配安保机制
组件分析	归纳/演绎	有效性分析	分析 - 所有功能和机制的错误表现
组件 - 设计	组件设计，参数，组件要求	安保机制的推导和分配	验证两组措施共存能力
实施/部署/实现之前的组件验证	实施前验证要求的可行性、完整性、正确性、一致性	验证组件要求的可行性、完整性、正确性、一致性	分析两组要求的一致性
实施/部署/实现	按规定实施	按规定实施	验证规范符合性的实施
集成/测试	根据规范测试	根据规范测试	两组机制共存能力和有效性的测试

6.1.4　测试方法

第 4 部分，第 8 章"集成和测试"的目标先前已在架构的计划中做了讨论。ISO 26262 考虑了 3 个集成阶段。

ISO 26262，第 4 部分，第 8 章：

8.1　目的

8.1.1　相关项集成和测试阶段包含三个阶段和两个主要目标：第一个阶段是相关项所包含的每一个要素的软硬件集成；第二个阶段是构成一个完整系统的一个相关项的所有要素的集成；第三个阶段是相关项与车辆上其他系统的集成以及与整车的集成。

8.1.2　相关项集成过程的第一个目标是测试每一条安全要求是否满足规范以及 ASIL 级别的要求。

8.1.3　相关项集成过程的第二个目标是验证涵盖安全要求的"系统设计"〔参见第 7 章（系统设计）〕在整个相关项上是否得到正确实施。

这导致了一个结果，即三个水平系统层级都要以这样的方式开发：其中的要素分层集成，向上一直到整车集成为止。以下的两个目标针对如何在专用的水平抽象层级进行集成活动。

在任何层级的集成中，基于测试的要求都是首要目标。测试不只要展示我们正确实施了与产品相关的给定要求，也要展示与给定标准的相关性，这里尤其指 ISO 26262 标准。

由于一个符合 ISO 26262 标准的系统必须是分层结构，所以必须考虑以下两个级别测试类型：

- 要素测试。
- 集成或接口测试。

在 V 模型的上升分支中，目标已经不再是验证要求，而是验证已经实现的产品本身。在这里，工作不再与集成的架构接口相关，而是与真正的产品接口有关。当然，在面对已经实现的产品时，所有的架构接口仍然需要对要素保持透明，但在某些情况下，并不是所有接口都可以进行可视化，以验证整个规范空间。所以，在对于要求的开发期间，仅仅重复一次测试是远远不够的。

ISO 26262 第 4 部分的要求对应系统层面，不过，集成的原则同样也适用于组件内的要素集成，甚至也适用于半导体器件乃至混合器件内部的开发过程中。

在 ISO 26262 的推荐或要求中，对于需求的开发或者至少是需求的验证提出了要求，即应通过对需求的实现，来测试在一个正确执行计划中，是否具有良好的规划并保证了可测试性。这意味着，如果开发了需求，就需要预先提供一个概念，展示要求如何正确实施到了所开发的产品上。如果在开发后期才开始进行测试规划，那么很可能会系统性地导致已开发要求的变更。诸如"为测试而设计"、DoE（实验设计），以及"基于设计的测试管理"或者"基于风险的测试"等关键词，都描述了可行的测试方法。

6.1.5　技术要素的集成

不同层级的集成活动，会被用于相应验证要素的接口。对于接口进行验证的这些典型原则，为进行应用的方法奠定了基础。这类测试的目标在于确认对接口的开发是否完整、一致和正确，同时对应的安全档案是否足够透明。

在现实中，系统或产品系统不会仅仅包括 1 个软件组件和 1 个硬件组件。其他技术也会混合应用到系统的各个要素，应用到诸如连接器、印制电路板、线束上面。此外，在微控制器内部，硬件 - 软件接口并不会存在于单个块（block）中。在任何控制周期中，几乎软件中的任何功能，都要通过不同的技术接口来传递软件指令。我们所面临的挑战在于，如何找到一个合适的、可追溯的集成策略，用于确认预期的功能及其性能，并使安全验证产生积极的结果。如果得到了负面的验证结果，那就可能导致性能、可用性以及安全性之间的紧张关系，由此衍生出无休止的迭代工作，进而使得产品的真实安全档案无法得到有效评估。在任一集成周期内，如果运行系统出现故障，那就需要验证所有集成层级中的预期功能可用性，以保证相关失效不会导致预期功能的失效。此外，集成策略还应遵守给定的安保要求。在集成期间，假如非功能性要求没有得到整体化的统一，那么任何验证活动都是无法取得成功的。

在集成期间，除了要考虑硬件、软件和其他技术外，还需要考虑其他要素的影响。我们可以在 ISO 26262 中找到 3 类要素，它们对其集成提出了不同的要求。

一个特定的类型，被称为独立于具体相关项项目或整车系统而开发的安全要素（SEooC，独立于环境的安全要素）

在这一类别中，我们几乎可以找到所有可以被集成入整车的要素和组件。举例来说，微控制器、软件组件甚至诸如电子制动系统这样的整车系统，并不是基于某个动态驾驶数据或某个特定的整车产品而开发的，而是基于经验或者市场调研进行开发的。正因为如此，许多接口（甚至是电气接口）都是标准化的，进一步地，甚至这些标准接口本身也并不总是来源于某些典型的汽车应用场景。正因为如此，架构不能自上而下地进行开发，而必须考虑以特定接口来作为约束。随着接口设计可以越来越变得独一无二，它们的应用范围也会变得越来越广泛。诸如微控制器、CAN 总线这样的通信系统，以及连接器等，几乎任何硬件都会对系统设计带来约束。为了获得一个模块化的设计，并实现像 SEooC 这样广泛的用途，我们必须开发出拥有更高层面要求的假设，以便此后可以将这些要素成功集成到一辆特定的整车产品上。自顶层开始，我们甚至必须预先假定安全目标和可能的 ASIL，这样才可以保证分层设计自底层开始的实现。

在 SEooC 的集成过程中，所有的假设必须映射到目标车辆给定的要求和约束中，这样的话，对于目标项的安全档案而言，SEooC 的开发结果也就可以保证有效了。

已鉴定组件

ISO 26262 在其第 8 部分中分别阐述了对软件和硬件要素的鉴定。对于这两个要素而言，存在着相同的挑战。我们必须假定，那些将得到鉴定的要素尚未根据 ISO 26262 进行开发。由于 ISO 26262 仍是非常新的标准，所以并没有许多组件是遵循此规范而开发的。因此，在 ISO 26262 出版之前，自然存在其他的标准和规范被作为替代品而使用了。如果一个组件已遵循其他安全标准进行了开发，通常我们可以假定，对于这个组件而言，已经存在一定级别的安全文件。然而，在整车系统中，该组件失效的传播，是否与飞机中或者是一座不会移动的发电厂中的失效传播相同？此外，这个元件的时间特性，在与其他安全机制进行结合时，是否显得足够应对？这都会成为很有挑战性的疑问。特别是在对于 ASIL C 和更高 ASIL 等级时，标准所要求进行的多点失效控制，会变得很有挑战性。因为在物理上硬件组件是可描述的，所以 ISO 26262 也允许对新组件做这样的鉴定。那些符合 ISO 26262 要求的要素，并不需要由特定物质或材料制成。对于任何基础要素而言，它们都需要通过某种方式的鉴定才能适用于安全相关的应用。为此，关于要素的值得信赖的功能、充分的依据，都需要提供足够的论证进行支撑。

如上所言，汽车工业的目标，并不是让人们有朝一日根据 ISO 26262 标准来开发一切硬件，甚至包括电阻器。然而，对于软件要素而言，情况却并非如此；对软件来说，ISO 26262 规范的建议是，上述通过鉴定来保证符合 ISO 26262 的方式并不适用于全新的开发。对于不同的微控制器，软件的表现往往会显得不尽相同；对于不同代码指令而言，核心运行是否真的都十分独特？从一个控制器到另一个控制器，编译器的不同设置会带来相同的安全功能吗？即使应用了 Autosar 规范，对于一个安全相关的应用软件而言，我们也无法完全保证足够安全和一致的环境。

已证明要素，在用证明（PIU）

在用证明是安全工程中最困难的话题之一。首先，许多有经验的开发者表示，在整车上使用那些已经得到证明的要素时，以前并没有出现过任何的安全风险。那为什么现在仅仅因为发布了 ISO 26262 标准，我们就改口说，系统已经不再"安全"了呢？上文关于已鉴定组件的内容中，我们已经描述了存在的风险；我们并不知道应用的情况、集成的环境以及在接口处发生错误的传播方式是否一致。根据 ISO 26262，在用证明属于"黑盒方式"，这意味着，我们不知道要素的整个内部结构及其表现，也并不清楚哪些要素可以作为备选项。安全评估的进行，应完全根据外部边界的特性来推进。本标准不支持上述方案，因为它要求根据实地经验，对错误的表现和发生频次进行量化。不过，这种量化应基于应用于可比较环境中的可比较案例来进行。由于微控制器领域始终处于变动之中，这也意味着对软件要素进行在用证明时，我们所要面对的是一场巨大的挑战。

6.2　安全确认

在进行确认时，需要考虑安全确认或其他任何确认活动所处环境的不同。此外，ISO 26262 中的安全确认是一个特定的活动，在安全验证时讨论过的话题已把安全确认视为一种方法论。确认活动通常被描述为对目标的认可。对于确认而言，一定程度的普遍有效性是必需的，人们可以说："确认，是对于某些目标可以重复达成的一种证明"。

ISO 26262 规范了整车级别的安全确认，但是安全确认并不能被视为一个单一的活动。安全确认应伴随着整个安全过程而推进，直到开发阶段结束为止。

ISO 26262，第 3 部分，第 8 章：

> 8.4.4 确认准则
>
> 8.4.4.1 应基于功能安全要求，对相关项安全确认的接受准则进行定义。
>
> 注：对详细准则和待确认特性列表的进一步要求，参见 ISO 26262—4：6.4.6.2 和 ISO 26262—4：9.4.3.2。

此注释明确指出，安全经理必须在计划系统级产品开发活动（第4部分，第6.4.6.2节）期间，计划进一步的中间确认活动。当然，类似的确认步骤在组件开发期间也是有意义的，但标准并未明确要求我们进行这些步骤。那些中间确认活动，是现今敏捷开发方式的典型特征。但与此同时，它们同样也是螺旋式开发流程的一部分，或者说，也是汽车行业典型 APQP 活动的固有部分。

不过，与验证活动相比，确认活动仍然会存在一定的模糊性，因为其目标的制定通常并不会像要求那样精确，而要求通常要根据 ISO 26262 进行验证。在汽车行业中，我们经常能找到以下定义："我们对顾客要求进行确认；但举例来说，对诸如产品规格或技术规格中的那部分要求，我们通常进行的是验证活动。"由此可见，产品规范被视为规范化的、来自顾客的愿望，并能够再一次地被确认。

以下方面与术语确认相关：

- 拉丁语 validus；强壮，有效，健康。
- 有效性：陈述、调查、理论或假定的权重。
- 确认活动，是与痴呆患者沟通的一种方法。
- 确认：证明对于一个主动的实质性事物，其过程、系统和/或其生产，可重复性地满足实际使用的要求。
- 对半导体的确认活动，意味着这样的产品可依据规格生产。
- 确认：意味着支持大规模项目及其可持续性报告的外部证据。
- 计算机科学中的验证，是一个系统满足实际要求的证明。
- 确认器：一种方法或程序，可依据标准认可验证活动。
- 统计值有效性或其合理性的确认或测试。
- 对于方法的确认，证明了分析方法适用于其目的。
- 确认通常描述一个统计学证明。
- 教育程度的确认。
- 模型确认应该能够展示，一个通过模型实施而开发的系统足够精确地反映了现实情况。

术语"确认"在功能安全领域扮演了一定的角色，而上述对于这个词的种种解释，也在另一方面展示了与其相关的方方面面。然而，由于术语的多面性，我们很难找到一个通用的、对于"确认"的定义。因此，该术语在 ISO 26262 中仅仅拥有相当狭义的含义。所有其他类型的确认，则可用"验证"或"分析"进行释义。

安全确认活动在第4部分，第9章中的描述如下：

ISO 26262，第 4 部分，第 9 章：

> 9.1 目的
>
> 9.1.1 第一个目的是提供符合安全目标的证据及功能安全概念适合相关项的功能安全的证据。
>
> 9.1.2 第二个目的是提供安全目标在整车级别上是正确的、完整的并得到完全实现的证据。

对安全确认定义了两个目的。第 1 个目的在于，在功能安全概念和既定相关项的环境中，充分考虑了安全目标的证据。第 2 个目的则要求，对于安全目标本身，要在整车级别上保证它们得到正确的应用，并提供它们已被达成的证据。对任何安全确认的期望在于，它们都应证明整车本身是安全的，ISO 26262 可为电子电气系统的功能安全证据提供支持。在 ISO 26262 第 2 部分中所说的汽车安全生命周期表明，外部措施以及其他技术上的措施必须在安全确认期间得到考虑。在"9.2 总则"中，定义了安全确认与其他活动的关系。

ISO 26262，第 4 部分，第 9.2 章：

> 9.2 总则
>
> 9.2.1 前述验证活动（如：设计验证、安全分析、硬件集成和测试、软件集成和测试、相关项的集成和测试）的目的是提供每项特定活动的结果符合规定要求的证据。
>
> 9.2.2 对典型车辆上所集成的相关项的确认，目的是为预期使用的恰当性提供证据并确认安全措施对一类或一组车辆的充分性。安全确认基于检查和测试，确保安全目标足够且得到实现。

在第 9.2 章中，通过更详细的定义，说明了 ISO 26262 如何看待其与验证和集成措施之间的关系。

比如，去检查一个目标是否达成，这包括了 ISO 26262 中对安全目标的确认。再比如，对测试而言，在集成完成后，我们会验证软件，看它是否适用于微控制器。从方法上，要通过中间步骤，针对更高层级，来检验要求是否一致、正确，以及要求是否完全得到满足。而下一步，则是检验硬件和软件的安全集成是否达成。

因此，在第二种解释中，根据 ISO 26262，要从功能安全概念推导出技术安全概念，并衍生出组件级别的需求，由此来保证那些被要求的内容，这样的流程确实是我们真正需要的。在这里，ISO 26262 也会称这样的活动为"对要求的验证"。

基于低层级验证的确认，其主要有以下目标：

- 目标达成。

- 需求正确。

- 要求正确且充分实施。

如果这样可以保证论述的一致性和完整性，那么创建一个足够透明的环境应该不成问题。如果活动和适用的方法被广泛记录存档下来，那么就可以保证审核员可以确认活动的充分性，评估员也应该可以确认功能安全的达成度。

这意味着，所有的验证均为接收确认，即针对特定车辆或车辆类别的某一整车级别的系统，它针对所有相关要求和规格，确认它们已得到了正确的实施。安全确认应该为整车级别的功能安全提供最终论据。

6.3　基于模型的开发

在汽车行业中，基于模型的开发是一个热门话题。这个术语最常见的意思，是指自动代码生成。然而从另一方面来说，通过仿真和自动化功能检验代替人工评审的做法，也已经越来越多地应用在功能安全环境下，特别是在验证活动中。对于验证，我们需要通过使用抽象的形式来陈述验证的主题，因此，我们建议让模型的开发、成熟度的增长，伴随着产品开发同步进行。这样做的目标，到底是为了真正地创建一个完整的模型，让它能够反映出整个产品在集成环境中的表现；还是为了能够让这些模型能够根据目的进行调整，乃至进行独立的开发，这一切都要取决于多种因素。然而，重要的事情在于，这些在开发中使用的模型，都要被考虑到项目计划之中。这里的疑问在于："必要活动中的哪些部分可以自动化，模型的作用又是什么？"。

在整车级别（与之前章节的数字信息流及其图例相比），一个模型就变得非常有用，这是因为，此时所有假设都已经可以在设计阶段的模型中得到确认了。

在开发的初始阶段，很明显，之所以使用模型，是为了更好地理解要求，或在第一次的过程迭代中描述出动态的表现。在 V 模型的下降分支中，模型在其相应产品被实现之前往往是抽象的；而到了 V 模型的上升分支中，这个抽象概念可用来证明产品是否进行了充分的集成。这些模型注重以这样一种方式描述开发，即其实际表现要与抽象环境中开发的产品相对应。

除了失效分析以外，上述这些模型还经常被用作台架测试（HIL，硬件在环）的基础，用于自动化测试的开发。用于实现的模型，通常并不是从用于要求的模型中推导出来，而是独立开发得到的。这样的好处在于，测试者不需要参与要求的开发，因此可以保证测试中不带任何偏见。然而，在讨论模型的验证或确认时，或者它们的一致性时，我们可以看到，上述这类模型的重要性十分有限。进一步来说，对于那些不保证一致性的模型而言，考虑其正确的实现，此时对要求的验证将变得十分困难。对于这种独立进行开发和验证的模型来说，其优点在于进行一致性检验时的洞察力。从这点上来说，在这样的模型中，系统性失效是非常显而易见的。因此，对于模型的并行开发和成熟度检测，以及根据要求和先前开发，确定最终产品特性的系统化验证和确认，都是明智的举动。不过显然，这种情况只能适用于简化抽象概念的活动。而如今，对于电气系统，乃至对于其中使用的微控制器，尽管彻底的模型化手段已变得可以实现，但具体操作仍然非常复杂（图6.2和图6.3）。

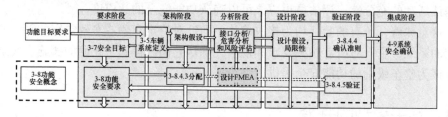

图6.2　整车工程级别的信息流

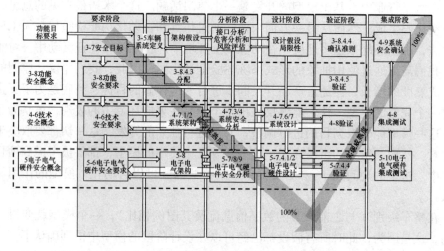

图6.3　模型成熟度与开发成品成熟度的对比

在开发独立组件之前，模型必须达到预期的目标成熟度。这意味着，模型应与相关要求100%符合。对于那些根据模型进行规划并借助模型证明其正确性的组件集成，在最后的确认时，可以达到完整的成熟度要求。

但是，上面这些要求仅适用于在开发过程中不允许发生要求变更的情况下。尽管如此，基于架构，事实上我们可以对变更的影响进行解释。这样的模型可以支持影响分析，对于技术表现和动态影响所进行的分析尤其如此。

6.3.1　功能安全模型

整车模型：此类模型能在驾驶场景中展示车辆的表现。此外，在整车级别上，基于可能的系统异常时的车辆响应，也可以用这类模型进行展示；这样的响应需要进行集成。这样的模型支持相关项的分析和验证，涉及的内容包括边界条件、局限性以及对预期功能要求分析的考虑。特别地，当预期功能本身就与安全相关时，在车辆进行任何功能集成之前，都需要进行必要的分析，以验证这些功能都能落在预期的使用范围和环境范围之内。这种模型支持危害分析与风险评估,同时也对它们的验证提供了必要的信息。对该模型而言,不论是异常的影响,还是仅限于功能的影响,这些影响是否得到验证并不那么重要。该模型可以为功能安全概念验证的完整性提供论据。针对这一水平层级的车辆安全架构,可以对于从安全目标中推导出的对应的功能安全要求,并由此验证对于要求的分配。在功能层面上来说,对整车环境中可能出现的系统异常,可以模拟某些功能安全机制的应对。通过相应的实时仿真,还能显示出在不同失效容错时间间隔下(FTTI)异常的不同强度,进而可以分析和定义出异常容错时间间隔。这些模型通常也可以为车辆系统的集成、验证与确认提供支持和论据。

整车级别的系统模型:此模型可说明所考虑的系统在整车级别上的表现,但是它不能单独显示在交通环境中车辆系统或车辆响应时,所产生的行为和影响。这就是为什么这个模型适用于验证与危害分析与风险评估相关的异常。但它并不能验证安全目标,甚至也不能对安全目标进行确认。不过,它可以支持对车辆系统的限值进行分析和验证,由此让车辆系统模型为危害分析与风险评估提供了重要而可验证的输入。

在整车级别上的系统模型也可支持相关项的集成和验证。

对于安全验证,该模型只可在受限的情况下使用,这是因为,对于安全目标而言,即便能够涵盖所有相关异常,其正确性仍然会受到质疑。在现今的建模工具的辅助下,系统模型可以被非常好地转移到车辆模型上。

系统模型:系统模型的关注点在于组件的接口。一个系统模型可以描述不同水平层级,这就是为什么要明确定义模型的抽象层级(图6.4)。

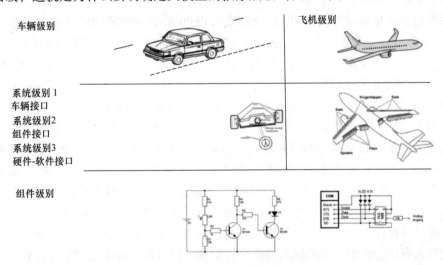

图6.4 水平系统级别和接口类型

系统模型能够描述车辆接口,与此同时,在车辆系统模型之下,得到描述的各个领域都可以获得确认。组件接口可用同样的方式进行定义，以便描述、分析或验证组件的表现和它们的功能。此外，微控制器的模型可用来描述、分析或验证硬件－软件接口及其在微控制器（环境）内的软件表现。现今，甚至硅模型也被广泛使用于描述半导体的功能，并用于确认那些已实现的不同种类的样品。上述做法，意味着使用系统的方式来展示硅模型的内在表现。ADL（架构描述语言）被广泛用于此目的。

至于产品的规格，以及对产品的分析、验证与确认（确认是针对顾客要求的测试），这些都可以在模型的级别上进行详尽的论述。对于模型的失效分析，也可以使用对于其他硬件系统有效的相同方法。对于产品所需功能及其失效的水平，应被视为其错误类型级别（error type level）。至于成因水平（causative level），则是对于开发完成的样品和典型系统而言，用于描述其失效时，可测量或可观察到的异常水平。在这种环境中，最重要的事情在于使模型与开发成熟度不断提高，这使得我们能够用模型来确认待开发产品的每一个相关特性。原则上，根据 ISO 26262，对模型的确认也是一种验证活动；但在这种前提下，对于半导体行业而言，我们并不会套用上述做法，而是采用非典型的模式进行⊖。一个好的模型对于技术的描述应是充分有效的（合适的），并且是可复现的，只有这样，才能由此来论述对于模型的分析和验证。

大体上而言，所有在安全技术范围内的模型都是"系统模型"。整个 ISO 26262 都是基于这样一种结构：结构的软件和硬件组件，都通过系统化的方式来进行描述。因此，那些有助于实现预期功能的系统要素组合通常会得到选择和使用。

关于电子模型：电子建模是一门有相当历史的学科。直到今天，SPICE（仿真电路模拟器）依旧被作为其基础。SPICE（PSPICE 是 SPICE 的计算机端版本）最初于 1973 年由美国加州大学伯克利分校的电子工程与计算机科学系（EECS）开发而成。此外，还存在着与它年代相当、甚至可以说历史比它更为悠久的一种算法，被称为 CANCER（非辐射非线性电路的计算及分析）。这些算法不断地得到改进，迄今为止，它们甚至成为在描述包括半导体在内的电子系统的基础。现今已知的系统建模工具中，已经集成了 SPICE 算法。这里的 SPICE 这个术语与过程评估方法没有任何关系，如今的汽车 SPICE（Automotive－SPICE 或者说 ASPICE）则是基于过程评估的方法，和上述的 SPICE 有所不同。这里所说的例子，用意在于说明电子工程人员与软件专家缺乏一个系统化的交流途径。上述 SPICE 算法大体上可以嵌入到每个系统环境中，由此一来，系统和软件的交集就可以被描述出来。SPICE 算法可以模拟温度、电压和电气表现，也包括电子组件相互作用下的机械影响。由于模型拥有相应模型库中的所有电子组件信息，同时模型也能显示组件在它们集成环境中的表现，这使得这个模型变得特别重要。

⊖ 半导体行业多用非侵入性检测手段进行验证，而非建模。——译者注

因此，即便是像天线效应这种不能被示波器测量出的东西，也可以通过 EMC 异常或者晶体管降压模拟出来。对于 EMC 来说，现在我们把麦克斯韦方程组集成到了这个工具里。此外，该工具还可以模拟热表现及其在组件和控制单元内的传播。特别地，对于相关失效（dependent failure）的分析，这样的模拟方法可以为我们提供非常有用的结果。基于对应不同影响的错误传播可以进行模拟，由此，我们就有可能对级联失效进行检测。在这种情况下，我们就可能通过适当的措施来降低级联失效的诱因，减少其传播。通过应用 Kolmogorov – Smirnov 检验（K – S 检验）或应用基于这些测试方法的算法进行测试，可以模拟和分析所有不同种类的相关性。这意味着包括错误传播在内的系统工程基本原则，也同样适用于电子和半导体级别的电子模型。如果建模（比如 Arrhenius 方法）涵盖了可靠性方式、统计失效分布原理以及环境或集成配置，那么我们甚至可以在模型中阐述定量安全分析或重要性分析（如割集分析）。

6.3.2 模型的基础

模型的基础实际上可以追溯到帕门尼德（希腊哲学家）所提出的那些问题，他在 2500 年前就指出，并不是所有事都可以通过其表象去进行解释。在产生影响的参数被包括进去或是拿出的那一刻，我们所观察到的行为就发生了改变。因此我们可以看到，对于一个模型的开发或实现而言，找到模型的抽象形式是非常重要的基础（图 6.5）。

在 20 世纪 50 年代，参数图（P – diagram）就曾被讨论过，可以参见图 6.5 的内容。这个图表的建立，是基于能量转移的思路。输入值被视为 100% 的理想功能。如果能将 100% 的输入值转换为 100% 的输出值，那么这个系统就是理想的系统。

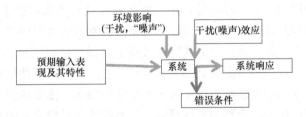

图 6.5 P 图（参数图）和它的典型参数

当然，这样的情况并不现实，热力学原理已经足够说明，达到 100% 的转换率是不可能的，世界上并不存在"永动机"这种东西。这就意味着，我们要检验封闭系统中，哪些环境影响会导致哪些输出差异。通过这个 100% 法则，就可以推理要求（是否 100% 指定了模型表现）的引用以及开发（是否能 100% 解释模型中可观察到的开发表现），这样就可以参照抽象层和模型成熟度来做出说明。举例来说，福特的 FMEA 手册中就描述了这一点，其中包括了对干扰的评估（稳健性评估）。这个参数图是所有元模型的基础，而它也可以用于描述系统的失效表现。这意味着，我们所有的描述及针对其表现所建立起来的模型，都显示了上述结构或与其类似的结构。通过这种 100% 的比较，我们可以推断出完整性，从而达成一个验证的必要目标。然而，参数图中的这些参数需要一致地贯穿整个模型。如果模型不是从可类比的（一致的）且能够达成目标的模型中导出，那么我们就不可以从此模型中导出一致性和完整性声明。由于这两个验证的目的是安全技术正确性的基础，因此如果没有一致性的元模型，那么安全技术正确性就无法从模型中导出。对于所有涉及要求、设计特性、架构和开发本身的参数，包括产品上应用的所有措施，以及此后的验证和确认活动，都需要与参数图关联起来，并且在技术上保证一致性，然后进行存档。否则的话，变更管理、配置管理以及模块管理或者基线化都无法保证完整地应用于安全技术系统。如果每一个产品，无论在哪个抽象水平层上，都通过这样的参数图来描述，那么系统化的方式在每一个水平层也变得一致，如此这般的话，系统工程原理也就可以应用到软件和硬件层上去了。

6.3.3 基于模型的安全分析

对于 FMEA 或故障树分析（FTA）这些经典的演绎分析和归纳分析流程而言，它们只能有限度地反映关于要求和开发的信息，所以在满足 ISO 26262 的要求时，基于模型的安全分析是很重要的方法。

当然，在模型中，我们仅能将自动分析应用到那些已经自动化或在模型上完成实施的东西上。正如参数图的思想所表明的，对于分析和验证而言，只有在对象可用于分析或验证的基础之上，这些活动才是合适的。对基于模型的安全分析而言，其好处在于过程可以自动化，而结果可以被自动提供给进一步的分析，同时此过程可以重复进行。

基于模型分析的一个必然好处在于，如今的计算机还能够以正式的图的方式，来体现出产品的动态表现以及其安全技术分析。特别需要考虑的事情在于，对应不同的驾驶条件、系统模式或运行方式，失效或错误行为是如何表现的，而从静态状态转换到其他不同状态的情况又是如何表现的。在这种系统条件转换的阶段，失效行为经常会给当今那些高度动态的系统带来危险的影响，比如使得驾驶人对于系统失去控制。即使是在某些个别的驾驶场景下，系统模式转换带来的影响也可能引发危险，然而，经典的分析方法却无法对其进行全面系统的描述或分析。对一个有效的模型，我们可以用不同参数和水平抽象层上自动通过整个建模范围的模型来配置转换条件（即在微控制器内，在组件级别或专用的系统级别内）。如参数图所描述的，对于输出情况及其变化，诸如失效响应之类活动所进行的观察，使得我们可以进行系统性的评估。

正因为如此，我们可以这样来对失效的组合进行展示，甚至对动态失效和静态失效的组合进行展示。举例来说，对一个晶体管而言，我们可以对其输入侧电容的各种漂移参数规律进行建模，由此来说明，对于不同的参数范围，会导致不同的开关特性。这个展示级联失效的例子，可以体现双点失效或者甚至是单点失效所带来的后果；而假如不存在这样的仿真建模活动的话，我们就只能通过艰难而冗长的测试与计算来进行研究了。这说明，仿真建模能够为相依失效与多点失效的分析带来更大的透明度。当然，这是个对于电子系统的例子，不过它所说明的情况也同样适用于机械或是软件组件，甚至在系统层也同样能够适用。在系统层，例子中所述的失效组合，在描述时很难与 EMC 的影响联系起来。从这一方面而言，仿真能够为我们提供必要的支持。无论经典的安全分析方法是否应用到了需求模型上，对于开发模型，或者开发活动本身而言，我们依然要依赖验证和确认策略来保证安全。

不过，我们首先还是应当将基于模型的分析视为经典分析方法的补充。这相当于说，我们要更倾向于把基于模型的安全分析视为演绎分析，而把经典的 FMEA 分析视为归纳分析。因此，在保证一致性的系统工程的实现中，系统化的方式，同样可以从整车层面开始应用，并一路应用直到最底层的硅基产品结构开发和软件开发当中。

6.4 批准/发布

关于发布，已经在 ISO 9000 标准中进行了说明，因此也在 ISO TS 16949 中得到了说明。

来自 ISO 9001：2008，7.3.3 章节"开发结果"的内容：

开发的结果需要拥有一种合适的形式，以便于针对开发的输入进行验证，并在发布之前得到批准。

同时，"产品批准"（Product approval）这一概念也会以不同的方式得到使用。这意味着，对特定的活动，例如对一个产品而言，需要进行发布。ISO 9001 并没有指明这样的一个发布应该如何进行。类似地，需要由对应的管理体系来负责定义这样的一个发布，指明如何进行管理，并解释一个特定发布的主题为何。

实现发布的归档，需要决策者们了解相关活动的正确性和适当性。决策者们也应当清楚，产品中的哪些特性得以达到，哪些内容得以实现。这一切，都需要承担对应工作的人们具备充分的能力，让他们足以驾驭对应的专门的发布工作。在疏忽或粗心大意的态度下进行的发布，可能导致损害或危险，并进而让产品卷入法律或保险问题。不过，关于一个决策可能让某个公司乃至个人可能卷入什么样的法律问题，并不应当在本书中进行讨论。我们应该将关注点限制在进一步被牵涉的法规和法律之上，特别地，假如我们谈论一个具备清晰特征的安全活动，或者一个安全相关的产品时更是如此。

6.4.1　流程发布

在许多 APQP 标准中，产品的发布要早于流程的发布。这是基于以下假设：即当产品符合需求和目标时，对应的流程不可能是完全错误的。假如流程先行发布，可能这是一个生产流程的发布，而这样的发布则是符合市场预期的产品得以进行生产的前提。进一步来说，我们就会假设，只要流程可以顺利执行，那么产品也就被证明了符合一定的质量要求。上述论断很容易导致巨大的误解。

这也是为何 VDA 会提议进行一个流程、产品和项目的发布（图 6.6）。图 6.6展示了在多层级的供应链体系中，对应的成熟度等级的依赖关系。

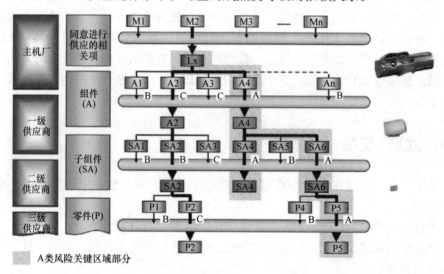

图 6.6　供应商管理——指定关键路径

（来源：VDA 出版的《新部件成熟度的保证》，MLA，第 2 版，2009 年出版）

在这里我们可以看到供应链中的作业结果、时间节点，以及对应的项目和产品，这一切支撑着整个供应链的体系。

这样的时间节点，或者说成熟度概念及其流程保护，主要是为了保证能够在早期发现项目的风险，在这些风险中，和产品安全相关的内容就是其中之一（图 6.7）。

图 6.7 展示了各个阶段中的典型风险，并且对于如何将产品风险最小化给出了例子。

6.4.2　量产发布

根据所有的 APQP 或 PPAP 标准，量产的发布也会经由整车制造商或是供应链多层叠加的负责人，被释放给供应商。不过，在所有这些标准中，整车制造商依然

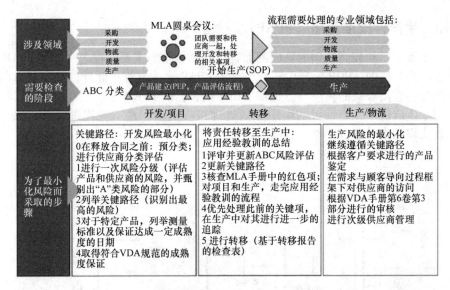

图 6.7　VDA 成熟度模型[3]，对新部件的成熟度屏障

（来源：VDA 出版的《新部件成熟度的保证》）

保留判断生产、产品是否正确的权力，这不仅适用于供应商，甚至也适用于供应商的子供应商。

ISO 26262 在其第 4 部分中如此定义了产品发布的要求：

ISO 26262，第四部分，第 11 条：

11　生产发布

11.1　目的

本章的目的是定义相关项开发完成后生产发布的准则。生产发布确认了相关项在整车层面满足功能安全要求。

11.2　总则

11.2.1　生产发布确认相关项已做好量产和运行的准备。

11.2.2　满足量产前提条件的证据由以下提供：

－完成硬件、软件、系统、相关项及整车层面开发过程中的验证和确认。

－成功通过整体功能安全评估。

11.2.3　发布的文件是零部件、系统或整车生产的基础，并由负责发布的人员进行签字。

特别地，最后一条要求中提到，这样的一个发布需要经由负责人签发，这在汽车行业中是非常普遍的做法。不过，一名工作在产品责任领域的律师，并不会毫无保留地建议我们直接去签发这样的一个发布。

6.4.3　生产件批准程序（PPAP）

对于整车厂和较高级别的供应商而言，产品接收的主要流程之一就是 PPAP。

在各式各样的 APQP 标准中，都定义了 PPAP 这一流程；此外，几乎所有的整车制造商和较高等级的供应商，也都会衍生出自己的 PPAP。

对于供应链中，高一级的组织如何处理接收活动，这一流程进行了定义，由此，在流程结束时各方能够一致同意一个"对于量产的发布"（图 6.8）。

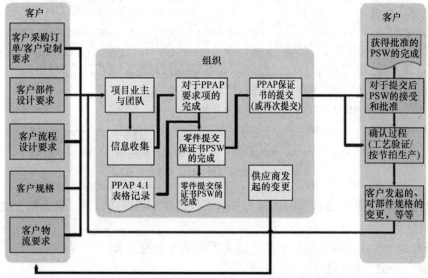

图 6.8　PPAP 流程[2]（来源：AIAG 手册第 4 版）

有 5 个主要的 PPAP 等级，用于说明客户希望其供应商提供什么内容，以及何时提供。供应商必须提供一份保证书。即 PSW（产品提交保证书）。这是一份声明，它宣称供应商所递送的样品符合所有双方所同意的要求，当然，其中也包括安全要求（图 6.9）。

	第一级	生产保证书、外观件批准报告(如适用)被提交给客户
	第二级	生产保证书、产品样件以及尺寸结果被提交给客户
	第三级	生产保证书、产品样件以及完整的支持数据被提交给客户
	第四级	生产保证书及其他要求按客户定义完成
	第五级	生产保证书、产品样件以及完整的支持数据（在供应商处进行一次评审）

图 6.9　PPAP 提交等级（来源：AIAG 手册第 4 版）

根据 PPAP 的等级，预期会需要以下的工作产品（图 6.10）。

要求	第一级	第二级	第三级	第四级	第五级
1. 设计记录/图样	R	S	S	*	R
2. 工程变更文件，如存在	R	S	S	*	R
3. 客户工程批准，如要求	R	R	S	*	R
4. 设计FMEA	R	R	S	*	R
5. 过程流程图	R	R	S	*	R
6. 流程FMEA	R	R	S	*	R
7. 控制计划	R	R	S	*	R
8. 测量系统分析研究	R	R	S	*	R
9. 尺寸测量结果	R	S	S	*	R
10. 材料/性能测试结果	R	S	S	*	R
11. 初始过程能力研究	R	R	S	*	R
12. 合格的实验室文件	R	S	S	*	R
13. 外观核准报告，如适用	S	S	S	*	R
14. 样品样件	R	S	S	*	R
15. 标准样件	R	R	R	*	R
16. 检查辅具	R	R	R	*	R
17. 遵照客户特别要求执行的记录	R	R	S	*	R
18. 零件提交保证书	S	S	S	S	R
19. 散装材料要求清单	S	S	S	S	R

S=组织应向顾客提交并在适当位置保留一份记录或文件项目的副本
R=组织应保留在适当的位置，并能够根据要求提供给客户
*=组织应保留在指定的适当位置，并根据要求呈递给客户

图 6.10 根据 PPAP 等级所要求的交付成果（来源：AIAG 手册第 4 版）

PPAP 非常依赖于生产计划。生产样品同样也是需要交付的成果之一。主要的工程交付成果，则是设计 FMEA。

除了和安全相关的特征之外，假如某个产品被定义为安全相关，许多汽车公司同样也希望能够将完整的安全档案作为额外需要交付的成果。许多公司都会援引 ISO 26262 要求提供一份安全档案，由此，所有相关的交付成果，都需要依据 ISO 26262，被作为双方同意的安全档案中的交付成果，被添加到 PPAP 的相关列表当中。

参 考 文 献

1. [ISO 26262]. ISO 26262 (2011): Road vehicles—Functional safety. International Organization for Standardization, Geneva, Switzerland.

2. [PPAP AIAG]. PPAP Production Part Approval Process AIAG 4th Edition, Automotive Industry Action Group, PPAP, 2006
3. [VDA maturity model]. Supplier Management—Specifiying the critical path, VDA publication "maturity level assurance for new parts", 2nd edition, 2009

第7章　功能安全认可

特别是基于法律要求和基于责任的认定，我们需要进行认可（confirmation）工作。而对于开发中的产品而言，一个特定等级的认可，可以被视为"业内领先的水准"。同时，为了保证这些认可工作的透明程度、可追溯性显得足够而充分，按标准要求，必须提供对应认可措施的报告。

在 ISO 26262[1] 中，在概念和开发阶段考虑了 2 个目的。

参见 ISO 26262，第 2 部分，第 6 条：

6　概念阶段和产品开发过程中的安全管理

6.1　目的

6.1.1　本章的第一个目的是定义关于安全生命周期（图 1 和图 2）内，概念阶段和开发阶段的安全管理角色和职责。

6.1.2　本章的第二个目的是定义在概念阶段和开发阶段中的安全管理要求，包括安全活动的计划和协调、安全生命周期的推进、安全档案的创建和认可措施的执行。

在本书此前的章节中，安全生命周期已经得到了细致的讨论。对于第二个目的而言，基于系统工程理念的一些进一步的看法，必须在更细节的层面上得到讨论。

ISO 26262 提供了 3 个措施，对于一个产品的认可而言，它们都显得十分必要：

6.2　总则

6.2.1　安全管理有责任确保认可措施得到执行。根据适当的 ASIL 等级，一些认可措施要求在资源、管理和发布权限上有独立性（参见 6.4.7）。

6.2.2　认可措施包括认可评审、功能安全审核和功能安全评估：

–认可评审的目的是核查工作成果（参见表 1）是否符合 GB/T 34590—2017 的要求。

–功能安全审核的目的是评价功能安全活动所需要的过程的执行情况。

–功能安全评估的目的是评价相关项是否实现了功能安全。

ISO 26262 中，在面对审核与评估时，使用"分析"（evaluate）这个词；并在

面对认可评审时，使用"检查"（check）这个词。在功能安全审核中，评估所用到的特征，可以来自对安全活动的检查，我们需要基于功能安全概念，检查这些活动是否如计划一样得到应用。

标准中，主要要求进行一项功能安全评估，即对于一个完整的相关项，是否在整车层级上，根据给定的安全目标，实现了功能安全。对于部分要素的评估（诸如并非基于整车层级的系统、组件或者类似于一个微控制器这样的电子组件），也可以在其系统边界之内，基于功能安全来进行。不过，对于安全目标的适合程度，或者说对安全目标的完整实现，是不能对于一个特定车辆来进行评估的。

特别是对于分布式开发而言，我们有必要进行局部的评估，这是因为在整车层级进行整合的人，无法对复杂产品上所有对功能安全的必要反面进行评估；举例来说，面对汽车上基于软件的多功能系统时就是如此。

因此，ISO 26262 推荐在开发中同时进行功能安全评估；而只有在产品完成集成后的最终分析中，安全确认和其他认可措施才会被叫作安全评估。

> 6.2.3 除了认可措施，还需进行验证评审。GB/T 34590—2017 的其他部分也要求这些评审，目的是验证相关的工作成果满足项目的要求，以及与应用案例和失效模式相关的技术要求。
>
> 6.2.4 表 1 列出了所需的认可措施。附录 D 列出了关于验证的评审，及所参考的本标准的适用部分。
>
> 6.2.5 安全管理有责任对所有剪裁的安全活动（参见 6.4.5）进行描述和理由说明。

在概念阶段和产品开发阶段，验证活动被要求作为所有认可措施的主要输入。在 ISO 26262 第 2 部分附录 D 中，给出了对于计划和执行验证活动的一些建议，并展示了其他一些认可措施。

对于认可措施，标准提供了一些进一步的具体要求，参见 ISO 26262 第 2 部分，6.4.7 条款：

> 6.4.7 认可措施：类型、独立性和权限
>
> 6.4.7.1 应按照所要求的独立性等级、表 2、6.4.3.5i、6.4.8 和 6.4.9 的要求，执行表 1 所定义的认可措施。
>
> 注 1：对表 1 中定义的且被安全计划所要求的工作成果进行认可评审。
>
> 注 2：认可评审包括按照本标准对形式、内容、充分性、完整性方面的要求进行正确性检查。
>
> 注 3：表 1 包括认可措施，附录 D 中给出了验证评审的概述。
>
> 注 4：认可措施的结果报告包括已分析的工作成果或过程文档的名称和版本号（参见 GB/T 34590.8—2017 的 10.4.5）。

> 注5：如果在认可评审或功能安全评估完成后，还有相关项的变更，则需要重复或补充所有这些工作。
>
> 注6：在附录 C 中给出了每个认可措施的目标。
>
> 注7：认可措施，如认可评审和功能安全审核，可以与功能安全评估合并、联合，以支持相关项类似变型的处理。

认可措施	独立性程度				范围
	应用于 ASIL 等级				
	A	B	C	D	
对于相关项的危害分析和风险评估的认可评审（参见 GB/T 34590.3—2017 第 5 章和第 7 章，若适用也可参见 GB/T 34590.8—2017 第 5 章） 独立于该相关项的开发人员、项目管理和工作成果责任者	I3	I3	I3	I3	评审的范围应包括该相关项已识别危害的 ASIL/QM 等级的正确性，以及对安全目标的评审
安全计划的认可评审（参见 6.5.1） 独立于该相关项的开发人员、项目管理和工作成果责任者	–	I1	I2	I3	依照相关项全部安全目标中的最高 ASIL 等级执行
相关项集成和测试计划的认可评审（参见 GB/T 34590.4—2017） 独立于该相关项的开发人员、项目管理和工作成果责任者	I0	I1	I2	I2	依照相关项全部安全目标中的最高 ASIL 等级执行
确认计划的认可评审（参见 GB/T 34590.4—2017） 独立于该相关项的开发人员、项目管理和工作成果责任者	I0	I1	I2	I2	依照相关项全部安全目标中的最高 ASIL 等级执行
安全分析的认可评审（参见 GB/T 34590.9—2017 第 8 章） 独立于该相关项的开发人员、项目管理和工作成果责任者	I1	I1	I2	I3	依照相关项全部安全目标中的最高 ASIL 等级执行
软件工具标准评估报告和软件工具鉴定报告（注释 a）的认可评审（参见 GB/T 34590.8—2017 第 11 章） 独立于该软件工具鉴定的审核人员	–	I0	I1	I1	依照因该软件工具的使用而可能违背的全部安全要求中的最高 ASIL 等级执行
候选项在用证明（分析、数据和可信度）的认可评审（参见 GB/T 34590.8—2017 第 14 章）； 独立于该证明的作者	I0	I1	I2	I3	依照与所考虑的候选项的行为、功能等相关的安全目标或者要求的 ASIL 等级执行
安全档案完整性的认可评审（参见 6.5.3） 独立于安全档案的制定者	I0	I1	I2	I3	依照与所考虑的候选项的行为、功能等相关的安全目标或者要求的 ASIL 等级执行

图 7.1　表 1：认可活动及其独立性等级（来源：ISO 26262，第 2 部分，表 1）

认可措施	独立性程度				范围
	应用于 ASIL 等级				
	A	B	C	D	
按照 6.4.8，进行功能安全审核 独立于相关项开发人员和项目管理人员	–	I0	I2	I3	依照与所考虑的候选项的行为、功能等相关的安全目标或者要求的 ASIL 等级执行
按照 6.4.9，进行功能安全评估 独立于相关项开发人员和项目管理人员	–	I0	I2	I3	依照与所考虑的候选项的行为、功能等相关的安全目标或者要求的 ASIL 等级执行

对于注释 – ／I0／I1／I2／I3 的解释如下：

－－：对于认可措施无要求和建议。

－I0：宜执行认可措施；但如果执行，应由不同的人员执行。

－I1：认可措施应由不同的人员执行。

－I2：认可措施应由来自不同团队的人员执行，即不向同一个直接上级报告。

－I3：认可措施应由来自不同的部门或组织的人员执行，即在管理、资源和发布权限方面与负责相关工作成果的部门是独立的。

注释 a：软件工具开发本身不在相关项安全生命周期范围内，但是该工具鉴定的审核属于安全生命周期内的活动。

图 7.1　表 1：认可活动及其独立性等级（来源：ISO 26262，第 2 部分，表 1）（续）

三项认可措施，在表 2 中得到了进一步的规定（图 7.2）

在表 2 中，ISO 26262 提供了三项认可措施的主要交叉点。在其中一个脚注中，标准提示，检查报告和评审报告都可以被包括到评估报告中。

此外，在表 1（图 7.1）中，标准也给出了另一个提示，即对于独立性的等级或者说程度而言，每个认可措施到底有什么样的需要。这里我们的担心在于，那些受到直属上司影响，或者受到组织架构中其他人影响的人们，是否会因此而忽视某些重要的安全活动，或是忽视其他那些基于给定安全要求、可能导致某个恰当结果遭到违背的活动。

总而言之，我们永远无法恰当地描述出，哪些安全活动对于某些风险是恰当的；无论如何，对于 ISO 26262 而言，这个标准的目的并不在于为特定的失效场景提供标准化的、固定的安全措施。这也是为何，我们同样无法说明，对于安全活动而言，到底哪些认可措施是必需的、是恰当的或者是合适的。认可措施需要基于安全概念来进行规划。

方面	认可评审	功能安全审核	功能安全评估
评估的内容	工作成果	功能安全所需流程的实施情况	按照 GB/T 34590.3—2017 第 5 章相关项定义所描述的相关项
结果	认可评审报告（a）	按照 6.4.8，功能安全审核报告（a）	按照 6.4.9，功能安全评估报告
执行认可措施的人员的责任	评估工作成果与 GB/T 34590 要求的符合性	评估所需流程执行情况	评估已实现的功能安全；按照 6.4.9.6，提供接受、有条件接受或拒绝的建议
安全生命周期中的时间节点	相关安全活动完成后；在生产发布前完成	所需流程的实施期间	在开发过程中或单一时间段里逐步开展在生产发布前完成
广度和深度	按照安全计划	实施基于安全计划中参考或定义的活动的流程	安全计划所要求的工作成果、所需流程的实施情况及对所实施的安全措施（在相关项开发过程可以评估的）的评审

a 报告可以包含在功能安全评估报告中。

图 7.2　表 2：认可措施及其特征（来源受到 ISO 26262 第 2 部分表 2 的启发）

7.1　认可评审

　　"认可评审"仅仅在标准第 2 部分的表格中被提及。除了上述表格之外，对于这一认可措施，并没有其他任何要求。不过，认可评审的真实目的，还是要在验证活动之间直接建立起一座桥梁，这些验证活动要么来自于功能安全以外的其他要求，要么来自于 ISO 26262 标准中的给定要求。这些表格显示，最为关键性的任务在于，根据 ISO 26262 的要求，保证一致性并保证对规范的符合度；与此同时，也要基于对标准的符合，提供对应的工作结果，并将其根据交付成果的定义进行归档。不过对于大多数结果而言，它们也需要根据 ISO 26262 第 8 部分第 9 条的要求进行验证，以此来展示对于必要的工作结果而言，其应具备的一致性、正确性和完备性。此外，对于所有的工作结果进行一致性检验也是必要的，正如更晚阶段中对安全档案的要求一样。在认可评审中，那些被标明的其重要工作结果需要认可的表格包括以下几个：

- 危害分析和风险评估。
- 项目安全计划。
- 整车系统整合与测试计划。
- 确认计划。
- 安全分析。
- 工具认证。
- 用于在用证明（Proven – in – Use, PIU）的论证。

● 安全证据的完备性证明。

至于为何相关项定义、功能安全概念、组件整合与测试、安全确认和软硬件组件的认证这些活动，不进行认可审核，并没有一个明确的原因。不过，至少上述工作的某些结果，依然是需要进行验证的。

鉴于认可评审的时机，被放置于功能安全的验证活动和评估活动之间，我们会建议，尽量将上述活动较好地整合到一起。对于验证活动所必需的独立性，已经通过任命另一个人来达成。所有需要特别资质人员进行检查的内容，都应该被验证活动所包括在内。假如标准所规定的独立性无法充分达成（尤其是对于较高 ASIL 的情况来说），那么上述情况，就可以通过认可评审的检查来进行补足。假如我们能够通过有效的、认可评审与验证活动的组合，来充分地在技术层面检查一致性、完备性、透明度和正确性，那么我们就能经由一个横跨多阶段的方式，为功能安全评估提供必要的输入。我们推荐将这一多阶段的方式，和 APQP 标准所提供的成熟度模型一起进行定义。这是因为，成熟度本身，以及特别的、决定特定样品投递目标的方式，都依赖于安全措施在过程中的应用，以及安全机制在样品中的应用及其验证情况。

假如在进行安全活动期间，根据安全生命周期，所有的相关步骤都计划了对应的认可评审活动，那么最终的功能安全评估就只不过是一个相对而言补充性的检查而已。对于认可整车级别的功能安全这一目标而言，安全确认活动，以及针对安全目标及其完成情况恰当程度的评估活动，都能对安全档案的内容进行一定的补充说明。

安全活动的验证

总体而言，在产品开发方面，ISO 26262 并没有对安全活动（过程）的安排提出很多的要求。此外，标准中的认可措施也并未得到非常精确的描述；因此，对安全活动的验证（这可能导致许多安全活动之间的交叉），可以说从未在标准中描述过。仅仅在 ISO 26262 第 8 部分 11 条（软件工具的使用置信度）中有一些提示，用于说明基于 ISO 26262 的过程其本身必须是安全的。鉴于标准从未描述上述过程如何才能安全，在制订项目计划时，只能很无奈地说，我们并没有一个完整的证据链条。也正因为如此，我们决不能忽视对安全活动的验证工作。

图 7.3 概略性地描述了 ISO 26262 中的过程架构，遍历了整个标准所提出的要求。这个流程还可以通过诸如问题解决、变更流程、配置、文档管理和模块管理这样的辅助手段加以补充。大体上说，在所有的水平开发层上，都需要对应的验证工作。在此之上，我们也能看到使用系统组件接口的例子。不过，从功能安全概念进行到技术安全概念时，我们同样也要进行验证工作；在开发组件之间的、水平层上的架构接口时也是如此。总体来说，安全活动的每个输入和输出都需要进行验证。对于多个水平系统层而言，验证活动要在每一个接口上进行。这样做的好处在于，每次验证的工作成果，就可以成为下个阶段验证活动的输入，这保证了输入的置信度，也能保证输入和前置活动的安全性（图 7.3）。

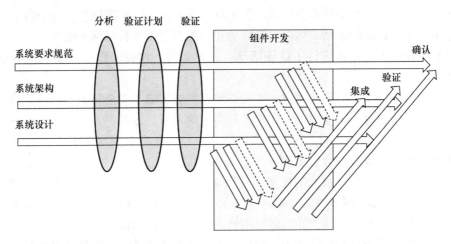

图 7.3 流程认可模型，类似于 ISO 26262 规定中的内容

这意味着，举例来说，假如系统架构的验证也包括了分配后的需求，而在后期的进一步验证工作中，系统设计仍然能够根据此前的要求和架构进行验证，那么我们就获得了一个透明的迭代循环。这意味着，我们的举证，是将现阶段所有活动的输入和所有此前活动在开发中的输出对应起来。验证活动是平行进行的，这就代表这一阶段的要求、架构和设计，需要不断地针对上一阶段的要求、架构和设计进行验证。因此，每个流程错误，都必须通过在对应点上的比较，经由验证而暴露出来。一个基本要求（不仅是安全方面的要求），其输出都必须能够在定义的输入基础上进行复现。鉴于任何的验证活动也都需要保证一致性、完备性和正确性，流程失效也可以在上述测试中探测出来，帮助我们找到要求、架构和设计开发中所存在的问题。假如这些流程失效并没有在验证计划中考虑到的话，那么 ISO 26262 流程能够保证安全的论证，自身都无法保证立论的正确性。以上的各个方面，原本应该在功能安全评审中得到阐述。不幸的是，在此后标准的最终正式版里，当这些评审被重新命名为"认可评审"之后，上述内容中的很多部分都被删减了。过程错误、因工具影响导致的错误和人为错误都可能导致系统失效，而系统失效则可能导致一致性的丧失，我们要通过规划良好的验证活动来探测这样的系统失效。开发流程的理念，事实上源于生产流程，因此，从生产中，我们也可以找到关于流程验证的好例子。在生产工程中，这样的流程验证被称为一个锁定概念（locking concept）。这种做法向我们展示了，即便输入出现错误，生产流程依然可以通过生产监控，探测到对应的失效。同时，在这个例子中，产品并不会在验证过程中发生任何改变。举例来说，变更会在发现问题之后的后续处理时进行，或者有缺陷的产品会被剔除出去。技术上我们可以说，验证和分析（分析也是一种特别的验证方式），都是变更流程的必要的发起项目。此外，经过改良处理的部件，也需要再一次进行验证，在通过之后才能进行下一步的流程。在生产工程的理念中，一个不一致问题越早得到

发现，后续处理工作的成本就越低。在 ISO 26262 中，第 8 部分包括一个章节，其中描述了工具认证的活动。然而，迄今为止并没有很多工具得到了恰当的认证，或者是利用标准中的方法进行了认证活动。无论如何，相应的验证活动都需要得到规划。

对于由工具支持的活动而言，需要强调它可能带来与安全相关的产品影响，而验证工作也要避免一致性的丧失。无论是简单的考量、原则，还是基于过程 FMEA 和系统 FMEA 的过程验证，都需要考虑到这一点。在考虑系统 FMEA 时，我们要考虑到，系统失效可能会影响到一个产品的功能，因此需要特定的措施来加以防止。在过程 FMEA 中，可能的故障（主要是系统错误）通过生产过程中的措施加以控制，这也就是控制计划（control plan）的主要目标。相似地，系统 FMEA 会分析开发过程中的系统错误，并决定应用恰当的安全机制加以应对。

事实上，对于每个可能出现的系统失效，假如能够影响到产品的失效行为或者重要特性的话，它们就应该通过安全措施加以补偿（比如采取应用安全机制这样的办法）。ISO 26262 并没有区分工作成果的验证与过程验证。最需要推荐进行验证的活动，在于对预期功能的测试，这是相关项（整车层级的系统）的基础。这样的验证能够显示出功能是否会导致危害，即便功能本身正常工作，危害依然可能存在。在上述方面，我们所谈及的是使用安全。

因此，相关项定义也需要进行验证。假如定义不正确，那么就可能在危害和风险分析中出现未发现的不一致性。

上述问题很重要，在规划分析和验证活动时就应当加以考虑，我们应当进行有效的规划。同时，和上文中提及的生产过程一样，对于开发过程，我们也要规划出有效而恰当的过程锁定（process locking）。在规划具有差异性的、不同种类的多个功能时，如进行 ASIL 分解时，这种情况更为显而易见。假如一个算法在澳大利亚进行开发，另一个在斯堪的纳维亚进行开发，两个不同的团队，其产品是否会具有相同的系统失效，我们无从得知。不过，假如我们根据过程指导，为两方规划不同的开发目标，并使之足以覆盖同样的安全目标，那么系统失效就能从安全技术的不一致性方面被探测到了。从这方面来说，举例而言，假如一个算法能够进行实数运算，而另一个则进行整数运算；或者一个功能经由乘法运算进行累加，另一个功能则通过拉普拉斯变换进行累加，我们的目的就能实现。同时，在产品开发过程中，也可以为测试概念规划出非对称的测试方式，以导出所期望的不一致性。此外，通过失效注入，或者多重样品测试，我们可以在产品上测试对于过程失效的容忍度，正如我们在生产体系中测试过程能力一样。这样的差异式手段，需要在系统能够工作的情况下进行规划。假如系统是安全的，那么任何潜在的、可能导致不一致性被发现的错误，都会被已经应用的安全机制所探测到。当然，这样的原则也可以被应用到失效安全系统（fail operational system）上，但需要引入一套完整的冗余信号链；同时，为了防止不一致性的出现，也要保证相关项依旧能够执行安全相关的预期功能，这意味着需要定义降级后的功能来保证实现这一点。

7.2　功能安全审核

在上述情况下，本标准与 CMMi 评估、SPICE 评估的关系常常得到讨论，不过，功能安全的目标，并不是用来确定流程改善的潜力。安全活动是否适合特定的环境，将根据标准第 2 部分表 2（参见图 7.2），由认可评审来决定。而判断安全活动是否适合给定的安全目标，则由功能安全评估来进行分析。这也意味着，为了根据安全概念所规定的内容来裁剪安全生命周期，我们需要的是一名安全专家，而非一名 SPICE 评审员。当然，这并不意味着对应的安全领域不能、不该或者不可以通过 ASPICE 的流程来进行论述。但我们依然需要明确，功能安全评审，依然是一个符合 ISO 26262 标准的分析活动，也是用于实现功能安全概念的恰当活动。对于一个给定的 V 模型来说，对模型的符合程度，从功能安全的角度来看并不重要。这也是在调整活动时更常见的情况，因为对于应用或开发改进型号而言，特定的工具或者改进的流程都是有效的手段。然而，为了这样做，需要在概念阶段中，对应规划一个安全的流程（这个流程也被定义在安全手册、安全配置手册或者过程手册中）。为了规划出安全流程或必要安全活动的序列，我们需要一位安全专业人员，通常这位人员被称为安全经理（safety manager）。

安全流程需要基于相关项、安全目标和安全概念进行开发；假如不是如此的话，我们就无法从不同的活动中，为安全档案的建立抽取出必要的工作成果。一个项目安全计划，不仅仅描述了活动的目标，同时也描述了那些需要分别应用的方法和需要达到的中间目标（诸如和最终产品有关的产品成熟度或安全成熟度指标）。举例来说，一个故障树分析可以被用于辨识出割集（cut – set），而该方法可以用于开发安全架构，或是辨识相关失效。即便是对于同一个产品，故障树分析（FTA）也可以用不同的视角进行，这取决于应用该分析的目的，以及需要满足 ISO 26262 中的哪些要求。这类过程分析基于大量的独立活动，它们源于 ISO/IEC 12207，并在后来成为用于 SPICE 和 CMMi 的过程模型或过程分析模型。规划安全活动的策略或者说目标，在于基于安全概念和给定的安全目标，开发出一系列的活动，并最终指向安全档案。

7.3　功能安全评估

功能安全评估在 ISO 26262 标准的第 2 部分中，被描述为认可措施的一部分；而在标准的第 4 部分中，则被放在系统开发的最后，对于一个进行开发的产品而言，它位于安全确认之后，量产发布之前。功能安全评估的主要目的，在于根据 ISO 26262 第 2 部分的要求，对安全档案进行评估。在进行这一活动时，需要遵循

ISO 26262 第 4 部分的要求。

标准的第 4 部分第 10 条中，提到了关于功能安全评估的下述目标和要求：

ISO 26262，第 4 部分，第 10 条：

10　功能安全评估

10.1　目的

本章中所列要求的目的是评估相关项所实现的功能安全。

10.2　总则

由负责功能安全的组织（如：整车厂或供应商，如果后者负责功能安全）启动功能安全评估。

10.3　本章的输入

10.3.1　前提条件

应具备下列信息：

－安全档案，按照 GB/T 34590.2—2017 的 6.5.3。

－安全计划（细化的），按照 5.5.2、GB/T 34590.5—2017 的 5.5.2 和GB/T 34590.6—2017 的 5.5.2。

－认可措施报告，按照 GB/T 34590.2—2017 的 6.5.5。

－审核报告（如有），按照 GB/T 34590.2—2017 的 6.5.4。

－功能安全评估计划（细化的），按照 5.5.5。

令人惊讶的事情在于，标准并不要求将产品本身作为评估活动的输入；当然，这并不意味着功能安全评估只是需要检查文档而已。验证和确认活动及其相关要求，会带来进一步的需求，这些需求也与上述结论一致。同样，5.5.5 章节中所要求的评估计划中，有一个单列的要求，它需要功能安全评估在系统开发阶段的初期就进行规划。这表明，整个产品开发流程都需要得到评估，由此我们才能提供可证明的功能安全评估结果。

进一步来说，安全档案是安全评估的必要输入，因此，安全确认也就被视为评估的必要输入了。

ISO 26262，第 4 部分，第 10.4 条：

10.4　要求和建议

10.4.1　该要求适用于安全目标 ASIL（B）、C、和 D 等级：对于 GB/T 34590.2—2017 图 2 中的安全生命周期各步骤，应识别功能安全评估的具体议题。

10.4.2　该要求适用于安全目标 ASIL（B）、C、和 D 等级：应根据 GB/T 34590.2—2017 的 6.4.9（功能安全评估）开展功能安全评估。

大体上，上述两项要求意味着，整个安全生命周期中都需要考虑功能安全评

估。这无可辩驳地说明，安全活动的正确规划（包括安全生命周期的裁剪）也会影响评估的结果。进一步来说，对功能安全的直接评估，仅仅在 ASIL B 下是推荐的，对于 ASIL C 和 ASIL D，它们则是被要求的。这只是标准中所表达的看法，我们需要基于要求来考虑，总体而言，标准会要求进行安全评估。无论如何，安全确认和必需的验证活动在任何 ASIL 下都需要进行，因此，我们只是建议在相关的组织架构之下找到一个合用的解决方案。不过，假如是基于产品责任方面的原因，对于安全相关产品的评估工作依然是要进行的。尽管如此，评估并不需要完全遵循 ISO 26262 标准来进行。只有对应的组织，才能在特定案例的情况下决定去对整个流程进行必要的调整。

7.4　安全档案

　　建立安全档案的目的，在于为相关项或者整车层级系统的安全性提供论证。根据 ISO 26262，标准中的要求仅仅提供了关于 EE 系统功能安全的说明。至于基于其他技术、外部措施的功能安全，标准中也有所提及，但来自系统边界外，或者外部系统，或者甚至由其他技术所带来的影响，在标准中并没有直接说明。特别地，标准并没有提及关于接触保护（电气安全）、化学安全或者因材料而导致的中毒安全等方面的内容。对于人身安全，它们在机械相关的指令中有所要求，但 ISO 26262 中并没有记录相关的信息。这意味着，根据 ISO 26262 所构建的安全档案，仅仅关注了安全相关技术下功能的正确性，以及这些功能在失效的情况下会导致哪些决定性的行为（图 7.4）。

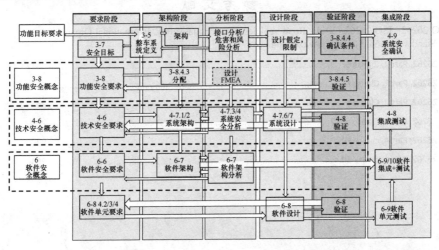

图 7.4　安全档案作为对安全的、"功能性的认可"的论据，基于对安全目标的确认，以及对基于安全概念、计划中的工作成果的验证

ISO 26262 主要要求，在概念阶段和开发阶段，根据计划，基于安全目标和定义的安全概念，去编制由安全活动所产生的工作成果。上述内容应能为相关项的功能安全提供足够的证据。

安全档案需要基于以下各个方面提供关于安全的论证：

- 对于每个对应的安全活动，要求覆盖的范围和工作成果是否保持一致？
- 失效分析、安全分析是否充分而正确地执行了？
- 对于预期中的可想象的故障，相关的安全措施在应用之后是否显得恰当和充分？
- 所有相关的工作成果应得到验证。
- 安全目标应得到确认（确认其是否正确、充分且完全实现）。
- 对于所有的活动、工作成果，对应的评估应被包含在安全档案中。

关于安全档案的章节，被有意地放到了本书的最后，这是因为，对于一个相关项而言，获得可复现的证据，就代表了实现 ISO 26262 的目标。安全确认和安全评估，提供了用于安全档案的主要证据，不过与此同时，安全档案也是安全评估的最主要目标。对于现今的车辆系统而言，安全概念已经不再用于描述一个静态过程而已。正如本书开头已经提及的，建立起 ISO 26262 标准的目的，从来都不是为车辆的安全开发设立一个具体的指导方针。真正的目的始终在于，以提出要求的方式来进行提示，而这些提示在车辆的安全开发中需要得到考虑。迄今为止，我们依然无法肯定，即便在符合所有的要求之后，我们是否就能真正建立起一个符合功能安全的系统——每个读过这本书的人，对此都应该得出自己的结论。

参 考 文 献

1. [ISO 26262]. ISO 26262 (2011): Road vehicles – Functional safety. International Organization for Standardization, Geneva, Switzerland.

ISO 26262, Part 2, Clause 6: 251

ISO 26262, Part 2, Clause 6: 252

ISO 26262, Part 2, Clause 6: 253

ISO 26262, Part 2, Clause 6.4.7: 253

ISO 26262, Part 4, clause 10: 260

ISO 26262, Part 4, clause 10.4 261